عَبَث

صدر للكاتب عن دار الساقي

سيرة عُمْر أجهضه الصمت

عائلة تحمل اسمي

ابراهيم محمد النملة

عبث

دار الساقي

الطبعة الأولى ٢٠٠٦

ISBN: 1 - 85516 - 737 - 9

دار الساقي

بناية تابت، شارع أمين منيمنة (نزلة السارولا)، الحمراء، ص.ب: ١١٣/٥٣٤٢ بيروت، لبنان

الرمز البريدي: ٦١١٤ ـ ٢٠٣٣

هاتف: ٣٤٧٤٤٢ (٠١)، فاكس: ٧٣٧٢٥٦ (٠١)

e-mail: alsaqi@cyberia.net.lb

الإهـــداء ...

إلى من . . . . لا أدري!!! . . .

صــدق إحساسي بك!!! ...

في البدء، كانت هذه الأحرف. . .

أحرفاً نسجتها من عقلي ذات مساء على الورقة الأخيرة في
دفتري!!!. . .

وأرسلتها إلى صحيفة يومية أعشق بروز اسمي بها، ونشرت الصحيفة
نسيج عقلي. . .

لم أنس أن أدون عنواني الإلكتروني بعد آخر سطر في ورقتي. . .

وولد بريدي الإلكتروني رسالة منكِ. . .

«جداً رائعة كلماتكِ. . . أخذتني إلى مدينة معانيها. . . فسكنت
مساكن أحرفك. . . ولن أغادرها

رائعٌ جداً ما امتلكت. . . ورائع جداً إعجابي بما امتلكت. . .

مع تحياتي. . . «وفاء»

٧

ذاك هو نص الرسالة المحشورة بين رسائل إلكترونية كثيرة في هذا الصباح الرطب .

بعجالة قرأتها . . . وبعجالة نسيتها!!! . . .

وبعدها توالت عائلة كلماتكِ وكانت رسائلكِ تتقاطر على بريدي الإلكتروني وتلتقطها عيني وتنبسط لها ملامحي . . . ، بالفعل كانت كلماتكِ تنعشني، تصنع الحرف الغارق في فكرتي سلساً في ورقتي، تجعلني أمسك بالقلم على نشوة أحرفك وأكتب، حتى أنني بعض الأحيان أكون مغموراً بأحرفك وأكتب دون أن أدري ماذا أكتب . . .

أحببتُ إطراءكِ وتعودتُ رسائلكِ مع إشراقة كل شمس . . .

أفتح بريدي وأبحث عن رسائلك دون غيرها وحينما أعيش معها دقائق من عمر الصباح أغلقها بعدما تسرق أحرفك كل أشعة شمس الصباح وتفرشها تحت ظلال الأشجار ومن ثم أفتح الرسائل الأخرى الكثيرة التي تعيش في وقتي عمر رسالتك الصباحية!!! .

لم أكن أعرف منكِ سوى كلمات ترفعني عالياً ترطم برأسي غيمة السماء، وذلك ما أعرفه عنكِ! .

نشرتُ مرة أخرى في الصحيفة التي تعشقينها كما قلتِ في رسالة إلكترونية عابرة لتأتي رسالة منكِ تصرخ كلماتها بهمس نعومة أحرفك . . .

«إعجابي بكلماتك وأسلوبك لا يعني أني أوافقك على كل ما تكتب، انتبه إلى ذلك جيداً . .

لدي ملاحظات عدة. . . ونقاش كبير. . . لا أعتقد أن البريد الإلكتروني يستطيع أن يضم كل ما أريد أن أقوله لك، سأكون جريئة بعض الشيء وسأحطم أسوار خجلي، وسأقول لك كل شيء عن كلماتك التي لم تكتبها أنت!! أرسل لي رقم هاتفك!!!. . .»

وفاء

قرأت رسالتك، وأعدت قراءتها عدة مرات ،ترددت كثيراً، شيءٌ ما في داخلي لا أفقه وضعني بين إرسال رقم هاتفي وبين تجاهل طلبك . . . أو أمرك!!! .

حملت ترددي إلى صديقي أحمد، ذلك الصديق القريب جداً من أفكاري، بضع سنتيمترات ويلتحم مع جسدي شاورته بطلبك أو أمرك وقال لي :ـ

* وكيف تضمن يا صديقي أنها فتاة؟!!!. . .

هززت رأسي وأصابعي تداعب ذقني الخالي من الشعر. . . وقلت له :ـ

* لا يهمني ذلك كثيراً، لا يهمني من يكون صاحب تلك الرسائل. . . كل ما يهمني يا أحمد أن أقرأ نقاط اختلافه معي لعلي أجني من ذلك معرفةً جديدة .

صوب نظره نحو وجهي، وشيء من الضيق اعتلى ملامحه قال بصوت منخفض تسرب إلى مسمعي صراخاً :ـ

* وإذا كان رجلاً. . .

ـ وقبل أن أنطق بكلمة واحدة أكمل :ـ

* رجـلٌ. . . وسـرق مـن الأنوثـة اسـماً. . . فهـل سـتسـتفيـد مـن سارق؟!!!. . .

ألجمتني بكلماته وسؤاله. . . وأطحت لحظتها كل رسائلكِ خارج مساحة عقلي!!!. . .

تتابعت بعدها تناسل رسائلك، كنت أقرأها بصمت وأرسم من أحرفها وجهاً لها لا يحمل من الأنوثة سمة واحدة!!.

وحينما أقفل بريدي الالكتروني أجد في رسمتي التي رسمتها لك تشوهاً لمعاني كلماتك. . .

وفي مساء يحمل أجواء المساءات الماضية لم يكن معي سوى قهوتي التركية المرة في مقهى على شارع التحلية لا يفارق أيام الأسبوع قلت لأحمد الذي أتى تواً إلى مكان جلستي المعروفة سابقاً

* لماذا لا تكون وفاء هي وفاء بالفعل؟!!!. . .

رفع نظره عن قائمة المشروبات التي وضعها النادل أمامه حال جلوسه وسألني بدهشة :ـ

* ومن هي وفاء هذه؟!!!. . .

ابتسمت رغماً عني من خجل لا يفارقني أبداً وأجبته :ـ

*** صاحبة الرسائل الإلكترونية. . . .**

حدجني بنظرة دهشة وقال :ـ

*** أما زلتُ تتذكرها؟!!! . . .**

*** لدي شبق عجيب في استدراك وجهة الاختلاف. . .**

*** أعرفك جيداً لن يستقر لك بالٌ حتى تجد ما تفكر به في محيط واقعك. . .**

أعترف بأن كلماته قد شجعتني كثيراً ـ أعتقد أنني كنت أبحث في كل إلحاحي وترددي عن كلمة واحدة تدفع برقم هاتفي في رسالة إلكترونية لك ـ

وأرسلت رقم هاتفي . . . ، وانتظرت سماع صوتك. . . ولا زلتُ يا وفاء أتذكر جيدً ذلك الوقت. . .

لم تعطني الشمس في مغيبها لون رحيلها المميز، كانت السماء مزدحمة بغيوم كثيرة تكاد أن تلامس أسطح المنازل ولم تنبس بقطرة مطر واحدة.

صوت محمد عبده ينساب بهدوء من الركن الأيمن لسريري حيث جهاز التسجيل بأغنيته (اسمحي لي يا الغرام) تحت وطء الظلام القادم من خلف مغيب الشمس، كنت أعيش من خلال رؤيتي من النافذة طفولتي التي لم تعش زخات المطر، كانت أمي حينما ترى الغيوم داكنة وتنبىء بالمطر تسحبنا أنا وأختي من على الأرصفة

وتغلق علينا باب الدار، لنسمع نداءات المطر التي تطرق النوافذ والأبواب، رنين هاتفي النقال سحبني من الماضي إلى الحاضر، أدرت جسدي وتركت الغيوم التي تكاد أن تلامس نافذتي واتجهت إليه بعدما خفضت من صوت التسجيل، نظرت إلى شاشته وكان الرقم غريباً. . .

وكان صوتكِ، صدق إحساسي. . . وخاب ظن صديقي أحمد، ومن هنا كانت البداية، أتذكرينها يا وفاء؟. . . لقد كان صوتكِ محملاً بالحزن رغم ضحكاتكِ الخاطفة، تكلمنا قليلاً، لم تقولي لي ما هي نقاط الاختلاف، دقائق أو أقل كانت مدة مكالمتكِ، وبعدها أخذ هاتفي أضمومة رقم هاتفكِ. . .

عشت لحظات جميلة شعرت وكأنها العمر، كان حديثك ينساب بهدوء إلى قلبي، صوت فتاة يناديني باسمي، لم يغب عن بالي ذلك بعدما انتهت المكالمة ولم تغب عني كل أحرفك فقد شرحتها في عقلي، قستها بميزان لا يقبل الظلم، وكان صوتكِ يحمل في أحرفه أفكاراً رائعة تبعث الدفء إلى قلمي، عشقت النقد لأن أحرفكِ تقول ذلك ذلك النقد الذي نطالب به ونلصقه على اشمئزازنا، صوتك حفظته جيداً، وكذلك رقمك، لم يكن البريد الالكتروني يقول كل شيء في رسائلكِ، وكان صوتك هو كل شيء، مكالمتكِ كانت كل شيء يا وفاء، حتى أنني لم أعد أهتم بفتح بريدي الإلكتروني بعدما تهادى إلى مسمعي صوتكِ. . .

أفكاركِ جميلة، وتصوراتكِ أجمل، كنتِ ملهمتي في كل شيء، وكنت مستمعاً جيداً لصوتكِ. . .

مداعبات عدة مع ظهور رقم هاتفك في هاتفي، تلطف مداد قلمي. . .

وعاش هاتفانا لحظات مولد الحب الذي أكبرته يا وفاء. . .

لم يغب عن جدالكِ الممتع حرفٌ واحدٌ في نفسي. . .

«لا تنس حقي الأدبي بكتابتك. . .»

تلك الجملة التي عاشت معي منذ بداية ولادة أحرفي من جوف فكرتكِ، نشرت الصحيفة تلك الفكرة وكان عليها إهداء، لا أحد يعرف إلى من هذا الإهداء، تصفحت فكرتكِ في صباح خميسي رطب، وقبل أن أقرأ كل ما نشرته تلك الصحيفة كان اتصالكِ. . .

«لم تجسد فكرتي كما يجب ـ حاولت أن أشرح لكِ أن بعض الأفكار تموت رطبة على يد الرقيب الذي يقرأ ويرمي بثقافته على أفكارنا وكأنه يمارس طقوسه علينا، ليظهر النص حسب ما يريد لا حسب ما يجسد ـ وأكملتِ :ـ

أنا المخطئة. . . لو كتبتها أنا لكانت أفضل»

رائع كل شيء فيكِ يا وفاء. . .

نسيتُ كل كلماتكِ تحت وقع ضحكتكِ الرائعة، تشدني تلك

الضحكة كثيراً يا وفاء، تجعل لعالمي قبولاً للسعادة، لقد تلمستُ في أسلوبك وكلماتك وأفكاركِ الروعة. . .

رائعة أحرفي التي انتشلتك من جهلي بكِ إلى حبي لكِ!!!. . .

لم أكن أظن أن هناك جمالاً يفوق جمال صوتكِ. . .

وحينما رأيتكِ وجدتُ يا وفاء أن بالفعل هناك جمالاً يفوق صوتكِ. . .

ذلك اللقاء الأول الذي فرض نفسه ذات مساء عند مدخل العائلات في مقهى ستاربكس في المركز التجاري في حي الروضة الذي يضم أنفاسكِ وأحلامكِ وصباحكِ ومساءكِ، وجدتُ بالفعل أن هناك ما يفوق جمال صوتك الشجي، أذكر ذلك جيداً وأذكر إلحاحي العنيف لأختي التي تصغرني بأن نذهب معاً لذلك المركز بناء على موعد سابق معكِ لأن الأمن الخارجي الذي يقبع عند بوابات الدخول لذلك المركز يمنع دخول الشباب بدون صحبة عائلاتهم، الشباب أبناء بلدي فقط أما من هم سواهم فلهم الحرية التي منعنا نحن من ممارستها في بلدنا!!!. . .

وكانت أختي التي وافقت على الذهاب معي دون أن تعرف سبب إلحاحي هي عائلتي أمام تلك العيون التي تحرس البوابات دون أن تحرسها!!!. . .

أذكر أنني قد قصدت ذات يوم أحد المتاجر الكبيرة لشراء بعض

الأغراض المهمة لسفري ووقف بوجهي رجلٌ أسمر حال دون دخولي إلى ذلك المركز فأفهمته ما أريد فلم يفهم سوى أنني ممنوع من الدخول بدون العائلة، انزعجت كثيراً من تصرفه ورأفت بحاله فقد وضع هنا للمنع دون أدنى معرفة بالوجوه!!!...

وحينما كلمته عن احتياجي للأغراض ابتسم ابتسامة سخرية وقال لي بكل برود...

*** اذهب إلى البحرين وابتع ما تريد!!!...**

هنا... وهنا فقط يا وفاء... كرهتُ واحتقرت نفسي!!!...

لا يهم ذلك الآن، فما يريده الشاب سيجد له مخرجاً رغم القيود، وقد اعتدنا ذلك كثيراً!

فهولاء الضعفاء تمسكوا بالوظيفة دون مؤهل ودون معرفة بكيفية التعامل مع البشر!!!...

أختي تعشق الأسواق فهي المنتزه الوحيد لها!!!...

ولكنها لا تحب هذا المركز بالذات، دخلنا سوياً وزاغ بصرها على واجهات المحلات التي تتقن أسلوب العرض، أما أنا فبصري كان على كل النساء لعلَّ من بينهن وفاء!!!...

كنت أتخيل كل امرأة أراها أنها أنتِ يا وفاء حتى تعبرني وكأنني لم أكن حينها أغسل نظراتي منها تركتُ أختي أمام واجهات المحلات وغدوت سريعاً منطلقاً بحرية لم أجدها عند بوابة المركز إلى مقهى ستاربكس، أحمل في أذني صوتكِ الدافئ المشبع بالحزن

وأبحث عن وجهكِ، عند مدخل العائلات للمقهى وقفتُ حائراً لا أعرف ماذا أفعل ! فكل النساء في هذا الوقت عشقن شرب القهوة !... وقفتُ أمام الفاصل الخارجي بين قسم الرجال المزدحم بالأجساد وقسم العائلات المزدحم بالأصوات والضحكات، رفعتُ هاتفي النقال وطلبتُ رقمكِ، رنة واحدة أقفلتُ بعدها الخط حسب تعليماتكِ السابقة، ثواني بطول الساعات حتى رأيتكِ تخرجين من قسم العائلات، حينها يا وفاء شعرتُ بشيء ما في جسدي، تصببتُ عرقاً، حاولت الهروب من هول الموقف وفقدت قدمي ! مددتِ يدكِ للسلام علي، وبيد مرتبكة شعرتُ بدفء يدكِ، كلمات سمعتها وقلتها عن الصحة تماديتُ بها كثيراً، كنت بالفعل مرتبكاً، ضعت في مكاني، فيدكِ يا وفاء هي أول يد غريبة تصافح يدي ! شعرت يا وفاء بأن الكل في هذا المركز قد علم بموعد لقائنا حتى تلك الوجوه الشاحبة والبائسة التي تقف عند بوابات الدخول شعرت لحظتها أنها عرفت موعدنا هذا ! شددت من قوتي وقلت لكِ :ـ

*** اكشفي لي وجهكِ...**

لم يكن صوتي ذلك، استنكرته بالفعل، وأنبتُ نفسي عليه كثيراً، ضحكتك الهادئة أخذتني عن موضعي هذا ورمتني إلى ضحكتكِ الذي يحفظها جيداً هاتفي النقال، وضعتُ وجهكِ الذي تخيلته من أحرفكِ أمامي، ولكنكِ يا وفاء لم تكشفي عن وجهكِ!!!...

بالفعل كانت لحظات ترقبتُ فيها كل شيء، حراس البوابات وجوه المتسوقين ووجه أختي، كان قوامكِ رائعاً، بالفعل كنتِ أنت امرأة مختلفة وقد استكثرتكِ على نفسي!!!...

فرحة أمي الكبيرة بظهور أولى سن لأختي الصغيرة لا يمكن أن تعادل فرحتي بكِ...

كنتُ سعيداً، فجسدكِ ومن قبل صوتكِ قد علماني كيف تكون السعادة في قلب إنسان!.

لقد وجدتُ كل تلك السنين التي كرست فيها عقلي للقراءة والكتابة تائهة أما جسدكِ وصوتكِ وكلماتكِ، لم يمهلني الوقت متسعاً، فنظراتكِ الموزعة بين وجهي وقسم العائلات لم تكن كافية، لقدِ سرقكِ الخوف مني وتركتني بعدما أعطتني من سرقك!!!...

من قبل أن أعرفكِ، كنت أردد دائماً كلمات قالها غيري في وجه صحبتي

«إن الأدب لا يؤكِّل عيشاً!!!...»

وبعد أن جذبتكِ أحرفي قلت بالفعل إن الأدب لا يؤكِّل عيشاً ولكنه يؤكِّل ما يغني عن العيش!!!

هنا كانت بدايتي معكِ، ولائم دسمة من الحزن، وولائم أدسم من بعدكِ!!!...

وأصبحتُ الآن في رحيلكِ يا وفاء... لا آكل عيشاً وإنما يغنيني عنه التهام قلبي لوجبات الحزن!!!

وفاء...

في بداية عمري كنتُ أمارس سنيَّ عمري كطفل تفرحه لعبة وحينما تأتي جدته محملة بالحلوى يتركُ لعبته ويحتضنها وعينه لا تنفك عن النظر إلى يدها وجيبها...

لا طفولتي كانت تشبهني...

ولا أنا أشبه حاضري...

مثخن بالحزن، أطارده في همي ليغسلني بالدموع...

في الماضي كنت أهرب من حزني إلى الأوراق، والآن يا وفاء رفضتني الأوراق وطردتني الكتابة!!!...

لا شيء يحضن هروبي سوى أرصفة الليل التي أكتب عليها كل أحزاني بماء عيني، ودائماً تبدو الأرصفة لامعة حينما تشرق عليها الشمس!!!...

أحبكِ يا وفاء... رغم كل شيء بدر منكِ... وليتكِ تدركين أوضاع قلبي في حياتكِ...

سأتركك الآن... لأني لا أستطيع أن أزيد حرفاً واحداً فضباب الدمع أخفى نظراتي!!!...

حين يهطل مطر الحب ..
تنبت أشجار العطاء...

وفاء. . . كيف ولد حبك في قلبي دون ألم؟!!!. . .

كنت ترفضين أن يكون بعد لقائنا الخاطف لقاء آخر، أجد في طلبي ذلك خوفاً يتسرب من كلماتك، وأعذاراً أقبلها رغم أنني أرجعها جميعها إلى خوفك من كل شيء، لم أُلحْ عليك في اللقاء فيكفيني أن أعيش روعة اعتذارك الذي يأتي دائماً خلف طلبي لرؤيتك حينما يتسرب النور خفية من الظلام إلى غرفتي.

أظل أحمل عدة إطارات وعدة صور لجسدك المتناسق في كل شيء، أرسم من خوفك ومن كلماتك ملامح لكِ أعيشها وحدي حينما يتشبث بيّ الشوق إليكِ، ودائما أخرج من أحلامي بكِ بوجه مزدحم بالروعة. . .

كنت قبل أن أنام أكون في قمة فرحي وانتشائي لأني أعيد إلى مسمعي صوتكِ المنساب في مساء فائت إلى أذني وكأني أسمعه

للمرة الأولى، أشعر به كأنغام موسيقى هادئة تهدهد سمعي إلى أن أغفو على أذرعة الحلم. . .

لقد تعبت الآن من حرماني من رؤية وجهك، وخفتُ أن أزيد إلحاحي إليك فتنبت في قدميك أجنحة الهروب!

ضممتُ رغبتي في زاوية ما من صدري مع رغبات كثيرة غير مسموح لها بالخروج في ساحة مدينتي، وفتحتُ لرغباتي فجوة صغيرة لتخرج أنفاسها من قلمي!.

شيء ما بعد كل مكالمة يغسلُ جسدي، أشعر بدوار خفيف، ودقات قلبي تحاول أن تسبق نفسها!

لم أخطُ من قبل في دروب الوله والشوق وإن كان قلمي قد خطا بها كثيراً.

جمعتُ فيكِ كل شيء، طرزته على رداء قلبي. . .

في البدء كنت أناديك أختي . .

وبعدها أصبح ندائي لكِ من دون لقب. . .

وحينما سمعت صوتك وتمعنت في جماله وتعودت نغماته العذبة كنتِ أنتِ كل الألقاب التي أعرفها والتي لا أعرفها!.

يقول الأستاذ الأديب عبدالله الجفري :ـ

((قد يتغيَّر كل شيء فينا، كما يتغير كل شيءٍ حولنا. . . .))

٢٠

وفاء . .

لم أذق طعم الحب من قبل لذا كنت أسخر من تلك العبارات التي أسمعها من أفواه العاشقين. . .

كنت أظن أن الحب مجرد حركات وأحاسيس باردة يتكلفها أبطال الأفلام والمسلسلات. . .

إلى أن جئتني يا وفاء وسلبتِ كل مشاعري. . .

حينها فقط أدركت أن للحب مذاقاً آخر ونكهةً خاصة لا يشعر بها إلا المنغمسون في ملذاته. . .

لتتغير حياتي بشكل جذري. . .

على يد حبك يافتاتي صرت أجمل روحاً وتعاملاً. . .

بودي أن أحلِّق. . .

أركض. . .

أن أحضن كل طفل أراه أمامي. . .

في داخلي أشياء كثيرة. . . غريبة. . . لم أشعر بها من قبل. . .

حتى أختي الصغيرة التي كثيراً ماأعنفها بسبب وبلا سبب لاحظت تغيري. . .

ذات يوم عبثت بقلمي الثمين وكسرته. . .

أتتني وبيدها القلم وهي ترتعش من الخوف وبصعوبة وثقل

٢١

خرجت من فمها كلمة آسف وبين كل حرف وحرف تأتآت خوف طويلة...

قرأت في عينيها كتاب توسلات بالعفو...

ابتسمت، أمسكت يديها الصغيرتين الباردتين وهما ترتعشان كفرخٍ ولد تواً في شتاء ممطر...

قبلتهما وضممتها إلى صدري ومن شدة استغرابها بكت...

لقد امتد حبك ياوفاء ليسكب الطمأنينة في قلوب الأطفال...

أقسم ياوفاء أني مذ أحببتك لم أقس على أحدٍ قط...

ذات مساء كنت أفرش رسائلك على سريري...

أشتَمُّ عبيرها...

أمرر أناملي على حروفها برقة خوفاً من أن أخدشها...

أقرؤها ثم أطبقها وأغمض عيني وأحلم بك...

ثم أعاود فتحها مرة أخرى...

وفي كل مرة أشعر أنها حروف جديدة أقرؤها تواً بالرغم من أني أرددها غيباً بيني وبين نفسي دون أن أشعر..

لم أتعمد حفظها يا وفاء لكن قلبي ألهم ذاكرتي بذلك...

إلى أن فاجأتِني باتصال جميل...

لم تكن كلماتك عادية...

كانت تنسكب حلوة من حنجرتك كانسكاب العسل من الجرّة. . .

مميزة أنت ياحبيبتي في كل شيء. . .

صرت لا أطيق فراق صوتك كما لا تطيق السمكة فراق الماء. . .

وحين أغلقت الهاتف أطبقت جفني على همساتك لأزداد انتشاءً بها. . .

وبعدها بقليل رن هاتفي منبهاً أن ثمة شخصاً يتصل. . .

وقبل أن أرى الرقم دعوت الله أن يكون المتصل أنت ياوفاء. . .

وحين رأيت الاسم فرحت. . .

اسمك ياوفاء يضيء شاشة هاتفي الصغيرة. . .

هممت بالرد وقلبي يخفق فرحاً. . .

فإذا به صوت ذكوري لايشبه همساتك الناعمة إنه صديقي أحمد. . .

ياااه ياوفاء. . .

من شدة حبي لك وتفكيري بك صرت أرى كل الأسماءِ اسمكِ. . .

طلب مني أحمد أن أخرج معه صباح الغد في رحلة برية، وفي كل مرة يطلب مني ذلك أرفض لأني لا أحبذ الرحلات البرية . . .

إلا تلك الليلة ياوفاء وافقت فوراً وبلا تردد . . .

علامات التعجب بدت واضحة على صوت أحمد . .

صمتَ . . .

ثم أردف : هل أنت متأكد؟!! لا أصدق!! . . .

((بل صدّق غداً صباحاً أنتظرك)) . همست بها في أذنه بلطف وأنهيت المكالمة . . .

حبكِ نعمة امتدت خيراتها لتصل إلى كل من هم حولي . . .

كنتُ كل مساء أقيم حفلة صغيرة بيني وبين نفسي وأدعو إليها الحب الذي لا يمل الرقص على أنغام عشقي . . .

حتى أمي لاحظت تغيري . . .

لم أعد أثقل عليها حين توقظني صباحاً لأذهب إلى عملي بعد أن كنت أجعلها تصعد السلم كل صباح قرابة خمس مرات دون أن أبالي بها . . .

بعد أن كنت أُتعب حنجرتها وهي تنطق باسمي لأستيقظ . . .

صرت ياوفاء أستيقظ فور سماعي صوتها وأحياناً أستيقظ قبلها . . .

ليزرع حبك الراحة في جسد أمي الضعيف وحنجرتها المثقلة بالتعب. . .

قالت لي:

بنيَّ تغيرتَ كثيراً !!

ليتك كنت هكذا منذ زمن. . .

قبلت رأسها ويدها وقلت:

أمي هناك من غيرني ادعي له بالتوفيق والسداد. . .

هطلت دعوات أمي كالمطر. . .

كنت أتلذذ بسماعها وهي تدعو لك ياوفاء. . .

نعم لكِ أنت لأنك أحدثت في حياتي نقلةً عظمى. . .

ألبستِ حياتي رداء أخضر. . .

فرشتِ طريقي بالورود. . .

عطرتِني برائحة المطر. . .

أحلْتِ أصابعي عصافير ملونة لاتعرف سوى التغريد. . .

وروحي ميداناً تمتشق فيه خيول حبكِ الريح وتركض بحرية ودون قيود. . .

فالحب يا سيدتي. . . هذا الكيان الشامخ بداخلي هو الوحيد الذي لا أستطيع أمامه أن أرفع رأسي. . .

كل شيء مدين لك . . .

أمي . . .

إخوتي . . .

أصدقائي . . .

كل الأطفال . . .

مدينون لحبك بالكثير . . .

لأتعلم على يد حبك لغة التسامح والعطاء . . .

أحببتكِ يا وفاء بصدق كلماتي ونظراتي وانتظاري ولهفتي . . .

وأصبحتُ أتمتع بالتسول منكِ!!! . . .

فكل شيء منكِ مختلف، حتى الجروح حين تكونين أنتِ سبب تفاقمها أراها تنزف رحيقاً لا دماً!!! . . .

متخم أنا بكِ، وذاكرتي تبدو لي مثقوبة في كل حكايات الماضي تماماً كشبكة صيد إلا من ذكركِ تبدو لي كقطعة من حديد لا تقبل الصدأ ولا الثقوب . . .

بعد خمسة عشر يوماً امتلأتُ برغبتي في رؤيتك صمتاً وحديثاً بعد لقائنا الأول في المركز التجاري قلتِ لي :ـ

* يوم الأربعاء سوف نسافر إلى الشرقية . . . فتعال إلى هناك لعل مدينتنا لا ترانا . . .

٢٦

تلك الكلمات قد أيقظت الأمل في صدري، وكانت مكالمتك ذلك المساء تدفعني بدون شعور إلى السفر، تركت كل أشيائي مع إفاقة الرغبة الدفينة في داخلي، تركت الرياض لأرى في وجهك الرياض، سافرت إلى المنطقة الشرقية وأنا أحمل صوراً كثيرة رسمها خيالي عنكِ . . .

ووصلت مدينة الخبر، وسكنت في ذلك الفندق الكبير الذي يكشف أسرار سطح البحر بصفاء أشعة الشمس، هنا على سقف غرفتي رسمتكِ على كل جدرانها، انتظرت كثيراً اتصالك، عشت على أمل أن أرى رقمك على شاشة هاتفي، وكان المساء الأول يحقق لي كل شيء عن الشوق لكِ ويفرزه على جدران تلك الغرفة، لم أغادر الفندق، أخذت طرقاته ذهاباً وإياباً بين صالة البهو وجدران غرفتي، ترددت كثيراً بالاتصال بكِ، خفت أن أسبب لك إحراجاً مع أهلك، لم يقو ترددي أن يمتد أكثر من ذلك، كان رقمك في هاتفي تحت اسم «نقاء» اتصلت وكان مغلقاً، حاولت في أوقات متباعدة طيلة ذلك النهار ولكنه كان مغلقاً حتى كان مغيب الشمس، صرخ هاتفي النقال برقمكِ، رنة واحدة عرفت منها أنه اتصالك، أخذت رقمك بالاتصال، لتظهر على شاشة هاتفي كلمة «جاري الاتصال» وتحتها اسم «نقاء» عبق الحياة ونشوة سعادتها كان صوتكِ، احتضنته في مسمعي وقلبي، سؤالك عن صحتي وتهنئتك بوصولي وكلمات كثيرة لا أريدها، أبحث عن موعدٍ بين كلماتك، حينها قلت لكِ أين

تودين أن يكون لقاؤنا، الخوف الذي اكتسى كلماتك في الرياض عاد مرة أخرى، تردد عنيف بكلماتكِ، لم ألحح خوفاً على قلبي من ضياعك أو أن تفهميني خطأ، في نهاية المكالمة كانت الساعة التاسعة هذا المساء أمام برج الفنار على كورنيش الدمام محطة لقائنا . . . وقبل ذلك الوقت بكثير كنت أنا هناك.

والتقينا، على كورنيش الدمام، لم يكن وجهكِ يشبه تلك الصورة التي رسمتها على جدران غرفة الفندق الكبير، أمامنا البحر وخلفنا تركنا العالم يضج بضوضائه حسبما يرى فيها متنفساً له، شعرك السارح على كتفيك كان حكاية مزعجة من نسيم البحر له، كنتُ أطارد ملامحك من خلف خصلات شعرك، وبالفعل شعرت أن هناك جمالاً فائقاً يفوق تصوراتي عن جسدك وصوتك، ففي وجهكِ شيء من كواكب المساء المعلقة على سطح الماء، وكأن البحر يعكس صورتكِ عالياً!!!. . .

تمنيت تلك اللحظة أن أنتشلك من مكانكِ وأضعكِ بين رموش عيني وأغفو مدى الدهر حتى لا تهربي مني . . .أو تسرقكِ نظرة أخرى . . .

كنت أتباهى بكِ وأنتِ بجانبي أمام نفسي كتباهي الأطفال بثياب العيد الجديدة . . .

يا إلهي كم أنا محظوظ بكِ!. . .

أضاء الكون على سطح البحر، وعلى صفحة السماء بوجهٍ لم يفارق الأرض، كلمات خجلى تندفع منك، وجراءة لا أعرفها تتساقط من لساني، استمعت إلى حديثك، وقلت كل حديثي، وفصل بيننا الوقت. . .

«سأرحل الآن. . . أخاف أن يشعر أهلي بفقداني. . . .»

كنت أريد أن أضم بيدي يدكِ لتحكي لها كل حكايات الدفء. . .

لم أمتلك نفسي ولا أعصابي، شعرت بأن هناك شيئاً ثميناً، ثميناً جداً سأفقده، مددتُ يدي لتلمس يدكِ، خفتُ كثيراً من فعلتي تلك، وتوقعتُ منكِ كل شيء، وكنت بالفعل يا وفاء سأتقبل منكِ كل شيء!!!. . .

تركتُ نظراتي ترسم وجهكِ في عيني لتشرق شمس الإنسانية في نظري، ضغطتُ على يدكِ ونظراتي لم تنفك من وجهك وضغطتي على يدي وابتسامتك تتمدد على مساحة وجهكِ، غريب إحساسي الذي استمددته منكِ، لم أفق من نشوة وجهكِ إلا عندما سحبتِ يدكِ، طأطأتِ رأسكِ خجلاً ورحلتِ، ابتعدت خطواتكِ ومن ثم التفتِ إليّ اقتربتِ مني ودسستِ في يدي ورقة صغيرة مغموسة بابتسامة خجل، ورفعتُ يدي ولثمتُ كفي التي احتضنت دمعة لا أعرف لماذا ذرفتها! وبقيتُ وحيداً ليس خلفي سوى ظلمة البحر وليس أمامي سوى وداع من سلبت عقلي!

٢٩

لم أنتبه لوجود كل هؤلاء البشر هنا . . .

كأني قد غفوت في حلم جميل . . . ولذيذ . . .

لم أنتبه لكل ذلك إلا حينما ضاع جسدكِ عن عيني في زحمة الأجساد التي كانت ولا زالت هنا . . .

كل هؤلاء النساء يا وفاء يشبهنكِ . . .

يحملن ملامحكِ نفسها . . .

كلماتكِ نفسها . . .

وشعوركِ نفسه . . .

لأني لا أرى في كل النساء سوى وجهكِ . . .

ولا أسمع منهن سوى صوتكِ . . .

ولا أعيش سوى بشعوركِ . . .

وقفت وحيداً بعدما فقدت رؤيتك، لففت جسدي ومددت نظري نحو البحر المظلم . . .

وبث لي الوقت صورة طفولتي، كأني أرى طفولتي فوق سطح الماء، تأتي مع الموج الذي يصفع صخر الشاطئ

وينسحب بهدوء ليعيد الكرة مرة أخرى أمام صمت الصخور . . .

لم تكن لدي ألعاب كباقي الأطفال، كانت طفولتي مجرد كيس

نايلون من عصير التوت المثلج، ترشوني به أمي كل صباح لأرعى أختي الصغيرة عند انشغالها بأعمال المنزل ولأنني كنت مخلصاًووفياً لكلمات أمي ورعاية أختي الصغيرة التي تحبو لتمسك كل الأشياء وتبعثرها على الأرض لا أقترب من كيس عصير التوت المثلج ليذوب ثلجه وحينما تنتهي أمي من انشغالها أهرع لأضعه في الثلاجة ليمكث هناك حتى صباح الغد لتأتي أمي برشوتها لي بالكيس نفسه الذي ينتهي كما كانت نهايته صباح أمس وهكذا تمر كل الصباحات لأكبر وأنا لم أذق طعم عصير التوت المثلج بعد . . . .

وهاهو الوقت يا وفاء كما عاندني في طفولتي يقف الآن في وجهي ليعاندني بكِ لترحلي أنتِ من بين شرايين قلبي، وأطاردكِ حتى تتعب خطواتي، وأصرخ بكِ صامتاً، ليختفي جسدكِ عن نظراتي بعدما شعرت بدفء جسدك ونعومتك حينما مددتِ يدكِ لمصافحتي، لقد رانت على خيالي وعقلي تفاصيل جسدك وتفاصيل ملامحكِ وتفاصيل خصلات شعركِ، فتحت الورقة بلطف وكانت أحرفك التي انتشلتني من أرض الدمام إلى هام السحب . . .

« . . . ((حبيبي :

لم يخلق قلبي إلا ليحبك)) » . . .

لثمت كل أحرفك الثلاثة والعشرين، تلذذت شفاهي بطعم رائحة عطرك . . .ورجعتُ إلى غرفتي مزهواً بكِ، ولأول مرة أشعر أن قدمي لا تطأ الأرض، هي يا وفاء فرحتي الأولى، تلذذت بطعمها،

٣١

ولم أتناول عشائي الذي طلبته من خلال رقم خدمة الغرف!!!

استبدلتُ عشائي بفنجان قهوة بعدما وقعتُ على فاتورة كلفة العشاء.

جهاز التلفاز يعج بصور كثيرة، ومشاهد عدة، وعيني تحاول أن تعدل من صورتكِ كما رأيتها على جدران غرفتي لقد تماديتُ برسمك وحينما أوشك نور الفجر أن يفضح ما دسه الظلام في أركان غرفتي وجدت على جدران غرفتي بيتاً أنيقاً صغيراً ليس به سوى أنا وأنتِ وصراخ قادم من غرفة ليست ببعيدة عن مكان جلوسنا قد أفاق من نوم طويل على جوع جوفه . . .

خيالي صغير . . . صغير جداً . . . لا يستوعب كل أحلامي بكِ . . . .

عشتُ ذلك الخيال بعد لقائنا الثاني، وتمنيتُ أن أزيد من حجم خيالي قليلاً، فوجودكِ في خيالي لا يحتمل الضيق!.

لن أكتب عن ملامحكِ، يكفيني من ملامحكِ أنني لم أستطع أن أشد نظري لغيركِ . .

فكل النساء من بعدكِ كواحات السراب في صحراء القيظ . . .

فحين يهطل مطر الحب . . تنبت أشجار العطاء . . .

ليتني لم أقل أحبك!!!

قال لي الزمن: ـ

(قف هنا . . . انزف كل أفكارك . . . وجفف ذاكرتك . . . حتى تصبح إنساناً . . .

فلا سبيل لك سوى هذا المكان . . . ويجب أن تقتنع بهذا الشيء الكبير!!!) . . .

هي أوجاع يا وفاء ولا أظنها ستنتهي . . .

وليل طويل . . . حالك السواد . . . يعتصرني ويكسر كل مجاذيف الثواني في بحر الوقت . . .

كتب حرفاً بخط أسود على لوحة سوداء وتركها لرياح الليل . . . تحاول أن تقرأ تلك الحروف وتلك الحروف هي اسمي أنا!!! . . .

لقد عبرتني الأيام أسبوعاً كاملاً دون أن تدخل إلى سمعي نبرات صوتك الحانية . . .

أربعة أشهر يا وفاء ,,,لم ألبسكِ أنا فيها الضيق. . . ولم أعلم قدميكِ الهروب مني. . .

فجأة لم أجدكِ بجانبي. . . لم تعطني إشارة. . . علامة. . . لم تقولي لي شيئاً. . .

كنا سوياً. . . تجمعنا الهمسات الشاردة عن وجه الليل على الهاتف. . .

لقد بحت لكِ بإسهاب عن مكنون قلبي. . . وضربتُ لكِ أمثالاً تجسد حياتي معكِ. . .

فلأني أحبكِ. . . لم ينتصر على بوحي الصمت. . .

وبحتُ لك بكل شيء وضاقت الأرض عن احتواء أبجديتي. . .

فتحت قلبي ورشقتكِ بكل كلماته. . .

لقد أصبحتُ مغرماً بكِ. . .

أعيشكِ كما أعيش نفسي. . .

وقلت لك تلك الكلمة التي تأتي كثيراً على لساني والتي يطمرها الخوف!!!

عزمت من أمري وقلت لك «أحبك»

حينها شعرت أنني قلت لك كل شيء. . . كل شيء. . .

أذكر أنكِ اشتكيتِ بعدما قلت لكِ كل شيء من صداع في رأسكِ ينزل ألماً إلى عينيكِ

٣٤

وقلتُ لكِ تناولي حبة مسكن لهذا الصداع الذي أجده في رأسي!!!...

ونامي... يا حبيبتي... وفي صباح الغد سأترك صباحي يطمئن إلى صباحك...

وعقدنا قبل أن تنتهي همساتنا موعداً يتجدد من تلقاء نفسه في الغد...

ألماً... وحسرةً... كانت أنفاسك تتخطى قلبي عبر الهاتف...

لم تكوني أنتِ وفاء... كان هناك شيء ما عالقٌ في رأسكِ لم أفهمه...

وبعدها... لم أسمع صوتكِ...

أتى صباح الغد وخلفته صباحات كثيرة ولم أسمع صوتكِ...

هل اقترفت ذنباً أنا؟!!!...

هل جرحت همساتي مسمعكِ؟!!!

لم أتمالك نفسي... لبست خيوط أشعة الشمس وانتعلت قلقلي وخوفي...

وخرجت إليكِ... إلى حارتكِ... واستويت واقفاً عند جدار داركم ذي الحجر الأصفر القديم لم أسمع جملة (صباح الخير) التي تغسل وجهي كل يوم من آثار النوم...

ولم أجد رسالتك التي ترسلينها حينما يغلبني النوم ولا أصحو مبكراً. . .

لا شيء منك. . . ولا حروف على شاشة المحمول. . .

فتشتُ في هاتفي عن رسالة تلك الجملة ولم أجدها. . . أصخيتُ لسمعي

ولم أسمع شيئاً. . . تداركني القلق. . . ووقفت ليس بعيداً عن باب داركم. . .

ذلك الباب الغائر في الجدار المغرق بالجرانيت الأخضر الذي يحكي تفاصيل ماض كان يحمل جمالاً. . .

رفعت نظري لأحوي ذلك الجدار الذي يـخبىء وجهك وأنفاسك، قرأت كل شقوق عبور السنين. . .

ذلك الجدار الذي يشبه قلبي!!!. . .

نظراتي ترسم باب داركم بإتقان. . . وشمس الصباح تستقيم في الأفق وتفضح شيئاً من وجهي. . . إنفتح باب داركم. . . السائق السيرلانكي يلف فمه كدائرة ويتجه إلى السيارة، يفتح بابها، يدخل نصف جسده فيها. . . يخرج بعد أن يسحب قطعة قماش بانحناءة تبدو خجلى، يلوح بيده على زجاج وجسم السيارة وكأنه يلوح مودعاً. . . قرأت تفاصيل سائقكم وكأنه مقرر لزم علي حفظه وأستطيع أن أرسمه بكلماتي دون أن أراه!!!. . .

لحظات وينفرج الباب عن جسدكِ الذي أتقن تناسقه جيداً . . .

حقيبتكِ السوداء الصغيرة معلقة بكتفكِ . . . وعيناكِ تمسحان السيارة دون أن تلتفتي إلى آخر الشارع حيث أنا . . . إنشرح وجهي . . . قرأت عافيتكِ . . . وغمرت بنظراتي رؤيتكِ لتغرق كل احتمالات قلقي . .

تحركت بكما السيارة . . . وتحركت أنا خلفكما بسيارتي . . . وافترقنا عند زاوية بعيدة جداً عن شارعكم!!! . . .

ها أنتِ تمارسين طقوس يومكِ . . .

تصنعين من الصباح عقوداً من فرح . . .

لم تشعري بقلقي . . . بجديد يومي . . .

وفاء . . .

كان مساء مختلفاً . . .

ذلك المساء الذي امتلأت فيه بك . . . .

وبلا شعور رقصت أناملي على أزرار الهاتف وهي تستمتع بإيقاع أنغام رقمك . . .

وبين كل رقم ورقم مدن من خيالات محلقة في سماوات زرقاء صافية . . .

أحلام كثيرة رسمها ذهني ولونها شعوري الصادق بألوان الورد . . .

رنين الهاتف يعاندني. . . أبحث عما بعد الرنين. . .

لتفاجئيني «لم يتم الرد». . .

هل وصلتِ إلى الجامعة. . . أم أن هاتفكِ مدسوسٌ في أشيائكِ التي منعت رنينه عن مسمعكِ. . .

كررت الاتصال كثيراً وقفزت «لم يتم الرد» كثيراً في عيني. . .

لماذا لم تردي؟!!!. . .

ماذا شغلكِ عن صوتي؟!!!. . .

في مساء هذا اليوم أعطيت هاتفي رقمكِ حتى تردي. . . ولم تردي. . .

وآخر اتصال تغيرت رسالة هاتفي بعد عدة رنات لتظهر رسالة جديدة «الرقم مشغول». . .

انكفأت كل أحلامي وتبددت على الأرض وطحنتها قسوتك حين أغلقت الهاتف فور رؤيتك لرقمي دون أن تنبسي بحرف. . .

أمعقول هذا يا وفاء؟!!!. . .

تغلقين هاتفك على رنين هاتفي. . .

لماذا ؟. . . لماذا كل هذا ؟

يا إلهي !!

كيف لي أن أصور ذلك الشعور الذي عصف بابتسامتي ليحيلها إلى دهشة تختنق بها عبراتي. . .

أشياء كثيرة وكثيرة حامت في عقلي. . . توقعت كل شيء منكِ عدا أن يهجر صوتكِ مسمعي. . .

أسبوع الآن. . . وهاتفي لم يسكتُ عن الزعيق في هاتفكِ. . .

فمن سرق تلك القلوب التي تظهر تحت رقم هاتفي في هاتفكِ؟!!!. . .

لقد قلتِ لي:ـ

«إن رقمك حينما يرن على هاتفي تنفرج من جسد هاتفي نغمة مميزة. . مميزة لك وحدك»

فأين الآن تميز نغمتي؟!!!. . .

وأين صوتكِ ليقول لنغمتي المميزة خلف تلك النغمة؟!!!. . .

لا أعرف كيف مر هذا الأسبوع علي؟

ولا أعرف ماذا قلت لنفسي حتى لا تطرد نفسي من جسدي؟

كثير هذا الأسبوع علي يا وفاء. . .

منذ آخر مكالمة بيننا لم أسمع صوتك. . .

أتذكرين حين سألتني بدلال أتحبني؟. .

((اسألي قلبك !!)) خرجت من فمي وبصحبتها تنهيدة طويلة. . .

حينها أصررت على أن تسمعيها مني. . .

٣٩

وحين همست بـ أحبكِ في أذنك هربت !!...

لتنطلق أسئلة متعبة في ذهني تعدو دون توقف وتطحن ذاكرتي...

تركض في كل الاتجاهات...

ولا أجد لها إجابات شافية...

ألهذه الدرجة ياوفاء وصل بك الحد إلى الاكتفاء بتلك الكلمة عني؟!!...

أكنتِ تحاولين سرقتها من لساني لترحلي وتتركيني بلا روح؟!!...

أكنتِ تودين الاستمتاع بسماعها ولو لحظة لتمتلئي بها وتهربي؟!!...

لم أردت أن تحيلي واحة العشق التي تصبغ عروقي بخضرتها إلى صفير ريح نائحة وسط صحراء رملية...

الحب ياسيدتي ليس كلمة تتأرجح على اللسان...

الحب شعور... تفانٍ... وإخلاص...

الحب نبض قلوبنا... وشعار وفائنا...

الحب له معنى سامٍ ليس للسان قدرة على إخراجه...

وفاء...

لم أعهدك بكل هذا الشح الذي كثيراً ما وصفتني به حين كنتِ تغرقينني برسائل الغرام وتنتظرين مني حرفاً يشبه حرفك ولا تجدين . . .

ها هي رسائلك أمامي يا وفاء . . .

أوراق ملونة وكروت حمراء . . .

ومعها زهرتك البيضاء التي أهديتني إياها ذات لقاء . . .

كل أشيائك معي أحفظها داخل عيني وأطبق عليها جفني . . .

أُلْبِسها قلبي العاري إلا من حبك كل مساء . . . وكل صباح . . . .

أبحث عن صوت من كتبتها فلا أسمع سوى صوت إعصار قوي يشبه إلى حد كبير الصوت الذي سمعته فور ملامستك لزر إغلاق الهاتف في وجهي . . .

أفتش عن الأنامل التي حولت الكلمات إلى عصافير مغردة وأطلقتها محلقة بين الأسطر فلا أجد سوى جثث غيابك تمتد أمامي . . . .

والآن أبحث عن رسائل جديدة لكِ سواء على هاتفي المحمول أو مغلفة عبر البريد الإلكتروني وحين لا أجدها أعود إلى رسائلك القديمة وأقرأها بزهو وكأني طفل يلعق الحلوى في مدينة الملاهي . . . .

٤١

أشعر بأني أحتاجك، وأبحث عنك في كل مكان وتحت كل كلمة، حتى في بسمتي الباردة لصديق قديم قطع علي خلوتي مع همي!!!...

لا أستطيع أن أستحضر المفردات وأنتِ غائبة عني...

ولا أملك إلا أن أصمت بحبكِ...

فحينما كانت يدكِ بيدي، نتقاسم معنى الكلمة، كان قلبي كطفل يطارد فقاعات الصابون...

وحينما كنت أكلمكِ وكنت تنصتين لكلماتي كنت أشتاق لصوتكِ!!!...

كنت أريد أن أنهي كلماتي بسرعة حتى ينساب صوتكِ في أذني...

فكيف الآن تمر بجانبي سبعة أيام عجاف لا أسمع خلالها صوتكِ...

هل قال لكِ قلبي شيئاً عكر مزاجكِ؟!!!...

هل أغضبتكِ مشاعري المتدفقة من بوح قلبي؟!!!...

وهل تكرهين كلمة «أحبكِ» يا وفاء!!!...

أم أن حبي الكبير لا يتسع لكل زوايا قلبكِ ففضلت الرحيل؟!!!...

سأنقص من حبي أمامكِ. . . سأخفيه في زوايا قلبي. . . سأدثره بلحاف الوقت. . .

ولكن. . . أسمعيني صوتكِ. . . وداعبي نظراتي بملامحكِ. . .

فأنا يا وفاء لست أقدر على كل هذا منكِ!!!. . .

وليس لي ذاكرة جديدة تحوي موقفكِ هذا مني. . .

ولا أملك وقتاً كافياً أضيفه إلى وقتي لأتقبل منكِ هذا!!!. . .

فالأيام تبكيني من بعيد. . . والساعات تنظر إلى عقارب الساعة. . .

وأنا. . . أحملكِ. . . وأجدكِ ثقيلة بانقطاعكِ. . .

وفاء. . .

ربما شحَّت حروفي فلم تجدي بين يديك منها شيئاً لكن ما في قلبي كبير. . .كبيرٌ جداً. . .

أكبر من كل اللغات. . .

حتى لو استعارت حبات الرمل شفاه العاشقين. . .

ونطقَتْ بكل أهازيج الغرام فلن تستطيع أن تعبر عن حبك المتربع داخل صدري. . .

بداخلي بحر من حب. . .

في كل مرة كنت أحاول أن أخرجه فأعجز. . .

بالفعل يا وفاء لا أستطيع. . .

كمن يحاول أن يغرف كل ماء البحر بملعقة. . .

هكذا أرى الحروف كملاعق صغيرة تعجز عن غرف بحر العشق الذي يسبح بداخلي. . .

وفاء. . .

متعبٌ أنا . .

سمعي يحتاج الراحة. . .

يحتاج أن يغفو على ذراع صوتك. . .

وقلبي يفتقد نبضك ليسكب فيه الدفء بعد أن تركه غيابك يتخبط في العراء. . .

أما روحي فهي تحتضر تحت وطأة الخوف. . .

أنت الأمان يا وفاء. . . أنت الدفء والحنان. . .

حبيبتي لازلت بداخلي تتوهجين. . .

مجنون أنا بك. . .

عودي لتسقي شجرة حبك الممتدة في أرض روحي. . .

عودي لكي تثمر الشجرة الفرح. . .

ترى أين تحلق يا طيري؟!!!....

في ذاك الصباح . . .

احتسيتُ الصمت مع قهوتي الصباحية . . .

ولزمتُ الانتظار الذي سكنته وسكنني . . .

تساقط أمامي ولم أستطع أن أجمع تبعثره في قلبي لأرسم لحظة لقاء واحدة . . .

صـورتـكِ لا تـزال تـطـارد خيـال أحـلامـي، تـزيل كـل الصـور المخنوقة في إطاراتها المعلقة على جدران الدار أو تلك التي تستند على قطعة حديدية فوق منضدة تلازم نظري في دخولي وخروجي، تقفز في وجهي كل صباح ومساء، وتنظر إلي بصمت!!!. . . .

أناديها ولا تجيب، وأسكتُ ندائي، فقد اكتسبت من غيابك إتقان الصمت . . .

٤٥

كل الصور يا وفاء ترسم لي لوحات من الحزن، أحتضنها خوفاً من هجوم النسيان الذي لن يأتي!!!. . .

فالحزن يقربني جداً منكِ، فهو الأثر الباقي لي من غيابكِ. . . .

في غيابكِ أصبحت كمن ينحت تماثيله على هواء الجدران. . .

أعيش الصمت والخوف. . .

الخوف ذلك الهلامي الأسود الذي يلتصق بإحساسي، وينتظرني عند كل خطوة أخطوها، ودائماً أخاف أن أسقط أو أن أجد نفسي غير نفسي!!!. . .

وفاء. . . لا شيء في ذاكرتي سواكِ. . .

أمارس النسيان رغماً عني في كل شيء يلتصق بحياتي. . .

تصوري !!

لقد نسيت اسم المدرسة التي تدرس فيها أختي الصغيرة والتي أعبر أمام سورها كل يوم!!!. . .

سقطت كلمات جارنا على مسمعي كالصاعقة حين سألني عن اسمها لأنه يود أن يُلحِق ابنته بها. . .

صمت حينها إلا عن كلمة اعذرني فذاكرتي مثقوبة وقلت له ذات صباح رطب: ـ

سأسأل أختي وأخبرك في أقرب وقت. . .

٤٦

لأترك حشود التعجب ترسم ملامحها على وجهه . .

ودخلتُ داري، لم أكشف لأحدٍ عن وجهي، اعتزلتُ الكل في غربتي، تدثرتُ بالصمت، هناك شعور غريب يحتويني، يزرع في كل خطوة أخطوها فراغاً كبيراً، أجده في نفسي حينما تشدني ضحكة عابرة وصلت لمسمعي من الدور الأرضي تحمل بحة أختي نورة، أو أغنية أعشق لحنها ولا أعرف كلماتها تتهادى إلي من صوت أخي الذي يكبرني يشدو بها وعينه تتفحص وجهه أمام المرآة ليكمل مراحل تكوينه لخروجه .

وأمي يا وفاء . . . تلك المرأة التي أغلقت كل الأبواب عدا باب الأمومة، تشتكي لكل من يسمعها من فقداني لشهية الطعام . . . وشهية الفرح . . .

ألوك اللقمة بأسناني حينما تكون معي ولا أستطيع أن أبلعها . . . تجدني في كل الأوقات محلقاً بعيداً عن موضوع جلوسي، أبحر في عوالم لا تصل أمي إليها حتى أنني نسيت لون جدران دارنا!!! . . .

تخاف علي كثيراً، وتشكو لكل من يسمعها صمتي ووحدتي . . .

لم أعد أستطيع أن أحمل كل هذا الانتظار في ساعات وقتي، أجدك قريبة لقلبي وبعيدة جداً عن عيني، معادلة صعبة بين وجودك وغيابكِ . . . لا أفهمها وأعيشها . . .

باقٍ أنا على حبك ياوفاء كإصرار الملح على البقاء في البحر . . .

متورم بحبك، ألعق جروحي بلسان انتظارك علك تعودين . . .

لكن كلما لعقت جروحي لأخفف عنها وطأة الألم يتضاعف ويبدأ الدم بالتفصد منها . . .

قلبي يا وفاء الذي طرق كل مجال للاحتمال وسار خلف شعوري بكِ لم يعد يصدقني قط . . .

تركني ألهو بين عقلي وخيالي، غذيته بالأعذار التي جعلتكِ بعيدة عنه . . . كذبتُ عليه فيها . . .

ينحاز بعض الوقت إلى تصديق شيء من هذه الأعذار وعندما يعيش رطوبة الدمع في عيني يكذب كل أعذاري بعدها!!! . . .

كيف له ياوفاء أن يكذب دمعي الذي يفرض صدقه كل لحظة . . .

كدمع يتيم لم يشعر بالحنان قط . . .

كدمع طفل يقضم تمساحٌ ساقيه . . .

كدمع صبي فقير منزوٍ في ساحة المدرسة لايجد مايأكله . . .

أبحث عن نفسي ياوفاء فلا أجدني تماماً كما يبحث طفل صغير وسط صحراء عن قطعة حلوى دفنها منذ سنة حتى في المساء صرت

٤٨

أحرص على ارتداء نظارتي الشمسية حتى لا يقرأ الآخرون وجع قلبي . . . .

وفي ذلك المساء . . .

احتواني الليل الذي بدأ مع آخر دمعة ذرفتها خلف صورتكِ في ذاكرتي، فهذا المساء يا وفاء بدا لي فيه أن الليل أتى كبيراً، أكل كل ما تبقى من نور المغيب، ورمى بفضلاته على وجهي!!! . . .

كل شيء هنا . . .

في غرفتي . . . وعلى أوراقي . . . قد استطعم به هذا الظلام الذي لبسه هذا الليل الكبير . . .

حتى جسدي لم يسلم من قضم هذا الظلام . . .

أجول به . . . ويجول بداخلي . . .

وأتوسد الماضي بكل تفاصيله، حينما كنا معاً لا نعرف ما يدس لنا القدر في أيامنا المقبلة . . .

أصرخ بوجه النافذة أن اغتسلي من هذا السواد العالق بزجاجك . . . أصرخ حتى أسقط على أريكتي المخملية، حينها يا وفاء أجد نفسي قد سافرت بعيداً، خلف سنين بعيدة حينما كنت طفلاً في الصف الأول الابتدائي، كنت مع زملائي نتنافس لنترنم بأنشودة على مسمع أساتذتنا وكان من المحظوظين من تشير إليه إصبع الأستاذ بالانطلاق وبعد انتظار أشار إلي ومن شدة فرحتي أنشدتُ البكاء . . .

وكبرتُ الآن. . .

باعد العمر بيني وبين ذلك الموقف سنين عديدة. . .

وتأكد لي خلال تلك المدة أن الدموع هي حرفتي التي أجيدها
منذ الصغر!!!. . .

وذرفت في كبري دموعاً لها رائحة الطفولة. . .

ما زال قلبي في ضعف غيابكِ صغيراً جداً. . .

أخاف عليه من كل شيء. . .

أشياء كثيرة وكثيرة أجدها أمامي لا أستطيع الانفكاك منها،
تراءت لي وكأني أقرأ أبجديات الحياة لأول مرة في عمر تنفسي. . .

أشعر وكأني قادمٌ من محطاتٍ بعيدةٍ أهرول في جو غابر. . .

صعوبة الهواء المحمل بالتراب والذي زاحم رطوبة عيني ليدخل
صدري كان مثقلاً بي. . .

كنتُ أنتظر أن يمر هذا اليوم وكل الأيام القادمة حتى أصل إلى
ذلك اليوم الذي يحمل في ساعاته عودتكِ على وتيرة الساعة
الرملية. . .

وفي انتظار ذلك اليوم أخاف أن أموت دون أن أراكِ. . .

حينها سأموت ولن أتميز بشيء. . .

سحبت جسدي من الأريكة واتجهت إلى مكتبي، فردت ورقة
بيضاء لم تدنسها أحرف الألم والحزن، كتبتُ فيها :ـ

(. . . تسعة أشهر في بطن أمي . . . ابيضت شفاه أمي ولم
يشرب أبي من عرق جبينه سوى الجفاف . . . . لم يكن هناك مجالٌ
للعيش في قريتهم، حزم أبي أمره دون أن يقول لأمي شيئاً، أعد كل
شيء وقال لها سنرحل عن هذه القرية، نظرت أمي إلى بطنها
المتكور وقالت له:

إن كنت تريد الرحيل فليس الآن لأني لا أقوى على مشقة
الطريق . . .

وقبل إشراقة الشمس كانت أمي خلف أبي متجهين لمواقف
السيارات محملين بأشيائهم البسيطة . . .

أيام كثيرة لم تفطن بذاكرتها المتعبة أن تقول لي عددها حتى
وصلا إلى قرية تنعم بالخيرات . . .

عمل أبي مزارعاً وآوى أمي خلف سور المزرعة . . .

كانت القرية لا تعرف الحزن . . .

وحينما ولدت انتشر الحزن في كل زوايا القرية . . .

اتهموا أبي وأمي بهذا الحزن . . . كنتُ ملفوفاً بقماش
أبيض . . . كان أبي يدافع عن نفسه وعن أمي وعينه تنظر إلى الطريق
الطويل الذي يوصل إلى خارج المدينة . . .

ليتني الآن أستطيع أن أعود لطفولتي، وأنتشل مهدي من جسدي
وأصرخ في وجوه من اتهموا أبي وأمي بانتشار الحزن وأقول

لهـم . . . ليـس لهـم ذنـب . . . فسـعـادتكـم انـدثرت بصـرختي
للبقاء!!! . . .

حملت كل أحزاني المثقلة بدموعي وخرجتُ من الدار، لا
يفصلني عن قراري سوى قراري!!! . . .

حزمتُ أمري وقررت أن أذهب إلى داركم، وأن أطرق الباب،
أن أصنع لمن يفتح لي الباب أي عذر، لعل الباب حينما ينفتح
يحمل لي رائحتك التي لا تزال تعبق بأنفي، أو لعل حظي يدركني
ويأتي من بعد غياب، يقف بجانبي يمسح شيئاً من حزني ويكون من
يفتح الباب هو أنتِ يا وفاء!!! . . .

حزمتُ أمري وركبتُ سيارتي وليس أمامي سوى شيء من تخيل
عن ذلك الوجه الذي سيفتح الباب والذي أتوقع إن لم يكن أنتِ فلا
بـد أن يهـدئ مـن ثورة غيابكِ في صـدري ويحمل ملـمـحـاً مـن
ملامحكِ . . .

لا أعرف أي الطرق سلكتُ، ولكني وجدت نفسي في حي
الروضة، هذا الحي الذي لم تلامس قدماي أرضه من سنين بعدما
انتقل زميل لي يهوى الموسيقى بجنون ويعزف ببراعة على آلة العود
إلى حي آخر في الشمال، بعدها فقدتُ الخطوة فيه، وها أنا بعد
عدد من السنين لا أقدم عليه لا أحمل فرح لقاء صديقي ولكن خوف
لقاء حبيبتي!!!.

دخلتُ الحي ووجدتُ نفسي أمام دارِكِ، أوقفت سيارتي بعدما سرت بها نحو مائة متر بمحاذاة الرصيف المقابل

لم تقع عيني على كل الدور التي في شارعكم، كأنما صحراء مجنونة بالعواصف الترابية قد مسحت كل الدور وخافت أن تقترب من داركم المندس بين دور كثيرة والذي لا أخطئه أبداً، الحجر القديم البارز والقرميد الذي تحول لونه واعتلاه الغبار على جداركم يميز داركم في نظري بثبات الجمال، فالدار بمن فيها ويكفي أن داخل أسوار هذه الدار أنتِ يا وفاء ،تعلقت نظراتي على الشرفات العليا، بحثتُ فيها عن ليل شعركِ وشمس وجهكِ

أطفأت محرك سيارتي ونزلت منها، فضلت أن أبحث بنفسي الغارقة بكِ قبل أن تمتد يدي وتطرق بابكم، تلك النفس التي أتعجب من جرأتها وقوتها أن تصل إلى هنا، كنت أتوقع كل شيء على عتبة باب داركم. . .

هي ثوانٍ لم تكن كثيرة ولم تكن قليلة تلك التي وقفتها أمام الباب ولم أطرقه، خوفٌ أجهله أجده قد اجتمع في يدي وأنا أرفعها لطرق الباب، انتظرتُ قليلاً، تمنيتُ لحظتها الهروب . . .ولم أهرب، فما دفعني إلى ذلك أقوى من الخوف والهروب!!!. . .

انفرج الباب عن وجه رجل في الأربعين من العمر، كان حاسر الرأس وتبدو صلعته، لم يكن يحمل شيئاً من ملامحكِ، يرتدي ثوباً أصفر ومفتوحة أزراره حتى بداية صدره، وفي قدميه حذاء أسود بالٍ

يعتلي جوانبه بياض التشقق، توقعتُ أن يكون من مصر وصدق توقعي حينما تكلم، وأدركت لحظتها شيئاً غريباً ينتابني وبدون تردد سألته :ـ

※ أهذه دار الشيخ عبدالرحمن؟!!!. . .

※ لا هذا ليس داره. . .

بدون شعور وكأني خبير بالشيء، تراجعت للوراء بضع خطوات وشملتُ الدار بنظرة حينها قال لي :ـ

※ الشيخ عبد الرحمن باع الدار. . .

تركته دون أن أنبس بكلمة واحدة، رفعت يدي حتى لامست سبابتي جبيني ورد هو بالحركة نفسها وقبل أن أغادر بلاط الرصيف كان هو قد أغلق الباب!!!. . .

مائة متر تقريباً تفصلني عن باب سيارتي، فيها تساقط كل شيء أمامي، لم أعد أرى وأنا أعبر الشارع شيئاً

تساقطت علي الأسئلة المنبثقة من عقلي على قلبي، لم أستطع أن أجمعها لأواسيها بالأجوبة. . .

أين أنتِ يا وفاء؟!!!. . .

لماذا تركتم داركم؟!!!. . .

ألم تقولي عن داركم تلك كل شيء؟!!!. . .

٥٤

وأنـك تـضـعـيـن فـي كـل زاويـة شـيـئـاً مـن طـفـولـتـكِ وأحلامكِ؟!!!. . .

هل بالفعل لم تخفي تلك الجدران جسدكِ؟!!!. . .

هل تركت طفولتكِ وأحلامك ليبعثرها الآخرون؟!!!. . .

ولماذا لم تخبريني بذلك؟!!!. . .

وفاء. . . أيكون سبب غيابكِ أنك تركتِ الدار؟!!!. . .

أهـ يا وفاء. . . أخاف أن يكون اسمي ووجهي وحبي وكلماتي قد تركتها في إحدى زوايا الدار؟!!!. . .

وصلتُ لسيارتي تائهاً، مشتتاً، لا أطيق جلدي العالق على لحمي. . .

فقدتُ كل الطرق وكل الآمال إليكِ. . .

في هذه المدينة التي تتمادى في الكبر أين أجدك؟!!!. . .

تحسرت على نفسي وعلى قلبي وحبي، وبدأت أمشط شوارع حي الروضة بحثاً عن رائحتكِ. . .

يئستُ من كل شيء، من كل شيء يا وفاء بعدما فقدتُ كل شيء!!!. . .

عدتُ إلى سيارتي، ركبتها، لم ألتفت خلفي قط. سقط كل شيء، تذكرتُ مناداة الشاعر الأسباني فيثنه الكسندر لصديقه لوركا «ما أكثر ما أحببت. . . وما أعظم ما قاسيت»!!!. . .

سيدتي . .

تتشابه النساء كثيراً ـ كما كان يقول والدي رحمه الله، ولكني بحثت عمن يشبهك، بحثت خلف الأسماء التي تنطق باسمك، بحثت عن أوصاف جسدك، ولم أجد من يشبهك يا وفاء!!!. . .

تذوقت طعم تجاهلك، أساغني الزمن إياه رغم عني، وأصبحت بكل هذا أنجذب خلف رفض عودتكِ. . .

غبار الزمن تناثر فوق رفوف الأيام، أصبحت بذلك الغبار قديماً بكِ، ألوك بلساني الكلمات التي قلتها منذ عرفتك، وأغني بوحدتي الأغاني نفسها التي غناها أصحابها وتركوها لنا بعدما ماتوا، لا جديد في حياتي، فالوجود كله لا أراه سوى في ملمس أناملكِ الرقيقة. . .

حينما غاب طيفك عني، أتاني الحزن ليحكي لي كل أساطيره القديمة، ويتمثل بكلماته على جسدي، بكيت حزن نفسي وحزن الأساطير، ولفني الظلام وحيداً، أمسح دموعي وأبتلع ذكرياتي حتى أنبت نبتة أمل لعودتك لقد عشت بكِ كبيراً يا وفاء وأرفض أن أعيش من بعدكِ صغيراً!!!. . .

سأنتظر منك كل شيء مهما يكن . . . . . . فلعل في إشراقة الشمس كلمات لك سيقولها المغيب لي. . .

أو لعل في رحيل الشمس كلمات لم يقلها الإشراق وسيقولها المغيب. . .

٥٦

ويأتي الاشـراق. . . لا يـحـمـل سـوى أوجـاع تـركـهـا اللـيـل
ورحل. . .

ويطوي نهاري الغروب ليصفعني بوحدة الساعات الماضية
ويتركني أتألم كل ساعات الليل. . .

سيدتي. . .

أخاف أنا من الحب!!!. . .

فاعذريني. . .

أشعر به يتغلغل في كل أنحائي وأكتمه بقطعة من قماش الوقت،
وحينما أكون على قدر ذلك الحب سأفشيه عند الكل وأصرخ به
بملء صوتي، ولكني صغير جداً أمام كيان الحب، ضعيف به حد
الهشاشة، فالحب يا سيدتي أكبر من عطائي، الحب لا يعيش
بداخلي سوى في المساحات البيضاء وأنا متخم بالمساحات السوداء
ولن ألوثه، لن أقترف جريمة به، فهو ليس كلمة تقال في لحظة
صفاء وانسجام، ولكنه شعور عميق جداً يفوق شعوري ويتحكم بأيام
لا تجد مني سوى البكاء، وأسألك يا وفاء. . .

ألم يحن بعد الوقت الذي أمسح فيه دمعتي، وأمارس جنون
الابتسامة؟!!!. . .

صدقيني على قدر ما رطبت أيامي الماضية بدموعي فأنا حينما
أبكي أبكي بصدق وبياض!!!. . .

فدمعتي أرقى من تعابير نصوصي وأنقى من تدخلات الأيام في مسيرتنا بها. . .

كتب من الحزن الكثير، اكتشفت خباياه وعشت أوجاعه في كل نصوصي ولكن لم أستطع يا وفاء حتى الآن أن أبكي حزني، أجده يتربص بي في كل الأماكن والأوقات، أعرفه جيداً وأدرك ملامحه من بين كل الملامح، حتى في ظلمة الليل أتحسس بعيني تعابيره ولكني حتى الآن لم أرسمه في نصوصي خوفاً على نفسي وخوفاً على الآخرين!.

الحب يا سيدتي هنا. . . في نصوصي. . . ابحثي عنه في كلماتي تجديه. . .

ستجدينه صامتاً تحت كلمة ما، إصفعي صمته وسينطق الآهة، حينها اقبضي عليه وسيقول لك كل شيء. . .

ولكني لا أستطيع أن أبوح به. . .

سأدعه هنا يتجذر في قلبي وعلى صفحات كلماتي، سأدعه هنا وألحق بوالدي رحمه الله. أحياناً وبلا شعور تدفعنا قوة كامنة داخل أرواحنا لامتطاء الحرف والتحليق معه هكذا هي حالي الآن أشعر بأن شيئاً ما يجبرني وبقوة على كتابة شيءٍ لا تستطيع أبجدية الحروف الثمانية والعشرين العربية ترجمته، يسكنني شعور كبير، كبيرٌ جداً أكبر مما تتخيلين. . .

أرحب من البحر . . .

أكثر اتساعاً من الأفق . . .

هو كالسماء لا أحد يعلم من أين تبدأ وإلى أي مدى تنتهي . . .

لن أطيل عليك بحروف لن تترجم ما بداخلي . . .

أتعلمين سيدتي أنني أحب كتابة الرسائل إليك بل لقد أدمنتها وأعترف بذلك، هي محطتي السرية التي ألجأ إليها في أوقات حبي . . . شوقي . . . حنيني . . . حزني . . . عتابي . . .

تخيلي سيدتي أن وطن الإحساس لدي هو حرفي المنثور على رسائلي هنا وهناك تلك الرسائل التي ما نسجتها يوماً بتكلف . . . جاءت بلا زينة وبلا حلي . . . تلقائية بسيطة سريعة لكن يشفع لركاكتها وبساطتها عمق الإحساس المختبئ بين سطورها . . . إحساس يصل إلى حد البكاء . . . وحين تبدأ الدموع بالانسكاب لا يمكن أن يخرج الحرف متكلفاً أبداً بل يقطر شعوراً وإحساساً هكذا هو حرفي حين أقدمه بين يديك . . .

لا أعلم لم كتبت هذا الكلام أعلاه هل لأن فقدك أضناني وأتعبني فأصبت بحالة هذيان أم هو فقط محاولة هروبٍ إلى اللامكان؟!! . . .

رحماك يا ربي بضعة وعشرون يوماً لم أر فيها لك حرفاً ولم أسمع لك همساً . . . بضعة وعشرون ألماً وجرحاً وحزناً أماتتني . . . أنا هنا ولستُ هنا هذا هو لسان حالي بعدك . . .

٥٩

الناس حين يمرضون يتناولون مضادات حيوية لمكافحة المرض فهل لي بمضاد يقف في وجه الحزن وأين أجده وأنت غائبة أنت وحدك من يمتلك هذا العقار. . . ها أنا أسمع خطوات الحزن تتجه إلي . . . ياربّ أبعدها عن طريقي. . .

ماذا لو طالت المدة وصارت بضعةً وأربعين ثم بضعةً وستين يوماً ثم ثمانين . . . . يا ربي ماذا سيحدث لي؟. . .

حاولت السلو قليلاً خرجت لفناء المنزل جلست واستندت على الجدار وأطلقت بصري أتأمل السماء. . . لتطول قصة فقدي وتبدأ في نسج خيوطها لتلبسني رداء الانتظار. . .

وبالرغم من اتساع المدى وصفحة السماء اللامحدودة إلا أنني وجدتك تملئين السماء كل شيء هنا أنت، صورتك تحاصرني حيث كنت. . .

يوجعني صمتك. . . ويضاجعني الألم في غيابك. . . كل شيء غريب بعدك. . . حتى أنا صرت غريباً عن فكري وجسدي. . . آه يا ويلي إن طال زمن غيابك فأنا لا أطيق فراقك. . .

لن أراجع ما كتبته أعلاه. . . سأنتظرك وبين يدي ألف حلم لعودتك. . .

إلى هنا وكفـى!!!

إنه الحب يا وفاء. . .

وذلك هو أنا. . .

إنسان اقتحمه الحب، واستسلم له دون مقاومة تذكر. . .

لم يكن له في صباح الغد ما يساعده على تحمل ما خلف البقايا الأخيرة من ظلام الليل. . .

ومن نبضات قلبه أدرك أنه لا يزال يمارس الحياة عيشاً. . .

يبصر بها ولم يكتشف منها شيئاً. . .

وعاشرها. . . يوم يصرخ لسانه باسمك طواعية وأياماً كثيرة تصرخ دمعاته مجبرة. . .

لقد غسلتُ يا سيدتي ممرات ثوانيها بالدموع، وتلحفت سواد لياليها ببساط الوحدة. . .

وأنصتت لي جدران غرفتي التي مللتها لترمي بكلماتي وصراخي من نافذة غرفتي إلى قاع الظلام!.

لـم يـرشـدنـي أحـد... ولـم أسـتـشـر أحـدا... فكـانـت غلطتي!!!...

أن أمسك بالقلم بين أصابعي وأقطع لساني!!!...

ذلك هو أنا!!!...

إنسان اقتحمته الحياة ولم يقتحمها!!!...

وذلك هو الحب....

وجده من يحمل في عينه نظرة جسدي... ولـم أجـده فـي غيابك سوى بقايا من ذكرى لم تفعل شيئاً سوى أن رصف طرقاته بابتسامة تائه ودمعة قرأت كل تفاصيلي من بعدك!!!...

لست أملك في سطور أيامي ما أستطيع أن أخفيه عـن تلك العيون، ليأتي يوم من الأيام وأسقط بين طيات أوراق عمري وأرحل مع الراحلين...

لقد تعبت من إدراج حزني أمام أنظار الآخرين... يقرؤون حزني في أوقات نهاري ومن ثم تمسك بهم الحياة بمشاغلها... ليحمل كل منهم خطواته ويسير على دربه....

لتظل أحزاني يابسة على كل المساءات ورطبة في قلبي!!!. . .

وأظل أنا جالساً على عتبة الليل كبائع الكبريت أحرق ثقاب أيامي يوماً بعد يوم.

هناك وجوه نعتتني بالحزن والسوداوية. . . قرأت ملامحي ولم تقرأ مشاعري المتناثرة في ملامحي !!. . .

وهناك وجوه أخرى استشفت حزني وكادت أن تبكي، وحينما صفر حكم الساحة معلناً بدء المباراة وتحركت الكرة من منتصف الملعب تركت حزني جانباً معلقاً بوجهي. . . وتقافزت مع صرخاتها ولن تعود إليه مرة أخرى!!!

لأظل وحيداً. . . أحمل قلمي وأكتب قلبي. . .

هذا القلم الذي يعرفني جيداً. . . ويفضحني بصدق كثيراً.

يعيش معي ولا أفارقه. . . يبكي دائماً أمامي. . . يبحث عن الآخرين ولا يجد أحداً!!!. . .

غريب أنت أيها القلم!!!. . .

ترفض أمام بوح الألسن أن تغادر مساحة عمري قبل أن تستحم بدماء ذاكرتي!!!. . .

لتخرج عارياً. . . تحمل نفسي وتتباهى بها أمام البشر. . .

لم ترحم في لهوك بقلبي دموع عيني. . .

تهرب عارياً قبل أن أمسك بك . . . تصرخ بي كل مساء . . . إلى هنا وكفى . . .

أتركك تهذي دون أن أنظر إليك . . . ترمي في مكتبي أوجاع جسدي التي أخفيتها تحتك وتعيش تفاصيل حياتي بين اللحظة الماضية واللحظة القادمة ولم أتنفس بك اللحظة الحالية!!!

عيون كثيرة تضمك في قراءتها . . . تأخذك من جفاف قد أتيت منه وتلبسك اسمي لتستقر في نظراتها!!!

لا يوجعها جسدك العاري . . .

ولا الجفاف الذي أتيت منه . . .

وتبقى أنت أيها القلم . . . بوحي ووجودي . . .

أتقبلك . . . في صمتي . . . ولا تعرف لساني!!! . . .

يكفيك من عمري أن تستحم بدماء ذاكرتي . . .

وتغدو بعدها مرحاً . . .

ملتحفاً بأوجاعي . . .

وتهرب إلى العيون التي لا أعرفها، تسرد لها حكاية إنسان أراد أن ينسى أنه إنسان!!! . . .

تبتسم لجرحي . . .

وتبحث عن منامك في أوقات ذاكرتي . . .

٦٤

لا تبتعد عني... تقترب مني... تسحب من عيني بقايا دموع الأمس... وتجد الكثير!!!...

تضم يديك لتحوي دمعي... تبتهج كثيراً بذلك... ترقص فوق ملح الماء... وتموت على صفحة ورقتي... أجدك ميتاً... مغسولاً بدمعي... ومكفناً بمشاعري... ويجدك الآخرون تنبض نبض فؤادي!!!...

في كل رحلاتي أجدك معي...

تجسد أقوالي التي قلتها والتي لم أقلها...

تحلم بمدينة الذكرى... وأحلم أنا بمدينة النسيان...

غريب أنت أيها القلم... كغربة إحساسي في مدينة الفرح!!!...

أقف معك... ولا أجد من يقف معي!!!...

أضمك في مسائي وحيداً... أحدثك وتحدثني...

أرتاح إلى عنادك كثيراً... أخاف من ظلمات المعاني... وتضيء لي نور البوح...

أشطب من خريطة ذاكرتي مدينة النسيان... وأعود إليك... أقحم خطواتي في مدينتك وأبكي وحيداً على رصيف الذكرى...

تقرأني جيداً... تقترب مني كثيراً... لتمحو فارق السن بيننا...

أنت قديم... قديم جداً... لا يهمك نضارة الجسد ولا تجاعيده... تغريك الأجساد الذابلة

تعبث بابتسامتي في وحدتها...

وتجدني دائماً في الحياة التي تسكن خلف جدران دارنا!!!...

أغلقت الباب خلفي جيداً... وأرخيت ستائر نافذتي...

صداع عنيف يسكنني... يبعث في نفسي الضيق... أرمي نظراتي على سقف غرفتي الغارق بين الظلام والنور... وأحمل سؤالي الحائر الذي تمنيت أن أقوله لكِ يا وفاء...

تكابرت على نفسي، وتركت سؤالي يسقط على وجهي!!!...

هل لي أن أرحل الآن؟!!!

أترك كل شيء خلفي وأرحل؟!!!

أترك دموعاً لن تمسحها سوى أهدابي... وأترك هماً تعلق بفؤادي ولن تمحوه سوى أحرفي؟!!!

أعلم أن الجميع سيتقبل رحيلي هذا... لأنهم باختصار شديد لم يشعروا بوجودي!!!...

ذلك هو أنا!!!...

لم أشتك جوع جوفي... ولا بياض شفتي... ولا رحيل الوجوه عني...

أغمس رغيف صباحي ببقايا رطوبة أحزاني وألتهمه مغمض العينينب وأبتسم لنفسي دون أن يكتشف الآخرون

ابتسامتي!!!. . . . وأسافر إلى مدن أحلامي بعيداً عن مدن واقعي التي تحاصرني من كل جانب. . .

لا أحمل جواز سفر ولا بطاقة إثبات لوجود جسدي، أسافر منطلقاً في سماء الخيال، هارباً من شروق الشمس لأمسك ببقايا الليل الذي خجل أن تراه الشمس ممسكاً بدمعي وجسدي!. . . .

مثلما هو مذاق الطعام لا يبدو مستساغاً دون ملح فكذلك هي مدن أحلامي ترفض تحليقي في سمائها دون حزن!.

كيف لهذا الحب أن يغتالني؟!!. . .

ولماذا أنا بالذات أكون ضحيةً مسالمةً لكِ؟!!!. . .

لم أكن أعلم أنكِ سترحلين عني لتفرضي وجودكِ في قلب غيري. . . .

فهل فعلتِ ذلك بالفعل يا وفاء؟!!!!. . .

نعـم أنتِ. . . لقد رأيتكِ. . . وكلمـتكِ. . . واستمتعت بضحكتكِ. . . وبنيت قصوراً من الأحلام على شفاهكِ. . . لـم أر بعدكِ فتاة أخرى. . . طبعت أنتِ وجهكِ في نظري. . . لن أخطئ ملامحه أبداً. . . طيلة الأربعة أشهر التي سرقها الزمن بفراقنا لم تكن تفارقني تلك الملامح أبداً. . .

كنتِ تنظرين إلي من نافذة كلمات قصيدة قلتها أو قالها غيري...

في وجوه النساء التي أعبرها كما تعبر سماء الرياض سحابة صيف...

في كل شيء... في كل شيء...

طامة كبرى إن كان قد تلوث قلبكِ بحب غيري!!!...

هاتفكِ لم أكتبه في دفتري... فأنا ما زلت أحفظه... ورغماً عني أتصل!!!...

يا ترى لو رددتِ على هاتفي ماذا ستكون أول كلمة أقولها؟!!!...

أأعاتبكِ؟...

أم أصمت؟...

أم أبكي؟...

أم ماذا أفعل؟...

لم أتلق من نفسي جواباً لأني لا أتوقع أن يتهادى صوتكِ جواباً لاتصالاتي المتعددة...

وفاء...

هل تستطعين بالفعل أن تعاشري غيري؟....

صديقي قال لي:ـ

*** توقع أن تعاشر غيرك... وذلك يقيناً اكتسبته من خبراتي السابقة في النساء...**

فالفتاة التي تكلم شخصاً... تكون بذلك قد عبرت أرض حيائها...

فمن يكذب مرة يكذب ألف مرة...

حملتُ كلماته ورميتها بجانب أذني!!!...

لا أخفي عنك أن في كلماته شيئاً من تعميق الجرح في قلبي...

وأن وحدة الوقت تصبغ كلماته لي بين الحين والآخر...

ولكنكِ ما زلتِ باقية... تسكنين داخلي رغم فراقنا... كنت أحمل في داخلي أملاً بعودتكِ، متوهجاً بقلبي... وأخاف أن ينطفئ ذلك التوهج يوماً من الأيام يا وفاء....

وفاء...

قولي لي...

«لن تجدني مع غيرك!!!...»

قولي لي...

«إن للباس حبكِ قياساً واحداً لا يناسب سوى جسدك»

إحباط مدمر يهد كل قيود الصبر ويدمر تفكيري...

لماذا يا وفاء؟!!! لماذا تفعلين بي ذلك؟!!!...

ولماذا تنسجين بسمتك من خيوط حزني؟!!!...

ولماذا أيها الزمن تبحث عني وكأنني الوحيد في أرضك لتنثر بقايا أحزان البشر في قلبي؟...

تشربت أحزانك وأدركت أن بشرك أيها الزمن كثيرون... وأحزانهم كثيرة... وبقاياهم تتساوى مع امتلائهم!.

أنا و أنتِ يا وفاء غمسنا سوياً رغيف العيش في وعاء الوقت، والتهمناه ليشبع بعضنا بعضاً، أسكنتكِ حياتي وسكنت حياتكِ...

لم يكن هناك فارق بيني وبينكِ سوى...

إنكِ فتاة... وأنا رجلٌ!!!...

(دائماً يعتلي القمة ولا يرضى بأقل منها... وعندما يصادفكِ لا يعشق سوى السفح!!)... ذلك هو قلبي يا وفاء...

لقد أصبحتِ يا وفاء لساني وشعوري ونظراتي حتى أصبح الوجود لدي خالياً سوى منكِ ومن همساتكِ!!!

كل شيء عنكِ سكن في عقلي ورحل الباقي، مكالمتكِ الأولى لي على الهاتف الخلوي في مساء لم يفارقني فيه ظلام النهار ولم تحتجب فيه الدموع عن عيني جاء صوتكِ عبر الهاتف...

وغاب صوتكِ الآن يا وفاء...

فمن يرشده إلى طريق مسمعي؟!!!...

من يقول له «إن هناك من ينتظره... يعبق بهمساته كثيراً... ويغني مداعباته...؟!!!

من يقول له إن كل قلوب البشر لا تستطيع أن تحمل حبه؟!!!

لقد أعادني الحنين... إلى الحزن... فهل تستطيعين أن تغسلي قلبي من حنينه؟!!!...

ماذا عساي أن أفعل لكِ حتى تعودي إلى مدينتي؟!!!...

لقد اشتقتُ لكِ كثيراً يا وفاء... فارحمي شوقي المتدفق... شوقي الذي لا ينضب...

هاتفيني يا وفاء... اجمعي بلسانكِ الحروف عشوائياً... وقولي أي شيء لي...

انتزعي الأمل من جذوره واغرسيه في صدري!!!...

أو اسقيه بماء حنانكِ!!!...

ولكن لا تتركيني هنا... أخاطب الجدران... وأشكو حبكِ للفراغ...

أتدرين يا وفاء... لقد خلفت خلفكِ في حياتي كرهاً عظيماً!!!...

ووزعته قبل رحيلكِ على كل الوجوه... والأماكن... والأوقات... وكل شيء!!!...

وأخافِ يا وفاء...

أنكِ في غفلة من قلبي قد أعطيتِني جزءاً من هذا الكره!!!...

لا أحد يصنع الفرح!!!

وفاء . . . لا أحد هنا يصنع الفرح!!! . . .

حتى الماضي الذي عبر من ذاكرتنا بدأ حزيناً، ناقماً، يائساً . . .

فاجعة كبرى أن تعيش الوهم يرسمه من حولك حقيقة وبصدق شعورك تصدقهم!!! . . .

أعلم يا فتاتي أن هذا الزمن لم يكن لي، ولكني خلقت فيه ولا بد أن أعيشه بكل ما فيه من أحزان وذكريات تنز ألماً وبقايا من فرح منسي، وعشته، عرفت فيه طعم كل شيء عدا الفرح فلم يكن له طعمٌ في حياتي، تقلبت على أيامه بين مشرق ومغرب مسحت بينهما ضحكة كانت لي من خلف الأيام، وراحة شعرت بهوائها قبل وفاة أبي، ولكن أبداً يا وفاء لم يسعفني الوقت لأمسح دمعتي فقد أتى الغروب محملاً بالظلام سريعاً وصد يدي عن الوصول إلى عيني بحجة أن لا أحد سواي يميز الدمعة في هذا الظلام!!! . . .

٧٢

عشت يا وفاء هذا الزمن الصعب الذي لم يتركني أمشي بهدوء خطوتي بجانب هدوء خطوتكِ، هذا الزمن الذي علمني بإتقان مذهل كيف أعبر أيامه بصمت، وأن الشكوى لا تجر خلفها سوى الألم، لقد كان يا وفاء وفياً معي يمارس ثرثرة الأشياء في كل الوجوه وحينما يرتطم بوجهي يغتسل من كل أحرفه بماء صمتي ويجلس بجانبي يمارس عشقه للصمت على جسدي، وحينما يمل عشقه يا وفاء ينطق كفراً!!!...

لم أعد أعرف ما هو الفرق بين الصدق والكذب، بين الوفاء والخيانة، بين الاهتمام واللامبالاة، لم أعد أستطيع أن أميز بإحساسي الفرق بين الخيطِ الرفيع الذي يفصل بينهما والهواء!!!...

همٌّ فوق همي يفرز مساحات واسعة تمتد حتى ظلام الأسئلة، تدور في عقلي خائفة تحت خيمة الظلام وحينما يأتي الصباح تفر تلك الأسئلة وتختبئ خلف لساني في انتظار أن يأتي الظلام ويثبت أطناب خيمته على فروة رأسي!!!

كيف يا وفاء يبدو تناغم نطق الكلمات الجميلة وتنسيقها بمعانٍ رائعة تلج القلب تحمل رائحة الحب كذبة؟!!!...

وكيف أن المعاني تجاري متحدثها لتمنح مستمعها فسحة من الأمل والخيال في صحراء مقفرة؟!!!...

كل ما أعلمه يا وفاء الآن أن هناك خلفي أشياء كثيرة تحتاج إلى كم كبير من الندم!!!...

وفاء ماذا فعلت أنا حتى أُجَابَه بهذا الظلم منكِ؟!!!...

لماذا أتلقى في قمة هيامي وشوقي صفعة لا تزال تئن في قلبي من يدك؟!!!...

هناك يا وفاء خلف سرب الأيام الماضية دفنت جسد أبي تحت الثرى ودفنت معه فرحي وأملي وكل شيء يا وفاء يصنع الفرح، أصبحتُ من بعده مجرد جسد يخطو خطواته ويتلقى الكلمات ويتنفس كسائر الأجساد ولكن يظل بداخله حزنٌ كبيرٌ لوث لون دمائه، وها أنا أمارس الحياة وأزرع بذور الفرح اليابسة في تربة قلبي وأسقيها بدمعي وأنتظر نبتتها أن تغرس جذورها في أرض قلبي ومثلما يا وفاء جلست أنتظر عودتكِ جلست أنتظر ثمار تلك النبتة!!!...

بكيتك يا وفاء وكأني أمارس نوبة البكاء لأول مرة في حياتي، كأني طفل ضل طريق أمه حينما أججته مشاغباته وها أنا يا وفاء لا زلت تائهاً أبحث في ضياعي عن ضياع وجهكِ!!!...

ليس هناك من يستطع أن يرسم البسمة في وجهي، فتربة وجهي لا تتقبل سوى بذوركِ!!!...

فقدت برحيلك كل تمازج الألوان، أصبحت أرسم سيرة حياتي من بعدك بلا لون أو رائحة.

تجرعت حزني بصمت، وذرفت دموعي بصمت، وكسوت صمتي صمتاً!!!. . .

كثيراً ما بكيت، ورائحة رطوبة وجهي ليست غريبة عن استنشاقي للهواء الرطب، شعرت حينئذ أن عيني خلقتا فقط لذرف الدموع!!!. . .

تهت من بعدكِ بين أودية الأيام، قطفت من شجار الأودية ثمار الحزن والشوق والفراق، حينها أدركت إنني قد تأصلتُ بالحزن ولا سبيل للفكاك منه . . .

وفاء. . . أتعلمين أن الحزن هو من اختبأ عن وجه النهار والتصق بقلبي!!!. . .

سافر معي وسافرت معه، سكن معي كل الأشياء ولوثها، وأكلنا معاً من صحن الأيام نفسه، فقدت الكل من أجله، فكل من حولي لا يريدون أن يشاهدوني عارياً من لباس الفرح، ولا يعلمون أن مقاس حزني من بعدك قد

أصبح أكبر من جسد الفرح!!!. . .

رميته خارج مساحتي حتى لا يخنقني!!!. . .

لم يكن للأصدقاء وفاء، هكذا رددت على نفسي دائماً وحينما قلت لصديقي أحمد عن ذلك قال لي بشيء من الحزن. . . لا تتوهم الظلم من الآخرين، أعطهم مساحة من وقتك وستجدهم أمامك،

استمعت لنصيحته ولكني حينما فتشت عن مساحة خالية لأحتويهم لم أجد بقعة واحدة، فكل المساحات قد امتلأت باحتوائك!!!...

هنا فقط علمت يا وفاء أنني فقدت كل أصدقائي وعشت بكِ، تركت الأيام تمشي على جسدك، كل شيء فعلته حتى الدموع أيقظتها من نومها الأبدي على ذكراكِ، وبعد كل هذا يعجبكِ الرحيل وترحلين، لم تتركي لي فرصة أن ألثم حبكِ في قلبي، أتذكر كلماتك التي قلتها لي حينما كان صوتك لي، قلتِ لي:ـ

*** إنني أبتاع من الأسواق ما يعجبني منظره ولونه وحينما أعود للدار أكتشف أنه لا يناسب طول قامتي أو بشرتي وأرميه معلقاً في خزانة ملابسي دون أن أعود إليه مرة أخرى!!!...».**

وهكذا كنت أنا في حياتك، مجرد إنسان سمع حبك وحبك... وعلقته في خزانة أيامك دون أن تعودي إليه!!!..

كانت لي كلمات وأعجبتك، وكان لي أسلوب فاستلبت لبكِ، فحرثت بيديك قوقعتي وامتلكتني دون إرادة مني وعندما أصبحت لك وحدك لم يعجبك أن تمتلكي الأشياء بسهولة، تركتني حينما نطقت صدقاً!!!...

رميتني كقطعة قماش حيكت بخيوط لا تناسب جسدك أو بشرتك!!!...

وعلقتني في خزانة أيامك، وأرى أنكِ لم ولن تعودي إليه مرة أخرى!!!.

وفاء . . . لقد تركت الفرح يتيماً ومشيت معك حتى وصلت إلى تضاد مع عقلي، فهل يا ترى كنت بكِ واهماً؟!!!

تركته ينتظرني خلف ظلام الليل، لعل الظلام يخفيه ويأتي متسلسلاً لقلبي، وأخفاني الظلام عنه لأسهر وحيداً مع الحزن، لا أملك من الحقيقة سوى شيء واحد لا أنكره في نفسي وأعيشه، أن بداخلي مشاعر ثقيلة لفتاة عاشت نفسي تحمل ملامحك وقلبك واسمك!!! . . .

أنا لست ضعيفاً، أنقاد خلفك ولا تلتفتين لي، أناديك ولا تجيبين، لا يا وفاء. . . أنا أحمل قوتي بكِ وشجاعتي في تحمل صبري من بعدك تعطيني الثقة بأني لست ضعيفاً في غيابكِ، أنا أقوى من الفرح والنسيان، ولن أدعهما يدخلان قلبي، أنا أقوى من البوح ولن أتركه يعبث بصمتي ويقول للآخرين كل حكاياتي معك!!! . . .

أتذكرين يا وفاء حديثنا ذات مساء حينما قلتِ لي :ـ

«عاهدني أن نبقى معاً طوال مسارات العمر، أن لا تسرق نظرتك غيري».

حينها يا وفاء ضحكت كثيراً من تخيلي بأني أنظر لغيرك وعاهدتك على الوفاء والحب والإخلاص بقبلة طويلة نسيت خلالها أن أطلب منكِ أن تعاهديني!!! . . .

الفرق بيني وبينك يا وفاء . . .إنني وثقت بحبك . . . وتعلمت من ثقتي الوفاء . . .

٧٧

ليتك عاهدتني يا وفاء. . .

ولكن هل ستوفين بالعهد حينما تعاهدينني؟!!!. . .

صعبة هي الحياة بدونك، وضيق هو المكان في غيابك. . .

بحثت عن مكان رحب ولم أجد، سافرت لكل الأماكن ولم أصفف في حقيبتي سوى قمصان الحزن وأشياء كثيرة من ذكرياتك!!!. . .

وهكذا أنا جبلت بك، أعيش الحياة بك. . . ولك. . . ومنك. . . فماذا تعيشين أنتِ؟!!!. . .

لقد صنع حبكِ يا وفاء في قلبي أمجاداً عظيمة!!!. . .

ورحلتِ دون أن تشاهدي عصر حبكِ المجيد بداخلي قبل أن يحتله الحزن!!!. . .

ورغم كل هذا فلا يزال الأمل متعلقاً بأطراف قلبي لم يسقط بعد في وحل اليأس، لا يزاحمه سوى الصمت المطبق على أنوار حياتي وشمسها التي دائماً أقف لها وأطالعها من شرفتي!!!. . .

ارتطامات عنيفة أسمع بها تبعثر هذا الصمت الذي يلفني ويلصقني على جدران غرفتي وكل أثاثها حتى أغلفة الكتب في مكتبتي لم تسلم من هذا الصمت تنبئني بأنني لا زلت أتنفس شوقاً يائساً بداخلي!!!. . .

فهل كنت مخطئاً يا وفاء بكل ذلك؟!!!. . .

وإن كنت كذلك فلمَ لا تغفرين لي ذنب حلمي بكِ؟!!!...

سامحيني يا وفاء لأني خنت عهد الصمت في غيابكِ وصرخت في وجه الظلام قبل أن يأتي نور الفجر وقلت

«إنني أحبك»!!!....

أتعلمين يا وفاء أن هذا الصباح قرأت في جريدة الرياض موت الشاعر السوري ممدوح عدوان؟!!!...

حينها قفزت لذاكرتي جملته حينما قال :ـ

«ليس لدي وقت كي أموت!!!...»

ومات... ترك خلفه كل الأوقات التي عاشها وكل الأوقات التي لم يعشها وقد علق على جدرانها كل الأمال...

مات الشاعر ممدوح عدوان وكنت قبل أشهر قليلة قرأت له قصيدة أنبتت كلماتها دمعة على خدي، وها أنا يا وفاء أردد تلك القصيدة مع خبر وفاته ..

فما حيلتي

في المدينة

التي لست أقوى على هدم أبراج آلامها

لست أقوى على الصمت في ركنها

لست أقوى على هجرها ....

واجتياز الحدود ....»

تلك هي مدينة ممدوح . . .

لا يقوى على هدمها بداخله ولا يقوى على الصمت في أحد أركانها . .

وأنتِ يا وفاء مدينتي التي بقيت في حياتي كما هي مدينة ممدوح . . .

هو لا يستطيع أمام مدينته شيئاً . . .

وكذلك أنا . . .

وبقيت أنا يا وفاء أمارس البحث عنكِ خلف كل كلمات ممدوح . . أبحث في معانيها . . .

وأبعثر أحرفها . . . ولن يلومني ممدوح على ذلك . . لأنه مات!!! . . .

أدرك الموت روح ممدوح . . . وأدرك الضياع روحي!!! . . .

ولم أجد مدينتي!!! . . .

مات شاعرنا العذب حينما وجد الموت له وقتاً!!! . . .

ترك قصائده يقظة في دواخلنا . . .

نبحث بين أحرفها عن وجهه، ونبكي شذى كلماته وشذاه الباقي في آخر أسطر قصائده . .

بكيت على وفاته دموعاً ليست غريبة عن عيني . . . .

لقد ضممت الحزن بداخلي لأحكي له كل أساطير خيالات الفرح، ينصت إليّ الحزن ولأول مرة أدرك يا وفاء أن الحزن قد اشتاق إلى نسائم الفرح التي لم تعانقه منذ زمنٍ بعيد. . .

وفاء. . .

انظري إلى دمي وهو يسيل من أحرفي لأجل الأنثى الوحيدة التي أحببتها بصدق. . .

لأجلك أنتِ يا وفاء فقط. . .

بالله عليكِ أخبريني ألم يبعث ذلك الشفقة في نفسك عليّ؟!!. . .

تعب صبري يا وفاء وهو يحاول أن يروّض ظلمكِ حين فضلت الغياب ولازال ينتظر لحظة عدلٍ منك لازال ينتظر قلبكِ ليحكم في قضيتي حين أحببتكِ وتعلقت بك كجلدي الذي لا يمكن أن يفارق عظمي وإن فارقه فسيتشوه جسدي. . .

وفاء . .

غيابكِ يجرحني وأنت فقط مسعفتي. . .

أنتِ الداء والدواء. . .

أنتِ الحياة والموت. . .

وأنتِ كذلك الفرح والحزن. . .

كل هذه المتناقضات تمتلكينها بزمام يدكِ. . . فهل تهدينني شيئاً من أمل يضيء حياتي؟

وفاء. . .

أنا هنا ركام حزن مكومٍ داخل قبر مظلم لا يُسمع منه سوى النشيج. . .

أنتظر وقع خطواتكِ في مسمعي وبيدك قنديلٌ يضيء قبري. . . وبصدركِ قلبٌ يحضن آهتي ويربت على قلبي وأنت ترفعين رأسي وتقولين حبيبي أعتذر فقد تأخرت عليك. . .

عندها يا وفاء لن أعاتبكِ ستلمحين كل كلماتي من دموع عيني. . .

فقط اقرئي دموعي تجديها كتاب حب لم يُؤَلّف بعد. . .

سأطلب منكِ يا وفاء عندها طلباً واحداً فقط هو أن تمسحي وجهكِ بدموعي لتري كم أحرقني غيابكِ. . .

وفاء ضعي يدكِ على قلبكِ الآن وخبريني بالله عليك أتشعرين بألمي؟!! . . .

أحبكِ يا وفاء. . .

أحبكِ رغم شقاء روحي بكِ. . .

وفي نهاية رسالتي ثقي أنكِ يا وفاء كلّي. . .

من يقطف ثمرات الأمل عن أشجار اليأس؟!!!

وفاء. . . كل الأوراق لا تتقبل أحرفي، أمسكتُ بالقلم، شيء بداخلي يدفعني إلى ذلك، كل الحروف تأتي بطيئة إلى أوراقي ومن ثم ترحل سريعاً، هذا المساء بسط ظلامه وهاهو يلملم كل أشيائه على احمرار الشفق دون أن أكتب حرفاً واحداً، تململت من نفسي ومن أوراقي البيضاء التي لم تحتو سوى شخبطات وطلاسم لا أعرف لها معنى سوى إنها تحاول أن تحل لغز نفسي. . .

قلبت الأوراق سريعاً ووقفت على رسالة أرسلتها في يوم من الأيام على الايميل وطبعتها، قرأتها جيداً، وتركت دمعة شوقي ترفع سطراً وتنزل سطراً. . .

وقلتِ . . . .

المبدع إنسان يمسح دموع الناس بدموعه

إبراهيم الكوني

٨٣

«إلى من نُسِجَت حروفه بخيوط من ذهب أكتب هذه الكلمات. . .

أستاذي الفاضل. . .

قرأت نصوصاً عديدة في الصحف والمجلات التي يحضرها أخي لا لشيء سوى ليقرأ آخر الأخبار الرياضية ثم يترك الأوراق تعانق الأرض ويرحل. . .

أقرأ منها ما يقع في يدي. . . قرأت كماًّ كبيرا مّن حروف لثمت شفاه الصفحات هنا وهناك. . . كان بعضها يروقني والبعض الآخر لا يعجبني. . . منها ما أسترسل في قراءته حتى نهايته. . . ومنها كذلك ما أتوقف عن قراءته عند النقطة التي تشير إلى نهاية السطر الأول. . .

نصوص كثيرة احتضنتها عيني. . . وربتت عليها أناملي. . . ونصوصٌ أكثر لم ألقِ لها بالاً. . .

بحثت من بين ما أقرأ عن حرف يشبهني. . .

يرسم أبعاد ذاتي بكل تناقضاتها. . .

بحثت عن حرفٍ يترجم ألمي. . .

ويعانق دمعي. . .

بحثت عن حرفٍ حين أضعه أمام مرآتي لا أرى فيه سوى صورتي. . .

لـم يكـن ثـمـة حـرف يـروقـني أكـثر مـن حـرفٍ طرزتـه أنامـل متعبة . . .

أستمتع كثيراً في رحلتي مع حرف حزين على قارب وجع غارق في بحر الدموع . . .

كنت أنظر إلى كاتبه نظرة إجلالٍ واحترام . . .

الحرف الباكي وحده الذي ينال حظوتي ويستهويني من بين كل الحروف . . .

حاولت كثيراً أن أعشق الحرف المبتسم . . .

لكن اللون الرمادي كان هو المستبد بي حد التوحُّد . . .

هو لون الليل والنهار . . .

هو لون البحر والسماء . . .

وكأن عـيـنـي مـصـابـة بـعـمـى ألـوان لأرى كـل الـوجـود بـلـون الرماد . . .

(ساديّةٌ أنتِ) هكذا يقول من هم حولي عنّي . . .

لا يهمني كثيراً ما يقوله الناس . . .

المهم أن أجد شيئاً ما يترجم زفراتي . . .

وقد وجدته ويا للمصادفة السعيدة . . .

الثالث عشر من شهر ربيع الأول هو يوم مشهودٌ في حياتي . . .

حين وجدتُ أخي الصغير ذا العامين يعبث بصحيفة الرياض. . .

يعشق العبث بالورق كعشق الحزن لي. . .

رشوته بقطعة الشوكولاتة التي يحبها حتى أتمكن من فك أسر الصحيفة من بين يديه. . .

سحبتها بهدوء. . .

أخفيتها خلف ظهري وتركته يستمتع بقطعة الشوكولاتة التي لطخ بها وجهه وأنامله وملابسه. . .

تأملته وأنا أضحك من براءته ولم أكن أعلم بأنه كان يحتضن بين يديه كنزاً أضناني البحث عنه. . .

أمسكت الصحيفة وخرجت إلى صالة الجلوس المطلة على المطبخ وضعتها بجانبي وأخذت أستمتع بالنظر لأمي وهي تطهو طعام الغداء. . .

أحسست بالملل أمسكت الصحيفة وفتحتها. . . قلبت صفحاتها كعادتي. . .

ليس سوى الركود والجمود يسيطر على الورق. . .

إلى أن وصلت إلى تلك الصفحة أو بالأصح إلى ذلك النص بالتحديد الذي نسجته أنامل كساها الحزن. . .

هناك وجدت نفسي. . .

هناك حكاية ألمي...

هناك قلتني وكتبتني ورسمتني...

أنت ياسيدي الفاضل لا غيرك سطرت آهتي المخنوقة...

لا أكذبك القول أعجبني حرفك حد الذهول...

أخذت أقرأ وأقرأ ولأول مرة أقرأ نصاً بصوتٍ مسموع...

كنت دائماً أقرأ بصمت...

لكن حرفك استنطقني...

حرفك يزخر بالحزن...

يتلوّن بالرماد...

ينهمر بالدمع...

ولأنه كذلك استدر دموعي وتوقفت عن القراءة لأن الدمع كان كغشاء حجب عني كل الأشياء حولي...

كالضباب كان دمعي...

(أكملي يا وفاء) قالتها أمي...

لم أكن أعلم أنها كانت ترقبني وتتابع معي أحداث النص...

مسحت دمعي بطرف كمي ونظرت إليها وإذا بخدّها يحتضن الدموع...

وبابتسامة غسلها طهر الدموع قالت لي أمي..

أرجوك يا وفاء لاتتوقفي. . .

أكملت قراءة النص وحين انتهيت عمّ الصمت. . .

لم تنبس أمي ببنت شفه ولا أنا كذلك. . .

صمت مطبق. . .

ألجم حرفك ألسننا. . .

عندها قررت أن أطلق عليك اسم ابن الدهشة. . .

أحضرت مقصاً وقصصت النص. . .

وخبأته في صندوقي الذي يضم أجمل أشيائي. . .

وحين امتطيت صهوة فراشي لأنام. . .

تسللت يدي إلى الصندوق وسحبت قصاصة نصك أخذت أمسد
الورقة بأناملي. . .

أتأمل قسمات وجهك. . .

أحاول أن أشعر بنتوءات ملح دموعك على ضفاف الحرف. . .

طبعت عليها قبلة وأعدتها إلى مكانها وأخذت أتأمل صندوقي
خوفاً من أن يتسلل حرفك منه. . .

في الصباح أخرجت الورقة ووضعتها في حقيبتي. . .

لبست ملابسي. . .

وسرحت شعري. . .

كنت مبتهجة على غير عادتي. . .

لا أعلم . . لكنّ شعوراً غريباً يجتاحني . .

أشعر بالنشوة. . .

كل شيء حولي يبدو جميلاً. . .

صورتك لاتفارق ذهني. . .

وذاكرتي لازالت حبلى بحرفك. . .

الكل حولي شعر بالتغيّر الذي طرأ علي. . .

صرت بعدها أتابع نصوصك. . .

أركض خلفها حيث كانت. . .

أتعطّش إليها. . .

وحين أقرأها يزداد تعطشي إليها. . .

حرفك نسج لجسدي رداء يكسو عريي. . .

حرفك اختصر علي مسافات البحث الطويلة عن أبجدية
تستوعب خلجاتي. . .

الآن يا أستاذي جمعت الكثير من نصوصك وضعتها في ملفٍّ
خاص. . .

وغلفت كل نص بغلافٍ بلاستيكي فذلك لحفظهِ أضمن. . .

وكتبت تحت اسمك وفي كل نص من نصوصك. . .

كلمتين أحطتهما بقوسين . . .

هما . . .

(ابن الروعة)

حقاً . . .

أنت لاسواك من وُلِد من رحم الروعة . . .

أنت فقط من أدهشني . . . ».

وانتهت أحرفك يا وفاء . . .

ولم أصبح الآن ابن الروعة!!! . . .

بل ابن الوحدة والحزن . . .

عائلة كاملة من الضياع، لا يسترني سوى تلك الأحرف التي قرأتها بعمق ورسمت من أحرفها أملاً أجد أنقاضه

في قلبي، وعلي قبل أن ترحل كل آثار الظلام أن أبنيها من جديد لتسترني من لهيب الشمس وضوء الواقع.

من زرع الخيبة في طريقي؟!!!

وفاء

لا أعلم هل ارتدى حبك لي ثوب البرود أم أن كلمة أحبك التي تفوهت بها يوماً سلكت طريقاً آخر لا يشبهني؟!

ثمانيةٌ وعشرون يوماً مضت على غيابك وأنا أبحث عنك في كل مكان. . . أضناني البحث وأنا أفتش عنك هنا وهناك وجدتك بين حروفي تختبئين بينما غاب صوتك وجسدك حتى حرفك الذي اعتدت أن أراه دائماً ذهب في سبات عميق أتراه نسيني ياوفاء أم أنه وجد عيناً أخرى تحتفل برؤيته غير عيني؟!!

وفاء

منذ زمن وأنا أنتظرك كلما اسيقظت من نومي الذي لم يعد نوماً بل مجرد غفوات بسيطة يزاحمني عليها صوتك وحرفك وصورتك

٩١

ليتبدل النوم إلى سهادٍ يتعلق بجفني وأنا أبحث عن الأمان الذي لا أجده سوى معك...

ألم يخبرك قلبك بكل ذلك؟!!

آآآآه من هذه الخيبة التي نبتت في أرضي ... فمنذ أن شممت ريح الحياة وأيامي عِجاف... وطرقي مسدودة... والألم يعرف طريقي جيداً أسمع خطواته حين يقصدني كل ليلة وأنا أحاول أن أستند على شيءٍ من لا شيء ... أتراها الأيام ياوفاء ستواصل خذلانها لي وأنا أواصل الإصرار على انتظارك الذي لا أملك وسيلة أخرى سواه، أم أنك ستعودين إلي لأتجول في بساتين روحك...

وفاء

يخنقني الوجع وأنا أسيرٌ بين جدران غيابك...

وقلبي تسكنه الوحشة فهل تجدين العودة لترسمي على ضفاف قلبي حروف فرحٍ تبدد وحشته بعد انسحابك المفاجئ من عالمي الذي ما سكنه سواكِ؟!

أوراقي تتساقط من كراستي غضبى لغيابك وحروفي تنتحر... وكل أشيائي تائهة تعاني مرارة الانتظار... كلي متوقف بدونك كتوقف الحياة حين ينضب الماء...

وفاء

حين عرفتك انتشيت فرحاً بك علّ الفرحة تطرق أبواب حرفي

لكن يبدو أن كلماتي ستنزوي بين أضلعي لتنبت ألماً يتسلقني ويكفن جسدي وأنا ما زلت على قيد الحياة. . .

الوقت يمر بطيئاً. . . ثقيلاً كخطوات امرأة عجوز، يلبس رداء الشمس ومن ثم يرميه جانباً على حافة المغيب ليلبس رداء الظلام، وأعيش برؤية عيني لهذا الوقت الذي ألغى وجود الأيام الماضية في حياتي. . .

حتى القمر يا وفاء أراه يعانق الأرض بضوء باهت. . .

لا شيء هنا أجده في ذاتي غيرك، كل الأشياء تبدو مظلمة حتى وإن وقعت تحت أشعة الشمس. . .

صمت يطبق على كل الدقائق التي رجوتها في وحدتي بوحاً، لا أسمع سوى فحيح نفس كان يشبهني، يأتي من داخلي من مكان بعيد لا أعرفه وأظنه بكائي ولا أشم بهذه اللحظات سوى دخان احتراقي!!!. . .

حتى أوجاعي قد التمست من صمتي صمتاً!!!. . .

حلمت ذات ليلة عصيني فيها السهر بأني أقبض بين أصابعي على كرة سحرية، أربت على جسدها وتتصاعد أبخرتها تتسلل هاربة من بين أصابعي، تنتشر حول وجهي وتعمي عيني وأغمضها بقوة وأجدك في ظلمة عيني، وأحتويك، أزرعك بين أنحائي وأخاف أن أفتح عيني ويعميني الدخان الذي لا يحتويك. . .

٩٣

هناك يا سيدتي شيء من ذاكرة أحلامي، أفرشها على سطح واقعي وأعيشك حلماً لا يقبل حدوثه سوى في وحدتي، أسلي خاطري بك وأتزود من فيض أحلامي وقائع حاضري.

دائماً أسجي جسدي على مقعدي وأرفع رأسي عالياً وأغمض عيني، أرسمك بين دوائر الظلام التي لا أرى سواها لا يسحبني منك سوى خشخشة تتهادى مزعجة إلى انسجامي بك لأصحو من حلمي على كابوس الحياة!!!...

حتى الحلم يا وفاء يحسدونني عليه!!!...

لم أعد قادراً على الركض خلف أسراب أوهامي...

لا بد لي أن أقف... فوجع الحلم يا وفاء أكبر إيلاماً من وجع الحقيقة، لذا قررت الوقوف وقررت الاعتراف

سأعترف بغيابك، وسأصرخ في وجهي ...وقلبي... كفاكما أحلاماً...

لا بد أن أعيش الواقع كما هو .... لا كما أريده أنا...

سأقطع ذلك الخيط الرفيع الذي نسجه عقلي والفاصل بين الحلم والحقيقة حينما تراخى حد ملامسة الأرض لا أريد أن يعيش ذلك الخيط الرفيع وجع الأرض كما أعيشه أنا...

تركت أحلامي تتناثر وتتبعثر على رصيف الواقع، كما تتناثر أوراق الأشجار في فصل الخريف...

صفراء . . . هشة . . . سهل تكسرها تحت الوطء!!! . . .

أن أحلم . . . لا مجال لي لذلك . . . فأحلامي إن لم تتحقق فأنا أرفض أن تكون سهلة الوطء!!! . . .

وأن أصحو . . . لا مجال لي لذلك . . . فصحو قلبي قد يزيد من شوقي ويردني إلى أرذل الانكسار . . .

وبين الحلم والصحو . . . سأغفو على أمل لا يحمل رائحة أحلامي ولا رائحة احتراقي . . .

وسألبس كابوس واقعي الذي لا يتناسب مع تفاصيل جسدي . . .

وأغمر عقلي في كتاب كان مفتوحاً . . . لم تتساقط أحرفه بعد في عقلي . . .

سأرسم منه أحرفي التي لم أكتبها . . . وسأكتبها . . . وسأهجوها على نفسي . . . ومن ثم سوف أغسل كل حكايات كتاباتي بماء عيني . . .

فحكاية حروفي . . . حلم . . . وإحساس . . . ووطن بأكمله . . .

وفاء فوق كل رسالة بعثتها إليك كنت أبني منها مدناً من الخيال . . . لتكون رسائلي وطناً يعبق بالصدق تتدفق منه شلالات مشاعر لم يجففها البعد . . . ليظل الوفاء مخيماً وتظل حروفي شاهدةً على مايكنه قلبي.

فقدت الفرح في حقائب رحيلك. . . فقدته ملفوفاً بدمعي في حقيبة كانت لك. . . ثقيلة بمشاعري

كنت أجرها بين أزقة الساعات بحثاً عنك. . . وحينما وجدت مطارات خطواتك قد أضحت للسفر تركتها هناك بين حقائب سفرك. . . لتعود إلي مرة أخرى على عنوان أحزاني، فحقائبك يا وفاء أعتقد أنها ثقيلة. . . وأنتِ لا تتحملين حقيبة أخرى قد لا تعني لك شيئاً وممكن التنازل عنها!!!. . .

وأنا أصبحت مجرد ساحة معركة ترتوي من دماء الفرحة!!!. . .

سيدتي

غيابك يقتلني

حتى أنا لم أعد أطيق نفسي. . .

الكل يسألني:

ما بك لم تغيرت أحوالك؟!

وأجيبهم بصمت يشبه كثيراً صمت غيابك ولكن بلا دموع!!!. . .

تغيبين يا وفاء. . . وأبعث لك برسائلي فتعود لي وهي تحبل بالمسافات. . .

كلهم يفتشون بين طيات حزني عن ابتسامتي التي نامت في كهف هرباً من غياب جائر. . .

لا أعلم هل أخبئ أحزاني تحت اسم مستعار يدعى الفرح وأتظاهر بالسعادة وأنا أغوص في بحور الأحزان

قولي لي بربك هل يمكن للأرض أن تضحك وقد غاب قمرها؟ هل يمكن أن ترقص الفراشات في ظلام حالك يخلو من الضوء؟

بالأمس كنت متخماً بالحزن أريد أن أبكي.. علّ البكاء يخفف شيئاً من ألمي..

كانت العبرات تختنق في ملامحي وأنا أحاول أن أسجن دموعي حتى لا تلفت نظر من هم حولي...

من الصعب جداً سيدتي أن نأسر دموعنا لأجل الآخرين...

لكن رحمة الله أوسع من كل شيء...

المطر ينقر نافذتي...

رسول رحمة بعثه الله إلي...

خرجت إلى فناء منزلنا...

زخاته تزداد قوة وأنا أقف تحتها لتغسل شيئاً من همّي...

رفعت رأسي إلى السماء...

أغمضت عيني وحلقت معك والمطر يدغدغ جسدي...

وبلا شعور تحررت دموعي التي أسرتها ولسان حالها يقول:

تعبت .. تعبت .. أريد أن أرى الحياة..

يااه اختلطت دموعي بالمطر...

لم يكن لأحد أن يفرق بينهما . . .

عذوبة المطر غسلت ملح الدموع . . .

ليظن كل من رآني بأن دموعي ليست إلا زخات مطرٍ بللت وجهي . . .

آه يا واحة حلمي . . .

مكسورٌ هو قلبي بعدك . . .

سكاكين غيابك تطعنه . . . تمزقه . . .

حاولت أن أتجاهل . . . أن أسلو بعض الوقت . . .

لكن في كل مكان أجدك . . .

حتى حين أرش وجهي بالماء أجدك تزاحمين قطراته . . .

في كل الزوايا تحاصرني . . .

وفي كل حالاتي أجد إقامتك مؤبدةٌ بداخلي . . .

صوتك . . صورتك . . حرفك . . كل أشيائك تسري كالدم في عروقي . . .

أكوام ألم تجثم على صدري وأنت هناك . . .

بكِ . . . سقطت ورقة التوت عن كل أسئلتي . . .

لثمها الهواء لتصبح يابسة على شفاه الوقت . . .

أبللها بنظري، وبانتظاري وصبري، وأعصرها في مساء ولا أجد قطرة عصير واحدة تنفذ منها!!! . . .

سكون يلتحف جسدي من برد الضوضاء، وعالم لا يراني خلف إطار نافذتي . . .

وحلم ولد في قلبي، تعلم الحبو والنطق، واستقامت قدماه لترفعاه . . . ذلك آخر ما أعرفه عنه . . .

فالحزن يا فتاتي يعمي النظر . . . ويتبعثر في القلب . . .

وها أنا أرى الحلم قد أصبح يافعاً في قلبي . . . وأخاف أن يداهمه المشيب شاباً!!! . . .

لقد رسمه الحلم بالألوان التي تعشقينها . . .

لعل تلك الألوان تجذبك إلي . . .

ونقشت رسمه على كفي وحين انتهيت خفت أن تتلصص عليه الأعين، ولأنه حلمي الوحيد لم تطاوعني نفسي على غسله بالماء وتبديد ألوانه، أسقطت عليه دمعتين وارتشفته وأشعر به الآن يتبلل في عروقي!!! . . .

أوراقي تستجدي أناملك لتلامسها . . . هل ستلتفتين إليها يوماً . . . تقفين عند سطورها وتطرقين أبواب حروفها لتفتشي عن ألمي وهو يندس في زوايا أبوابها . . . ودموعي التي مافتئت تهطل لأجلك هل ستتجاوزها خطاك دون أدنى التفاتة أم أنها ستتخلل مسامات جلدك وأنت تجففينها بيدك . . . تقطفين من بستاني الدمع كما تقطفين منه الورد . . . .

«من يحب عليه أن يضحي» استوقفتني كثيراً هذه العبارة كيف

لي أن أضحي لأجلك وكل الأشياء التي يمكن أن أبذلها في سبيل حبك لأدخلها في قواميس التضحية، التضحية الحقة في نظري أن أفارق الحياة لأجلك . . . . عندها ستنبت على قبري زهرة تداعب أنوف كل العشاق لتقول لهم كونوا كما هو وإلا فلا، فأنتم بعيدون كل البعد عن امتطاء صهوة العشق!!! . . .

سيدتي لو كانت كل سفن الحب مخروقة وكل الأشرعة ممزقة وكل المجاديف مكسورة ستجدين لدي كل الأشياء سليمة سأجدف في بحرك العذب . . . أعلم جيداً أنه من الحقائق الثابتة أن البحر مالح لكن باستثناء بحرك فهو أشد عذوبة من ماء المطر أرأيت سيدتي كيف أن حبك غير الحقائق ومحا الثوابت!!! . . .

حين كنت صغيراً كنت أمسك وردة وأبدأ في قطع بتلاتها وأردد سيشتري لي أبي لعبة أو لا يشتري؟!!! . . .

أحياناً تنتهي البتلات بفأل الشراء وأحياناً بشؤم عدم الشراء وحين كبرت صرت أضحك من طفولتي البريئة والآن أمارس شقاوة براءتي حينما آل كل شيء إلى الاحتمالات لأعود طفلاً صغيراً في جسد كبير وأمسك الزهرة حين تغيبين وأقول: تعود أو لاتعود حتى الأزهار يجرحها غيابك فلم تسلم مني حين أحببتك. . .

ضحكت على طفولتي . . . . فمن يا ترى الآن يضحك على شبابي؟!!! . . .

هـــذا أنـــا

لم تكوني أنتِ يا وفاء فتاة عادية، ، ،

فقد أحدثتِ في حياتي تطوراً غير عادي . . .

اقتلعتني من جذور الصمت وعلمتني كيف أتحدث . . .

عشت بكِ أرسم لحياتي صوراً أبعد ما تكون عن تفكيري . . .

لم أكفر بحياتي الماضية ولكني تركتها على شماعتي ألبسها حينما أخرج للمجتمع وأفسخها حينما أعيش حياتي معك .

تركت كل شيء خلفي وتحررت من قيود صمتي . . .

وكرهت لأجلك عشقي الدائم للسفر لأن السفر يا وفاء يغِّير من سلوكيات حياتي

ويبعثر كل ترتيبات يومي، سجنت جسدي لأجلكِ في مدينتي التي علمتني الصمت!!! . . .

فلا مساء يأتي دون أن أكون قد أتخمت بكلماتكِ وأحلامكِ، وأقاسمكِ الضحكة والكلمة، لقد شعرت بكِ وشعرت بنفسي، حينها يا وفاء عرفت من أنا وكيف يغير الإنسان من نسقه في المعايشة، تطورت بكِ حتى الاكتمال، وفرحت بكِ حتى الإمتلاء.

وحينما تمضي الساعات لا أسمع بها صوتك ولا أجد منكِ رسالة أشعر بامتداد الماضي بفراغه في أنحاء صدري وأخاف كثيراً من ذلك يا وفاء، فالماضي الذي انسلخت منه لا أجده صائباً في حياتي فمن يعتد مذاقاً متميزاً يرفض كل ما هو عادي ولا يشعر بروعته التي كان يستمدها من محدودية تفكيره الماضي.

لم يكن اللقاء بيننا متاحاً في ظل تراكمات النسق الاجتماعي والخوف الكائن منذ ولادتنا بعلاقة الرجل بالمرأة، كنت أفكر بذلك كثيراً وطيلة مراحل تفكيري بذلك كنت أجدك أقرب من كل شيء وأقوى من كل شيء حتى تبادر إلى ذهني أن نطاوع كل شيء ونظل في بيت واحد تحت التوقيع وليشهد الكل بما يكون ظاهرياً ونعيش ماضي اللقاء الأول ليفرز بيننا مستقبلاً جميلاً، هنا يا وفاء أعترف بكِ وألبسكِ عقلي، وأعيش صدق الحرف الذي كنت أسمعه أو أتخيله في الماضي، وأشعر بأن ما كتبته في بدايتي قد يكون نظرة إلى المستقبل وأن كل حرف كتب قد رسم نفسه في حاضرنا ولم يمنعنا ذلك من الاعتراف بما يختلج في القلب وما تفضي به المشاعر بيننا رغم أنكِ تخافين التعبير وتؤجلين مشاعرك إلى يوم تشرق فيه

الشمس ولا يخفي نورها شيء كما تقولين، وأنا لست بمالك عصب مشاعري لذا قلت لك عن الحب وجسدته بين يدي ولم أذكر فيه اسمك حتى لا أتهم بالمراهقة!!!. . .

وفاء. . .

أتذكرين إلحاحي المزمن بتناول كوب من القهوة معاً. . .

لا يخفى علي أنكِ تستطعمين معي القهوة ولكن هناك من يقف جداراً بيننا، وأمام تكتل إلحاحي لذلك قلتِ لي :ـ

﹡ اعمل لنفسك قهوة وأعمل لنفسي القهوة نفسها. . .

﹡ ثم ماذا؟

﹡ لا شيء أسمعك صوتي وأسمعني صوتك غير الهاتف النقال. . .

﹡ ولكني أريد أن أستمتع بقهوتي برؤيتك . .

﹡ لقد رأيتني فيما سبق. . . لا تقل لي إنك نسيت ملامحي. . .

هل أكذب عليها وأقول لها نعم نسيتك حتى أراها. . . أم أقول لها الحقيقة بأنني نسيت ملامح الكل وران على نظرتي صورتها هي فقط. . . التزمت الصمت. . .

وتهادت لي ضحكتها الخلابة حينما قرأت صمتي. . .

ذات مساء قالت لي إنها ستذهب للسوق مع أختها وأمها لشراء بعض الحاجات المهمة لهن وفي المساء نفسه كنت أنا في السوق

نفسه أشتري حاجات ليست مهمة بالنسبة لي، رأيتها تمشي أمامي ومع كل خطوة تلتفت لي، تقف كثيراً عند بعض المحلات وتنسى نفسها تقلب بعض الأقمشة بين يديها وعيناها على جسدي، تشدها أختها التي غادرت المحل مع أمها وتنظر إلي أختها وكأنها تقول اذهب وحينما رأيت أختها تذهب إلى أمها وتحادثها غيرت طريقي وخرجت من السوق نهائياً، ركبت سيارتي واتصلت بها، فأتاني صوتها العذب كنت أود أن أقول لها أي شيء ولكني فقدت القدرة على الحديث معها، سمعت أنفاسها وأغلقت الخط حينما تهادى إلى مسمعي اسمها من صوت أمها. . .

بالفعل خفت عليك يا وفاء. . .

لم يتركني القلق والخوف، صرت أجوب شوارع الرياض بلا هدف، أنتظر اتصالك

وبعد ساعات من عودتي إلى البيت كان اتصالك، وحينما سألت عنك وعمّا قالت أختك لأمك. . . أتت ضحكتك وقلتِ:ـ

* لا تخف. . . أختي تحفظ أسراري جيداً. . . تصدق أنها كانت تتوقع وجودك بالسوق؟

* ولكني رأيتها تكلم والدتك. . .

* لم يكن حديثها عنك ولكن عن لون قماش كانت تبحث عنه طويلاً ووجدته معروضاً في أحد المحلات. . .

تهادت نفسي للاطمئنان. . . لم أخف على نفسي، ولكن خفت عليك يا وفاء

فكل ما أريد أن أكون مصدر سعادة وليس مصدر شقاء لك. . .

في ذلك المساء يا وفاء كتبت قصة كانت تراودني منذ زمن ووجدت في رؤيتي لكِ إلهاماً شجياً يدفعني للكتابة. . .. كتبتها وأرسلت لك في وقت متأخر مطلعها عبر رسالة على هاتفك النقال وانتظرت قبل أن أكمل النص رأيك وحينما طال الوقت أكملت نصي، وفي الصباح وجدتك يا وفاء تسبغين علي كل كلمات الإعجاب وتطلبين أن تقرئي النص كاملاً. . . فقلت لك سأعطيك النص ولكن متى. . . أعلم وقتها أنك أدركتِ أنني أبحث عن رؤيتك. . . وكأني أراك قد غمزت بطرف عينك وقلت لي. . . صعبة ولكن سأقرأ نصك في الصحيفة!!!. . .

شهر وبضعة أيام أدركت فيها كل شيء، وعشت بها كل قصائد الحب التي كنت أقرأها وأعجب بتركيب كلماتها. . . وأعيش معانيها في عالم بعيد عن واقعي . . .والآن يا وفاء ها أنا أعيش كل كلمات القصائد وأزيد عليها بعض الكلمات لتجسد وجودي الواقعي نحوكِ!!!. . .

ليسقط بيت يزيد بن معاوية من لساني:ـ

قد خلفتني طريحاً وهي قائلة تأملوا كيف فعل الظبي بالأسد

وفاء. . .

في غيابكِ تساقط كل شيء من يدي، لم يعد هناك ما أستطيع

أن أقبض عليه، سوى أيام رحلت، أخذت وجهكِ وضحكتكِ البيضاء ورحلت، ولم يعد هناك من بعد يا وفاء ما يجذبني!!!. . .

انفردت بجسدي وعقلي، أحمل أحلام اللقاء والحديث إلى صوتكِ، لا يعاشرني سوى الصمت، أتطلع إلى السماء من نافذة غرفتي، وأدرك كم هي بعيدة ولكن لعيني قدرة على الإرتقاء، أخفي جسدي في ظلام الوحدة بين الأرض والسماء وأسافر محلقاً بنظراتي، وأبدو وحيداً كهذا القمر العالق بالسماء والمحشور بين غيمتين، أتنفس بصعوبة وكأن الهواء قد ضل طريق رئتي بهذا الظلام الذي يسكن كل أشيائي، أمد يدي عالياً أحاول أن أنقذ القمر من فضول الغيم كطفل صغير سحبت من يده رضاعته قبل أن يشبع ، تسقط يدي على صدري ويخفي الغيم بقايا وجه القمر، كل شيء قد تسرب من احتوائي فلا مكان ولا زمان يستوعبانني أو أستوعبهما، وأبدو كما كنت وحيداً أبحث عن بصيص من نور في عمق الظلام كغريب جاء من قرية بعيدة يبحث عن فرح مفقود ليدخل القرية الجديدة ولم يمض على موت واليها العادل سوى بضع ساعات، وأغرق بالظلام، حينما لا أجد منفذاً من الظلام سوى الظلام. . .

شاحب الوجه. . .

متعب الجسد. . .

شارد الفكر. . .

تمتزج الأحرف في نداءاتي. . .

وتختلط مشاعري فيما بينها . . .

هكذا أبدو أنا . . .

كأشيب استند إلى جدار داره الذي ستر من قبل كل أبنائه ليجتمعوا حوله، ودار به الزمن ليمضغ عقوق أبنائه وينتظر وحيداً أن يرفع المؤذن أذان المغرب!!! . . .

لا أرتجي من كل الأشياء . . . كل الأشياء!!! . . .

فقط أن أبدو وحيداً . . .

بجانبي ورقة وقلم . . .

أردد مع صوت شجي قادم من بعيد يعيش لوعة الغياب كل أحزانه . . .

مارست في حياتي الاختلاف حتى أجد نفسي . . .

فوجدت الاختلاف جزءاً من ضياعي!!! . . .

فتحت صدري في مساء بارد للريح وصرخت في نفسي . . .

هنا تسكن وفاء . . .

ولكني أخطأت طريقها . . .

فهبي أيتها الريح معي . . . لنبحث سوياً عن طريقها . . .

وسأقبل منكِ أيتها الريح كل خدوشكِ!!! . . .

فقد تركت خلفي كل أشيائي هناك . . . في الطابق العلوي من هذا الدار . . .

تركت أجساد أبناء أختي الصغار تركض بين الغرف . . .

وتلك البيتزا الساخنة التي عملتها أختي وجلست تؤنب أبناءها أن لا يجتثوا منها قطعة قبل أن أحضر . . .

ووجه أمي الخارج تواً من مرض رسم اصفراره على ملامحها وأتعب عظامها . . .

تركت باب غرفتي مفتوحاً ليفضح أسرار أحرفي وحكاياتي . . .

لتتنفس طاولتي المثقلة بأرتال الكتب . . .

تركت رواية محمد زفزاف «الثعلب الذي يظهر ويختفي» مفتوحة لتكشف لصمت غرفتي شيئاً من الجنس وتصف أقداح الخمر ولذة الأجساد الرخيصة!!! . . .

وقصاصة من صحيفة فيها قصيدة لشاعر ميت . . .

ونظارتي الذهبية . . .

وكأساً من الشاي الأسود . . .

وأوراقاً كثيرة تتقبل كل أحرفي . . .

وقلم حبر بلا غطاء . . .

تركت كل ذلك خلفي . . .

وجلست هنا في فناء الدار . . .

أبحث عن وجه القمر المحشور بين غيمتين . . .

غيمة الحب . . . وغيمة الفراق . . .

لينهمر على رأسي المطر . . .

وأتذوق في مسائي خليط المطر مع الدموع!!! . . .

هل قال قلبكِ شيئاً عن وجعي؟!!!

طاب مساؤكِ يا وفاء. . .

هذا المساء الذي يحمل كل حكاياتي. . .

تتعبه حكاياتي. . . وينهكه سهر الظلام. . . لتأتي الشمس بنشاطها. . .

تهزمه بنظرة واحدة فقط. . . يهرب المساء جريحاً بوقد أودع خلفه أكثر من جريح. . .

ومن ثم يعود متأبطاً قوته. . . يرمي بجيوش ظلامه غير آبهٍ بانتشار نور الشمس. . .

يطرد بقايا النور أولاً. . .

وينشر احتلاله على مدن ومساكن النهار ثانياً. . .

وثالثاً. . . يبحث عمن يسكنه جريحاً. . .

لا يهتم كثيراً بعرابيد الليل . . . فنفس المساء أبية!!! . . .

يخشع المساء لله كثيراً . . . فالجباه الساجدة تكثر في مدينتي . . .

يضحك المساء مع من ضحك . . . ولا يخبره بأن هزيمته قابعة خلف ساعاته . . .

ويبكي المساء مع من بكى . . . ويعده بقدوم آخر له . .

وكثيراً يا وفاء ما يواعدني المساء!!! . . .

هذا هو المساء . . . يا وفاء . . .

هل يا ترى عشتِ المساء على نور همسات غيري؟!!! . . .

وهل ضحك لك المساء من ضحكتكِ؟!!! . . .

أم بكى من بكائي . . . وأتى إليكِ شاكياً؟!!! . . .

وفاء . . . هذا المساء الذي يحارب البشر ظلامه فقير!!! . . .

يأتي إلي بعدما يستمد قوته ويطرد الشمس . . . يلبس دائماً لباسه الوحيد نفسه!

ويحمل عبوس وجهي نفسه . . .

ويبكي بعد انتصاره فوق دموع عيني . . .

إنه الحزن . . . يا وفاء . . .

يختبئ خلف القلوب الكبيرة خجلاً . . . ويفرض وجوده على الوجوه الضعيفة . . .

إنه اعتراض!!!. . . هذا الحزن يا وفاء. . . اعتراضبوقد عشته في حياتي اعتراضاً

فهل تقبلين مني اعتراضي؟!!!. . .

يا ترى ماذا قال قلبكِ عني؟!!!. . .

وأي الموضوعات طرقها عن حياتي؟!!!. . .

هل تحدث إليكِ؟. . . هل قال شيئاً عن وجعي؟. . .

أم أن الصمت قد غلف بوحه يا وفاء احتجاجاً على جسدكِ؟. . .

أه يا وفاء. . . أه. . .

قد كتبتُ وجهكِ أحرفاً. . . وصنعته تمثالاً في عقلي. . . سرقتُ كل وجوه البشر. . . ووضعتُ وجهكِ في خلو وجوههم. . .

لأني أريد أن أراكِ!!!. . .

أتنفس ملامحكِ. . . وأكرم عيني برؤيتكِ!!!. . .

فماذا صنعتِ أنتِ بذكرى وجهي؟!!!. . .

هل ما زال باقياً؟. . . لم تدسه أقدام الأيام؟. . . وهل لذاكرتكِ مكان له؟. . .

كثيراً يا وفاء ما أحلم أن أكشف عن غطاء الأيام القادمة. . .

أبحث في حنايا الأوقات عن وجهكِ . . .

لعلي أجده مختبئاً هنا أو هناك . . . لا يقوى على المشي . . .
ينتظر ظروف الأيام أن تدفعه إلى عيني!!! . . .

فـأخـتـصـر أنـا كـل الأوقـات وآخـذ وجـهـكِ وأرمـيـه في
وجهي!!! . . .

حكيتُ لكِ عن المساء فماذا عن النهار؟ . . . .

هذا النهار الذي يأتي دائماً ويجدني منهكاً . . . متعباً . . . مرمياً
في زاوية من زوايا غرفتي التي تحمل شيئاً من بقايا المساء . . .

تشرق الشمس من نافذة غرفتي . . .

وتهرب فزعاً من حالتي خلف جدار غرفتي . . .

الشمس بقوة صيفها لم تستطع أن تتحمل حالتي . . .

تتركني كما أنا . . . لترحل منهزمة من المساء . . . ليفي المساء
بوعده لي . . .

لم يتأخر عني المساء . . . دائماً يأتي مبكراً . . .

يتنفس رمق النهار الأخير بوجهي . . . ويرمي بسواده على
وجهي . . .

سوادٌ يا وفاء . . . لم تغسله أشعة الشمس الراحلة . . .

سوادٌ يا وفاء . . . لم يمل من أمكنة غرفتي . . .

وأظل أنا في مكاني. . . أراقب اصطدام نور النهار بظلام المساء وانبثاق ذلك الشفق البعيد!

أنتظر أن تقتحمي فاصل الاصطدام وتدخلي غرفتي في هذا المساء المهيأ لنزول المطر. . .

فهذا المساء قدم إلى مدينتي مدثراً بالغيوم السوداء . . . .

في هذا المساء الذي وقفت فيه يا وفاء عند شرفة غرفتي أرمي بنظري في قاع الظلام ولا أحاول أن ألتقطه، كنت شارد الذهن أحاول أن أتخيل الأيام الماضية التي لم تتعطر بعبق رائحتك وأتصور الأيام القادمة التي ستفقد في روحي لذة الرائحة!!!. . .

فوجدتها في صوت ذكرياتي صمتاً، تتلون بلون الجفاف على شفتي، وتحيلني كتلة من الجماد، ليس بها حركة أو اهتزازة واحدة سوى إدارة نظراتي يميناً وشمالاً تبحث عن نقصانها!!!. . .

شيء ما يا وفاء أشعر به قد خرج عن سيطرتي، مزق خيوط صمتي وانفلت، قد تكون الأيام سرقته، فهل يا ترى ستعيد الأيام ما سرقته؟!!

لقد أضحى حبكِ يا وفاء معزوفة فرض علي أن أسمعها كل مساء، وهذا المساء عزفت زخات المطر المعزوفة نفسها على زجاج شرفتي !. . .

استمعت إلى معزوفة المطر وتولد فيّ سؤال. . .

أيهما يغسل همي، دمع عيني أم دمع السماء؟!!!. . .

فحينما كنت صغيراً كنت كثيراً ما أعشق المطر، أتوضأ دائماً بما يخلفه من مستنقعات في باحة دارنا، وأزهو بطهارتي كثيراً، كانت أمي حينما يهطل المطر تناديني بصوتها المميز، وتطل علي من الباب الداخلي، تصرخ باسمي وأنقاد خلف صراخها وتأنيبها إلى الداخل، لتتأكد أمي من انغلاق الباب وتتجه إلى المطبخ بعدما تربت على مكان مفتاح الباب الداخلي في جيبها، تختفي أمي خلف موقد الغاز المشتعل تحت قدر الغداء، لأركض أنا نحو الستارة أسحبها بقوة وأحاول أن أمسك بقطرات المطر التي تنسال على النافذة، لا يمل مني الفرح. . . أقف فوق الأريكة حتى أرى عناق زخات المطر على البلاط وضمة البلاط لزخات المطر، وأكمل وضوئي من خلف زجاج النافذة، وتتهادى إلى مسمعي أنشودة الطفولة من ساحة دارنا!!!. . .

والآن. . . ها أنا أقف موقف طفولتي خلف زجاج نافذتي. . . أحمل شعوراً مغايراً. . .

شيء من طفولتي دفعني لأن أفتح النافذة. . . صفعني هواءٌ بارد ممزوج بأحرف أنشودة الطفولة على لساني.

وقفت جامداً. . . لم أتحرك. . . مددت يدي وتوضأت بقطرات المطر. . . غسلت وجهي بعدما ألصقت كفي ببعضهما وحنيت قليلاً

١١٤

أصابعي إلى الأمام. . . وتمنيت أن أقتبس من قطرات المطر ما يغسل قلبي!!!

لم يشفني المطر. . . تسربت قطراته لتنشئ خندقاً كان مطموراً من الجراح في صدري. . .

كتب الهواء البارد قصة طويلة بمداد قطرات المطر على وجهي. . . وساعدته عيني!!!. . .

أتذكرين المطر يا وفاء. . . أذكره أنا جيداً. . . لن أنساه ما حييت يا وفاء. . .

فهو الوحيد الذي كشف لي عن شعركِ الحريري. . .

أتذكر جيداً. . . نشوة المطر في عينيكِ. . .

لم تمهلك النشوة وقتاً. . . سحبتِ غطاء وجهكِ وبعثرت خصلات شعركِ تحت أنامل قطرات المطر

حينما شجعتني أجواء الرياض بعد ليلة ممطرة، وخرجنا سوياً بسيارة أخي الجيب لنجوب رمال الثمامة، كنتِ تلحين علي أن أوقف السيارة، ولم أتوان، نزلنا من السيارة، عيناكِ تمسحان الرمال الرطبة، تسرحان في هواء بارد منعش، وعيني تقيس طول جسدك، كان المطر رذاذاً، قطرات صغيرة جداً تصطدم بوجهك وتعلق فوق نظارتي، حينها كنت في قمة الانتعاش لتسحبي رداء شعركِ ليقبله ذلك الرذاذ!.

كنت مذهولاً، لم أر جمال المنظر فقد شدتني تلك القطرات من رذاذ المطر وهي تنساب بهدوء على صدرك، لتسحب إحداها روحي وتنسل بها بين فتحتي صدرك!.

كم هو جميل المطر حينما يداعبكِ... يفرش على وجهكِ فرحاً يهطل بكل أمنياتي...

وهاهو المطر يعود... يفتش عنكِ... يبحث من نافذتي عن وجهكِ وشعركِ الحريري...

ولا يجد سوى وجهي... الذي تغير كثيراً عليه...

لقد بكى المطر لفقدانكِ على نافذة غرفتي... غسل عتبة نافذتي ولم يجدكِ...

حويت دموعه وغسلت وجهي ليبكي المساء هذا الموقف يا وفاء...

وفاء... لم أكن أنا على هذه الصورة قط...

ولكن بعدكِ عني... رسمني في صور عديدة...

أغلبها يا وفاء... لا تعرفه مرآتي!!!...

ولا يعرفه من عاشرني، لقد تغيرتُ في بُعْدك كثيراً...

أعيدي صورتي القديمة لوجهي... فلا أحبذ أن يأخذ الموت غير صورتي!!!...

إنها ذاكرة الحزن يا وفاء!!!...

تتعبني يا وفاء الأسئلة التي تتساقط على عقلي من بعدكِ، أشعر بها تقتحم خلوتي وتضفي على القلب لوعة، يتناثر صمتي على أطراف الأسئلة قبل أن تستقر على لساني، أقضي بها وقتاً وأسايرها تارة وأشدو بها أمام الحيرة تارات أخرى، لا تغادرني ولا ترحمني، تمكث بجانبي حينما ترى كل الأمكنة التي من حولي خالية، أتعبتني حروفها كثيراً يا وفاء، تلح علي بالإجابة وأطبق عليها بالصمت، فبعدك يا وفاء قرأت عيني كل العجب في هذه الحياة، حتى إنني رأيت الخيانة تكتحل في عيون المحبة، ورأيت الوفاء يا وفاء يبكي حسرة وينهار تحت توالي الأيام، فالحياة لو تعلمين يا وفاء قصيرة، لا تتحمل خطواتها في قلوب البشر ما بداخلي من فرقة وألم.

فالتضحية والوفاء والحب معانٍ جميلة تعلمتها منكِ، فهل نسيت يا وفاء ما علمتِني إياه؟!!!...

١١٧

أربعة أشهر يا وفاء كانت العمر بأكمله، لم تكن فيها مدينتي هي التي كنت أسكنها من قبلك...

كانت مدينة خيالية، أتسلق جدرانها وأزرع على حافة كل جدار زهرة أمل، وأسبق ظلام الليل وأحتضن كل الجدران، كنت أرسم بسمتي خلف كل كلمة تقولينها، كنت بالفعل يا وفاء فخوراً منتشياً بك...

كنت أزرع أمام دروبك أزهار شوقي وألثم نظراتي بإعجابي، وأشدو على لسانكِ كل أغاني المحبين. أعيشك وتعيشينني، أقترب من حزنك وأمضغ بقلبي همومك، وأقبل جبينك حينما تسبق دمعتك دمعتي! وأعيش متعة الحياة بكل معانيها وفرحها حينما تفتر عن شفتيك ابتسامة، لقد كنت بالفعل مخلصاً لكِ، وكنت أنتِ تزرعين بهمسك في واحة سمعي كل نباتات الإخلاص، والآن ضاعت عن طريقي خطاك ولا أعرف إلى أي مستقر تنتهي خطوتك فوق الأرض؟!!!

لقد أينعت أشجار الإخلاص التي زرعتها بداخلي، فمن غيرك يا وفاء سوف يجني ثمارها؟!!!

وأنا هناك خلف تلك الأشجار التي تمددت كثيراً في قلبي، لا أنساك مهما أدلفتُ نظراتي إلى الأمام!...

لا أريد أن أسهب في أوصاف تلك الدموع التي عاشت بين عيني وقلبي، فهي كثيرة ولها معان كثيرة! ولكني لا أعرف من معانيها سوى الحزن والقهر!!!...

وفاء لقد قال العباس بن الأحنف بيت شعر أجدني أشعر بكلماته تلتصق في عقلي ووقتي:

وأبكي نفسي رحمة من عتابها ويبكي من الهجران بعضي على بعضي

أريدك يا وفاء بكل شيء، بعتابك بحزنك بفرحك بكل حالاتك أريدك يا وفاء فلا تتركيني هنا مرمياً عل هامش الحياة أنظر إليها بعيداً و لا تنظر إلي!!!..

فأنا يا وفاء قادم من أرض الماضي إليكِ وقد بعتُ كل أملاك الماضي الذي عشته، غسلته بنظرة واحدة منكِ، وأصبحتُ من بعدك على أرض الحاضر، ليس بيدي سوى بعض ألوان صورك ورسائلك التي كتبت بيدك تزاحم دمعتي التي أبت النزول!...

ورحلت الآن يا وفاء من أرض الحاضر وقد أضعتُ الماضي في عينيك وليس في قلبي سواكِ

وليس في نظري سوى صورتك، وليس في شفتي سوى بقايا من حمرة شفتيك، وقد ابيضت من جفاف رحيلك!...

والآن وقد مضى كل شيء في حياتي إلى لاشيء أصبحتُ أنا باقياً من أشياء كثيرة من السهل الاستغناء عنها!... قابعاً خلف ظلال الحياة، أتذكر كل أشيائي التي فقدتها فوجدتها يا وفاء أكثر من أن تحصى، فلا صباح زفني إلى النور، ولا ظلام تأنس به وحدتي، بقيتُ يا وفاء خائفاً من كل شيء حتى من مرآتي!!!...

أتدرين يا وفاء إنني كلما أتذكر أيامنا الماضية حينما كانت يدي تمتص دفء يدكِ وتعيش ابتسامتي على شفتيك، ويلتمس صدري حناناً من نظرتك. . . أتدرين أنني كنت أحسد نفسي!!!

لم أستطع صبراً ولم أحتمل بقاء نفسي هكذا، خرجت من داري متلبساً وجهك وصوتك وشرعت أحوم في شوارع داركم القديمة أنظر إلى الأبواب بصمت وأسأل كل الوجوه التي تصادفني عن وجهك، فلا أجد سوى الصمت. . . سوى الصمت يا وفاء، فأنفاسك التي أشعر بها فقط تلفح وجهي.

لقد أغلقت كل شيء في وجهي، لأعود سارحاً أبحث داخلي عما يحميني من حبك ولم أجد سوى حبك!!! عدت يا وفاء من الطريق نفسه الذي سلكته إليك، وعيني تضرب كل الأبواب المغلقة، تساقط اليأس يا وفاء من تفكيري وحينما هممت بمغادرة حي الروضة بكيت على آخر رصيف حينما تذكرت قول ابن الفارض:

أدور على الأبواب من غير حاجة   لعلي أراكم أو أرى من يـراكـم

وكانت لي حاجة كبرى ولم أجدها يا ابن الفارض!!!. . . . .

أين أنت يا وفاء؟!!!. . . .

هل تأتين الآن؟!!!!

هذا هو سؤالي الأهم. . .

يكاد أن يخرجَ من ثنايا صمتي. . .

يبحث عن كل الإجابات...

ويتقبل كل الإجابات...

ويرفض كل الإجابات!!!...

يتقبلُ كل الإجابات التي تردد اسمك مشعاً... صافياً... كابتسامة استحياء طفل...

وترفض كل الإجابات التي ترفض وجود اسمك كحجر أسود في قمة جبل مظلم...

وفاء... أريد أن أرتشف من نظرتك ما يروي دماء قلبي، لا أريد أن أسقط هنا بعيداً عنكِ، لا أريد أن ينظر إلى البشر بنظرات لا أحبها ولا أفهمها، أريدك الآن يا وفاء تعبت من الأسئلة التي تموج بصدري وعقلي، تعالي إليّ تجديني كما أنا، ليس لي سوى أن أقبل يدك التي ظلمتني!!!...

رجعتُ إلى داري ورميت جسدي على أريكتي المخملية أبحث عن حكاياتك لعلها تلامس وجهك في ذاكرتي وتذكرت حكايتك في يوم التكريم لكِ بالجامعة، تلك الحكاية التي عرفتِني قبل أن أعرفك قلت:... «كان يوم الأربعاء، يوم تكريم الطالبات المتفوقات، كنت أنا كما قيل لي الرابعة على مستوى التكريم وحينما انتهت مقدمات الحفل وبدأ الإعلان عن أسماء المتفوقات، كان الموقف في غاية الرهبة، أذكر أنني قد قرأت لك نصاً مبدعاً في الجريدة وقصصته

وأعطيته لصديقة لي وحرصتها أن تحافظ عليه، وفي صباح التكريم جاءت صديقتي بقصاصة الجريدة التي تحمل أحرفك وصورتك وأعطتني إياها، فدسستها في جيبي وحينما بدأ إعلان الأسماء لم أتحكم بنفسي فانسلت يدي إلى جيبي ومع كل مناداة لطالبة كنت أضغط على تلك القصاصة وحينما جاء اسم الطالبة الثالثة شعرت أنك قد اختنقت من قوة ضمي لتلك القصاصة وجاء الاسم الرابع ولم تنطق مقدمة الحفل باسمي، شعرت بدمعة تجاهد النزول من عيني، تصارع رموشي وأنا أرى الأسماء تتوالى أمامي وتعبر الطالبات بجانبي إلى المنصة، كنت أنظر إلى أمي التي حضرت الحفل، أريد أن أرتمي على صدرها وأبكي وحينما انتهت الأسماء العشرة قالت مقدمة الحفل والآن نعلن اسم الطالبة المثالية التي تستحق أكثر من هذا التكريم، إنها الطالبة وفاء. . .

حينها انهمرت دموعي، وبين غشاوة الدمع رأيت أمي تقف وتصفق بقوة لتقف جميع الحاضرات وأتقدم أنا إلى المنصة وسط عاصفة من التصفيق، كان الأمر بالنسبة لي محرجاً للغاية ولم أجد سوى تلك القصاصة التي في جيبي أضغط عليها وأرمي كل جراحي وخجلي عليها بقبضتي وحينما نزلت إلى قاعة الحضور وضمتني أمي وصديقاتي، أخرجت قصاصة قصتك لأمسح دموعي، فمن الموقف لم أشعر سوى بصورتك تمسح دمعتي

وفاء. . . تشبعت بكِ وبحكاياتكِ ولكن. . .

هل دموع الفرح التي لا مست عينك في الحفل تشبه الدموع التي تلامس عيني الآن؟!!!. . .

لقد خنقتِ صورتي قبل أن تعرفيني والآن تخنقينني بعدما عرفتني!!!. . .

قاسية أنت يا وفاء. . . يموت في قلبك الحنان. . .

ناسية أنت يا وفاء. . . أن الزمان ليس له أمان!!!. . .

وهنا يا وفاء ليس لدي حنان ولا زمان!!!. . .

وهذه هي رسائلي يا وفاء، تقول ما أردتُ أن أقوله لكِ، وتبكي بقايا دموعي التي اختزنها الزمن، كلها رسائل وحروف تشتكي الألم وعيوني حينما طاولها السهر، كتبتها لكِ، تركتُ قوافل البشر وتكاثر الأفكار وجلست أمرر قلمي على الأوراق، ليكتب لك كل شيء، أعري نفسي، وأجرح نفسي، وأبكي نفسي، لقد تطاول الحب علي

يا وفاء، في هذا الصباح الذي أتى دون أن أشعر به يا وفاء، كنت أستقبل ضياءه بعين ذاقت ألم الظلام فلم أر من الصباح شيئاً سوى إفاقة العصافير نحو علو الأشجار، أراقب بعيني كل عصفورة أتقنت متابعته وأجده في عيني قد تحول إلى قلبي، أغلقت نافذتي على زقزقة العصافير وابتلعت دمعتي، وسكنت في غرفتي وحيداً لأنسى أن لغرفتي باباً!!!.

هنا بين جدران غرفتي، أحكي لصمتها صمتي، وأبلل جدرانها

بدموعي، وأمتلئ بها فراغاً، ليتني لم أمسك القلم ولم أكتب ما أعجبكِ، وليت طفولتي زفتني إلى شبابي جاهلاً بالمشاعر وأمياً بالعواطف، ليتني يا وفاء لم أقرأ رسائلك الإلكترونية، ليتني توهمتك رجلاً وليس أنثى!!!. . .

وفاء. . .

لم أعد أهتم بشيء، فكل الأشياء قد سار بها الركب خلفكِ وبقيت وحيداً لا أملك شيئاً، هنا يا وفاء فقدت كلماتي التي فقدت طريقها إلى مسمعكِ، أرهقني ضجيج الصمت الذي لم يسمعه غيري!.

لقد كتبت هذه الرسائل وأعلم أنك بعيدة عن أحرفها، ولكن. . .

قد يأتي يوم وتعرف خطواتكِ طريقي، ويميز سمعك صوتي حينما أصرخ، وتتذكر عيناكِ شيئاً من ملامحي حينما تصطدم نظراتك بوجهي، حينها ستجدينني أمامك، أحمل ذكريات الماضي وأنثرها بين يديك، وأقدم لكِ هذه الرسائل لتقول لكِ سيرة حياتي من بعدكِ، ولن تخفى منها خافية، وتعلمين حين قراءتها أنني لم أغادرك ولم أهرب من قلبي! حينها فقط يا وفاء سأمسح الدمعة الأخيرة!!!. . .

لقد تطاول الحب علي يا سيدتي، رفع صوته وصفعني بعنف، وتركني وحيداً منهاراً تحت أقدام الليل، أسأل قسوة الظلام عن لون الظلام، وأبحث عن نزف الجرح في عتمة الظروف، ليس بيدي

سوى أن أنتظرك يا وفاء، أسند مرفقي على عتبة نافذتي وأرتشف من نسيم الليل رشفات متتالية وأختنق بها!!!. . .

أبحث عن زقزقة العصافير في الظلام، ويسقط الفجر على حافة الليل، حينها أكون قد عشت كل أحلامي معكِ وأفيق على وجع مرفقي!!!. . .

لقد امتلأت يا وفاء بأكوام من الحزن وأنهارٍ من الدموع وأشياء كثيرة لا أستطيع أن أقولها حتى لا أشرخ جدار عزتي بقلمي!.

لم أشم رائحة الحب من قلبكِ، وبكِ دخلت مدينة الحب جاهلاً تقاليدها وعاداتها وناسها، دخلت مغمض العينين تتشابه لدي الشوارع والأرصفة والوجوه، حتى الكلمات بدأت لي متشابهة حتى التطابق!.

فدعيني يا وفاء أعش على حلم لقياكِ حتى يتفتت هذا الحلم ويتبعثر ويصبح فتاتاً من يأس مدقع!.

وبيأسي سأنتظرك تأتين. . . يأساً على يأس وأملاً بلا أمل، ووجعاً على وجع!، ولن أمل تكرار حروف اسمك، فيكفيني من هذه الحياة أن أعيش كذب صدقك، ولن أكذبك مهما كانت قدرة احتوائي لمشاعرك!. وفاء. . . دعيني أسرد لك ذاكرة الحزن، فقد تعبت من كتابة الأحرف التي لا تعرفينها، ولم يعد لي سوى هذا التعب، أشياء كثيرة تموج بداخلي، كنت أبحث عنكِ لأقولها لكِ، أحدثك عن هذا الحزن الذي كره كل الوجوه والتصق بوجهي، أحدثك عن طفولتي التي ضمها الحزن يوماً من الأيام وعشقها، وفاء

لم يكن لدي الوقت الكافي لأن أقول لكِ كل شيء عني، لقد تنامى في قدميك الهروب، شعرت بلذة عذابي ولم تجدي من يحقق لكِ هذه اللذة سوى الهروب من قلب ترك كل شيء خلفه وهرب إليك، وأنا لم أقل لكِ عن كل شيء، في هذا المساء الذي أرفضه بذاتي سأتركه يسير بهدوء فوق رأسي وأقول لكِ كل شيء على هذه الأوراق، سأتخيل ملامحك وهي تنصت إلى قولي، وسأجعل من قلمي لساناً لي ومن الأوراق إنصاتاً منك. . .

وفاء. . . لقد عشت طفولتي، عرفت كل شيء، عرفت أن ذلك الشيء الأسود الذي حفظني هو السواد وهو الذي علمني كيف أنزوي مختفياً في إحدى زوايا الحياة وأن أعصر دموعي بسبب وبدون سبب هو الحزن يا وفاء!!!. . .

تركني أعيش قصة مرض السكر ثماني سنوات وهو يترقبني، ينظر إلي من بعيد، تركني متحرراً منه، وحينما أوشكت أن أغادر سن الثامنة قال لي بصوت صارخ. . . كفى. . . إلى هنا وكفى، وهجم علي، ليفترس وجهي، وينخر عظامي، يتلون بلون وجهي حتى لا يراه الآخرون، ويتعلق بأي دمعة تسقط من عيني ليمسح وجهي. ، وبدأ يمارس نشاطه في جسدي، وشاء الله أن يدخل في قدري، لأحرم طفولتي من الحلوى التي أراها وأشتهيها بأيدي أقراني، يأتي العيد بولائمه ويمد أبي لي قطعة من رغيف أسمر ويأمرني بعيداً عن شقاوة طفولتي أن آكل اللحم مع الرغيف وأن لا تمتد يدي إلى الأرز!.

كلهم يحشون أياديهم بحفنات من الأرز ويأكلونها تحت وقع نظراتي وحينما أشتهي أن أفعل مثلهم تنهرني عين أبي القادمة من وسط الحشود المحتفلة بالعيد، وينتهي العيد دون أن أشعر به، أمر لساني على شفتي وأتذوق طعم الحلوى بشفاه أقراني!.

كان أبي يمنعني من الركض، وأن أمارس فرحة العيد كما الأطفال، وفي غفلة منه كنت أهرب من نظراته في انشغاله مع من حوله، وأسرق الحلوى بما معي من نقود عن جميع الوجوه وأدسها في فمي، فيعجبني طعمها، لأنفض كل ما في جيبي من العيدية التي أحصل عليها على تلك القطع التي أعجبني طعمها، وأركض مع الأطفال ألعب الكرة وأقفز هنا وهناك، وأشعر بدوار يلف رأسي وأسقط في مكاني بعدما تأتي نقاط سوداء إلى نظرتي وتكبر شيئاً فشيئاً ، أصرخ خوفاً منها، ويأتي أبي خلف مناداة الأطفال ويحملني على كتفه ويدخلني الدار، يرش وجهي بالماء لأفيق، يناديني بصوته الهادئ، أفيق من برودة الماء على وجهي ثم أغمض عيني، يحملني مرة أخرى على كتفه ويفرش لي المقعد الخلفي من سيارته ويتجه نحو المستشفى ليكتشف أنني خالفته وأكلت حلوى! لم أكن أعرف عن مرضي شيئاً يا وفاء، كل ما أعرفه أنني ممنوع من تناول كل ما له طعم الحلوى، وإنني لا بد لي من أن أنتظر أبي كل صباح قبل أن أتناول إفطاري الذي سبقني إليه أخوتي عند عتبة الباب!.

كل صباح لا بد لي من هذا الانتظار، فأبي قد اقترن بامرأة

١٢٧

أخرى غير أمي التي وهبها أبي يوماً بعد يوم، ويأتي أبي بخطواته المتزنة، ينظر إليّ من بعيد في أول الشارع، أرى ابتسامته تعبق في وجهه وأترك نظراته على عتبة الباب وأهرول فرحاً إلى المطبخ، أفتح الثلاجة، وأخرج الأنسولين والإبرة والمسحة الطبية، ونلتقي أنا وأبي في الصالة الصغيرة وسط الدار، أقبل يده ورأسه بعد أن أناوله ما أحضرته معي، يمسد شعر رأسي، ويمسك بمعصمي، يقول دائماً لا تنظر إلى يدك، ولا أنظر إلى يدي حتى أشعر بوخز الإبرة فأتألم بصمت ويتألم أبي بصمت! من هنا يا وفاء شعرت بأنني طفل يختلف عن كل الأطفال، ومن هنا يا وفاء أجبرت على التعامل مع الفرح والمشاغبة واللعب في حدود تكاد أن تلغي الفرح في قلبي، ومن هنا يا وفاء احتضنني الحزن!!!. . .

وها أنت يا وفاء تشدين على يد الحزن ليعتصر جسدي، هل كنتِ يا وفاء تخافين على إحساسي من الفرح؟!

أم أن الحزن قد عقد اتفاقاً معي؟! أم أن حياتي كتب عليها أن أهرب من الحزن إلى الحزن وأن أفارق الحزن إلى الحزن!!!. . .

لقد شبعت حد الكفاية من الحزن ولم يشبع هو مني، أصبح يلازمني كظلي، ويعيش على أثر أنفاسي، ويزاحم اللقمة في جوفي، وأنا بين هذا وذاك لم أنس أن قلبي قد خفق يوماً لقلبكِ فمهما فعل الحزن سأظل أحبكِ وأحبكِ وأحبكِ، حتى أفقد النطق في حبكِ!!!. . .

أطفال الحـزن

أطفال الحزن يا وفاء يلهون في حديقة قلبي، فقد تعمقت بذور جراحك في أرض قلبي فأنبتت بساطاً أخضر من الأوجاع، يدوسه أطفال الحزن بأقدامهم، يطاردون وجعي، ويغتسلون بدمعتي. . . ولا يتعبهم الركض!!! أترقبهم خشية سقوطهم، بلهفة الأب الغائب عن أبنائه، لا تنحني أغصان أشجار الأوجاع. . . تمتد عالياً تطارد السحاب، أسجن جراحي. . . ليلهو أطفال الحزن. . . ولا يتعب منهم أحد!.

لقد ران على قلبي الحزن. . . فأصبح كالحجارة أو أشد قسوة منها على الفرح!!!. . .

لقد شرب الوجع بداخلي كل أحاسيس الشفاء. . . لقد أصبحت يا وفاء جسداً عنيد الشفاء!!!

في هذا الفجر الجميل. . . أتى ضياؤه. . . ولم أشعر به. . .

اقتحمني من نافذة غرفتي. . . وبكى قليلاً ثم رحل ليبعثر نوره في الأجواء!!!. . . وتركني أشحذ من الظلام نوراً!!!. . .

خلفي تتراسل الكلمات. . . تقول كل شيء. . . لا تفرق بين الافتراء والحقيقة!!!. . .

تنعتني بالضعف تارة. . . وبالسحر تارة أخرى. . . وبالجنون تاراتٍ كثيرة!!!. . .

ولم أرد عليها. . . فكلماتي صعبة. . . ثقيلة. . . تتعبني في نطقها. . . ولا يستحق نطقي سواكِ!!!

كنت أقول مداعباً مازحاً في يوم من الأيام. . .

أنا إذا أحببتُ. . . فأحب بجنون. . . وإذا كرهت. . . فأكره بجنون. . .

وصدقت دعابتي يا وفاء!!!. . .

ليس هناك مكان للكره في قلبي. . فقوات غزوكِ لم تترك في قلبي مساحة حرة!!!. . .

لقد اغتلتِ حاكم قلبي. . . وأوجدتِ حكماً عسكرياً يرى الشعب جنوداً يأكلون الأوامر ويهضمون الإنسانية!!!

وأنا واحدٌ من الشعب. . . أطارد لقمتي ولا أنظر إلى مقعد عالٍ!!!. . .

نظرتُ إليكِ يا وفاء... ولم أنظر، لما ينظر إليه من يحملون مثل عمري، لأي فتاة!!!...

لم أفكر في شيء... يا وفاء... وليست أحرفي تلك سوى انبثاق لما يكنه قلبي فقط!!!

فكياني كما هو كيانكِ يا وفاء... لا أتضرع له سوى ببقاء اللحظات بيننا!!!...

لا يوجعني الوجع يا وفاء... وإنما يمهد طريقاً جديداً لرحيل مشاعري إليكِ!!!...

والآن يا سيدتي لم يبق شيء...

كل القوافل التي كانت تتزود بكلماتي وهمساتي قد رحلت!.

تزودت بماء عيني ليكفيها حجة الظمأ الطويل، ولم يبق شيء قط، وقفتُ أرسم بنظراتي آثار خطوات القوافل التي رحلت، لم أحزن على رحيلها، فحزن رحيلكِ يا وفاء قد جفف كل مخزونات الحزن بداخلي وأحتاج في هذا الوقت بالذات كل قطرات ماء عيني التي تزودت بها تلك القوافل الراحلة، لم أستطع أن أغادر هذه الأرض التي شممت فيها رائحتكِ يوماً من الأيام!.

لذا رثيت رحيل القوافل وتركت جسدي ليبس الحزن وجفاف الدموع!.

مدينة بائسة تلك المدينة التي أسكنها وتسكنني، لا تتقبل مني

النسيان ويضحك نهارها المظلم لدموع المحزونين، ويحضن ليلها الذي لا يحتضن سواد ظلام الصمت كل الدموع اليتيمة وأبداً لا يفضح سرها للنهار الذي لا تخفي عليه خافية من أوجاع محزوني الليل!.

مدينتي يا وفاء. . . . تبصق على كل ضعيف يشم ثراها، وكثيرة هي الوجوه التي تقبلت بصاق المدينة!!!. . .

هنا يا وفاء ومن رحيلكِ القاسي، عشتُ في مدينتي حزيناً ورأيت بها الوجه الثاني لها!!!. . .

قوانينها صعبة تمارس ضعف الكبار في نفوس الصغار! تلك المدينة التي لم أشاهدكِ فيها تتخم بالعيوب، ولا نستطيع أن نرى سوى عيوبها وقسوتها وثقل خطواتها، لا أريد هذه المدينة التي كثيراً ما تغنيتُ بها في غربتي، لا أريد الطرق التي تحوي كل الأنفاس، ولا أريد المباني التي تحتضن الأجساد، لا أريد هواءها ولا ماءها ولا بسمتها، لا أريدها يا وفاء من دونكِ!!!. . .

أجد ناس مدينتي تائهين، ترميهم الطرقات على كل جانب، أمانيهم سراب، وأحلامهم حرام

صعبة هذه المدينة التي أعرفها ولا أعرفها. . . لقد أصبحت مدينة شؤم!!!. . .

أخاف من فجرها الذي تستقبله عيني دوماً. . .

أخاف من نهارها الذي لا أفرق بينه وبين ليلها. . .

أخاف أرصفتها التي يقشعر منها بدني. . .

أخاف يا وفاء أن أحادثها ولا تنصت لحديثي. . .

أخاف أن أشكو وتتركني وحيداً. . .

فمدينة كهذه المدينة التي بها عرفتُ كيف يؤخذ الحب وعرفتُ فيها صوتكِ ووجهكِ أصبحت في نفسي لا يسكنها سوى الخوف ونفسي!!!. . .

أجبرتُ بعدكِ يا وفاء أن أعيشها، أسكن خوفها ويسكنني الضياع. . .

لا أعرف شيئاً عن مدينتي سوى زاوية مظلمة في غرفة كئيبة لا يدخلها النور في دار لا تعرف البهجة في حي نام سكانه على صرخات عقولهم في مدينة تجيد التعامل مع الخوف!!!. .

و يمضي بي الوقت غريباً عنها، لا أملك سوى الوقوف على عتبات آخر الأيام، أنظر إلى خلفي لأغسل كل الذكريات بدمعة واحدة تحمل الكثير والكثير، لتبدو لي تلك الذكريات لامعة ومضيئة في تحولات الوقت.

هنا أقف أنا. . . ليس خلفي سوى الفراغ وليس أمامي سوى الضياع. . .

في قلبي معادلة صعبة لا تقبل القسمة. . .

قلب أحبك ولا يزال...

وشوق تجاوز إقليمية الممكن...

سأكتبك...

على صفحات أوراقي التي لا تهوى سوى وجود عبق ذكراكِ...

وأمضي في كتاباتي مستسلماً للذة غريبة...

وبلغة لا تشبه إلا أنتِ...

فقد ابتكرت لك أول قبيلة عشق في وطن مفرداتي...

كراستي التي تحملك حرفاً ومعنى، مكسوة بشوقي وحبي وأنتِ!!!...

ولكن.....

ليس هناك في كل الفصول فصل يشبه جنوني بك!!!...

فلم تعد كل الأمكنة صالحة لاحتواء جسدي...

ولم يعد هناك مكان يلائم جسدي سوى قلبكِ...

لا أعرف سواكِ... وأضيع من دونكِ... فأنتِ بوصلتي في سلالم الأيام!!!...

وجهكِ الطفولي مغروس في نواحي ذاكرتي، لا أتذكر إلا أنتِ....

أعشقك يا وفاء منذ البدء حتى المنتهى. . .

وأتمنى أن أرمي رأسي على حنايا صدرك لتتقاسمي معي الدفء. . .

وأرفض الاستيقاظ من هذا الحلم الجميل. . .

أحلم أن أكون معك كي أحتفل وأركض حول المدن بحرية دون قيد برفقة النوارس القادمة تواً من شواطئ البحار

بعدما غسلت ريشها من كل شيء يلوث بياضها، نركض وتحرسنا تلك النوارس من فوق إلى كل الأمكنة كي أطفئ لهيب اشتياقي. . .

أعلم أنني أستجدي بفشل ذريع عودتك. . .

ليس ثمة شيء أصعب من أن نجلس بثياب ممزقة على أرصفة الحب نتسول من الآخرين شيئاً من مشاعرهم، ونحن رغم ذلك ما نزال نرفع رؤوسنا نحو عطاء المشاعر!!!. . .

لا أحد يا وفاء يستطيع أن يصطنع الحب ويعيشه بصدق!!!. . . .

هنا يا وفاء ما زلت أحملك بداخلي، أرسمك على سقف غرفتي غيوماً وأنتظر مطرها!!!. . .

ولا تأتين يا وفاء، تتركين غيوم سقف غرفتي تنقشع ولا تترك خلفها قطرة مطر واحدة!!!.

وأظل أنا أحزن من بعدك في اليوم ألف حزن حينما مات الحلم في أحشاء الواقع. . .

فالحب الذي عشته معك حلم صعب كحلم العقيم بصراخ الطفل حينما يهذي!!!. . .

يعجنه بماء الخيال، ويرسم خطواته على بلاط داره، يمنحه ملامحه، وينتقي له اسماً مشتقاً من الخيال

ليصفع به سكون الواقع، يضمه إلى صدره ولا يفيق أبداً، ينتظره بفارغ الصبر كي يهبط من سلم الدار

ويطول انتظاره، يحس به، يحبه بصدق، يسمع صراخه، ويتضايق حينما يجلس بعد يوم طويل شاق من العمل

على لعبته المدببة، ينتشلها من تحته ويرميها جانباً، وينتظر قهوته، ونزول ابنه من الطابق العلوي!!!. . .

هكذا أنتِ يا وفاء، لم تكوني في يوم من الأيام حلماً، وحينما كنتِ حلماً ضاع كل شيء يا وفاء. . .

فأحلامي أنا يا وفاء لاتتحقق أبداً!!!. . .

لم يبق شيء يا وفاء سوى ذكرى كبخور معتق لن تلوثه نسمة هواء بل ستظل حبيستي!!!. . .

وإن لم تعودي فلن أرحل، لن أبرح مكاني هذا، لن أركض حافي القدمين في الشوارع الخلفية التي نفد نورها وتدحرجت

أحجارها، سأرفع رأسي لظلام السماء أتأمل نجومها وأرشقها بنبالي محاولاً أن أصطاد نجمة حظ تدفعك للعودة!!!. . .

سأخرج للشارع وأجمع كل أطفال حارتنا وأحكي لهم حكاية المدينة الراحلة والأميرة الراحلة!!!. . .

وسأطرق باب قارئة الكف، وأطلب منها أن تقرأ ما أريد أنا لا ما تريد هي، وأطلب منها أن تقرأ

قرار عودتك في كفي، وأن تمنحني قصة خرافية جميلة لتتهمني حينما أخرج من بابها بالغباء!!!. . .

سأقول لها أن تجمع كل حجارة الرحمة وتضعها في يديك لترمي بها على وجهي!!!. . .

وسأعود لداري، إلى غرفتي، إلى ظلامي، وسأطبع قبلة على جبين حلمي وأعلن فشلي المرير في حكاية عشق !

وسأسهر ألف عام وعام كي أنجح في تجارب نسيانك. . .

وسأشهد كل الديار وكل الشوارع على ضياعي من بعدكِ. . .

وستكون الحياة من بعدك لعبة لم أتقن أصولها وسأوهم نفسي أن نسيانكِ مسابقة لا بد من الفوز بها!!!. . .

تـلـك هـي أحـرفـي يـا وفـاء. . . لـم أكـتـبـهـا. . . ولـكـنـهـا كتبتني!!!. . .

هل هناك يا وفاء من يلبس قماشكِ؟!!!

وفاء. . .

لقد تخلد في حياتي اسمكِ، ووجهكِ، وابتسامتك، وكلمات سمعتها وحفظتها جيداً. . .

وأصبحت محكوماً بكِ. . .

أرى الآخرين يعيشون حياتهم. . . يقتسمون البسمة مع نسائهم. . .

وأنا أتألم كثيراً لضياع بسمتي. . . وانطفاء حياتي. . .

بيني وبينكِ زمن يقبل كل شيء عدا حبنا!!!. . .

ويؤيد بشدة كل الأوقات التي تتمادى في بعدنا. . .

وأنتِ، رحلتِ، طاوعتِ الزمن وتركتني وحيداً. . .

فمن يستطيع أن يعاند الزمن وحيداً؟!!!. . .

ومن يستطيع أن يعيد الماضي إلى حيز الواقع؟!!!...

سأظل أحبكِ، وأحبكِ ،حتى يقتنع الزمن بحبي لكِ... أو يطردني!!!...

ولن أشحذ من الآخرين عين الرضا...

فهم في كل الأحوال يا سيدتي يعيشون على ابتسامتي فقط!!!...

لم يشم أحد منهم رائحة شواء جروحي ،ولم يمسح أحد منهم دمعتي!!!...

لقد نعتوني ذات يوم بالجنون، وأنني لوثت الرجولة بضعف قلبي ،لقد قالوا عني إن جلدي طري

وأن الحياة حينما ألقت دروسها كنتُ نائماً!!!...

لقد تضاحكوا كثيراً يا وفاء على حزني... ألبسوه لباس ضعفي وشوقي... وطردوني!!!...

قالوا لي إنها فتاة، فالتفت يميناً وشمالاً وستجد من يشبهها كثيرات!!!...

لا تضع قلبك في إطار غيابها، وتسجن عينك داخل قبضان نظراتها!!!...

فليس منا من تسقطه امرأة!!!...

ولم يقل لي أحد منهم أوصاف الوردة ولكنهم أسهبوا في الحديث عن أشواكها . . .

فلم ألقِ لحديثم بالاً، تركتهم يقولون كيفما كانت معاني أحرفهم . . .

وشكتني أشواكها، وحينما استدرج الألم دمعتي أشاروا بأناملهم وقالوا بغضب . . .

«ليس للرجال دموع!!!» . . .

ابتسمت بألم وركضت نحو ظلام المساء . . .

وبكيت ألم أصابعي، ونزفت كل دموعي المسجونة . . .

مصصت أصابعي في محاولة لتخفيف الألم، ووجدت نفسي أبكي بعنف كل رجولتهم!!! . . .

وفي نهار لقائي بهم يا وفاء . . .

استمعتُ إلى زعيق كلماتهم . . .

ورحلت من عندهم وحيداً، فقلوبهم يا وفاء لا تسعني!!! . . .

ككهف مظلم، مهجور، رسموا لي الحياة يا وفاء!!! . . .

قال لي أحدهم، اترك ظلام غرفتك هذه، واخرج إلى الشوارع المزدحمة بالأنوار و بالمحلات والوجوه

تجد قماش وفاء هذه على فتيات كثيرات!!! دع وفاء هذه تفتح لك الباب مشرعاً . . .

واحذر يا صديقي أن تعطي لفتاة مهما تكن قلبك!!!...
وستضحكُ كثيراً على نفسك حينما تتبع نصيحتي!!!...

هل أصفعه يا وفاء؟!!!...

أم أصفع نفسي؟!!!...

أم أبكي عليها؟!!!...

أم أعاتب حزني عليكِ لأنه تعدى حدود غرفتي وخرج لوجوههم؟!!!...

لا أعرف شيئاً، ولا أستطيع أن أعمل شيئاً...

كل ما أتمناه أن يشعروا بدقات قلبي، وأن يعيشوا أنفاسي...

ليتهم يدركون يا وفاء أنني حينما أسمع اسمكِ ألتفتُ بسرعة...

وإنني غدوتُ في بحر حبكِ سمكة ترفض أرض يابستهم!!!!...

وأنني بدونكِ يا وفاء لن أعيش!!!...

لقد تعلمتُ منكِ أوقات الحياة...

وتعلمتُ أن الإنسان لا يعيش بلا قلب!!!...

تعلمتُ منكِ كل شيء يا وفاء، حتى الدموع عرفتُ كيف ومتى أذرفها!!! ....

وتعلمت كيف أعيش أوجاع جروحي، ولمست بإحساسي كيف يكون ثقل الانتظار . . .

وأن الأمل الباقي لي أن أذرف دموعي، وأتجرع جروحي، وأعيش انتظاري!!! . . .

فاعذريني بكِ ومنكِ، وسامحيني في دموعي وأوجاعي وانتظاري . . .

فلن أعيش رجولتي أبداً سوى في أنوثتك!!! . . .

وفاء . . . أين أنتِ؟!!! . . .

وأي الحروف يا وفاء تشبع صمتكِ؟! .

وأي المشاعر التي تشتهينها؟!!! . . .

وأي الدموع التي تغسل طريق عودتك؟!!! . . .

لقد عاد الطير إلى وكره، وعاد الغريب إلى مدينته، ورجع التراب إلى التراب!!! . . .

وأتى الصيف بعد رحيل الشتاء، وتعاقب الليل والنهار على الأجواء بانتظام . . .

وعشتُ أنا كل الأوقات . . .

رأيت الطير ينام في وكره، ورحبت بالغريب في مدينته، ودفنتُ التراب في التراب!!! . . .

وخلعت رداء الشتاء عن جسد الصيف، وانتظرتُ في النهار موكب الليل. . .

وأنتِ يا فتاتي لم تأتي!!!. . .

لم يترطب السؤال عني في لسانكِ. . .

ولم تقس عينكِ مسافات بعدكِ. . .

أيعجبكِ الرحيل يا وفاء؟!!!. . .

أتنام عينكِ على وسادة جروحي؟!!!. . .

وهل كنتِ تحملين كلماتكِ في مسمعي كذباً؟!!!. . .

هل أصبحت المشاعر لديكِ مجرد قماش تفصلينه على جسدكِ وحينما يراه غيركِ تعلقينه

في خزانة ملابسك لقمة لتوالي السنين؟!!!. . . .

لأول مرة يا وفاء أجدني لا أعرفكِ. . . لا أفهمكِ. . .

لم تكن تلك الفتاة الغائبة عني هي الفتاة نفسها التي أعطتني كل ما تملك!!!. . .

أي قلب هذا الذي ينبض بين أضلاعكِ؟!!!. . .

فأنا لستُ حكاية عابرة في وقت عابر. . .

لم أخلق في قلبكِ للتسلية فقط!!!. . .

ولم أصدق مع أحدٍ مثلما صدقتُ معكِ. . .

أنا لا أعرف يا وفاء كيف تُزيّف المشاعر، ولا أنطق من فراغ... ولا أعيش الوقت لمجرد أن ينتهي الوقت، لم أشتكِ حزناً من قبلكِ حتى أودعكِ فرحاً مؤقتاً وأمضي بعدما أسدل منه ما يغمر قلبي في وقت...

لقد قال لي أصدقائي عن النساء كثيراً... وكنتُ أراكِ تختلفين عن كل النساء!!!...

لم ألبسكِ قصيدة شعر لأضمها في ديواني!!!...

ولم أعشك حكاية لتكون ضمن حكايات مجموعتي!!!...

ولم أجعلكِ عاطفة أسرق منها كلماتي لكتاب قادم!!!...

لقد كنتُ ضعيفاً... ضعيفاً جداً أمامكِ... ولم أكن أنا كذلك!!!...

تقبلتُ منكِ كل شيء... ورميتُ جسدي في كل المستنقعات لأجلكِ...

وكنتُ أنا يا وفاء ليس أنا!!!...

فرفضتِ أنتِ ببعدكِ كل أوضاعي... لم يعجبكِ شيءٌ... ولم يملأ عينكِ ما أفعل!!!...

تعالي يا وفاء فقلبي لن يعيش خالياً...

ولا تُسكني فراغ قلبي الأحزان والقهر...

فإما أن تأتي. . . أو لا تأتي. . .

فإذا أتيتِ. . . سنعيد صوت أحلامنا إلى صمت قلوبنا. . . سنرسم على لوحة الحياة دارنا. . .

وسنختار الأسماء نفسها التي اخترناها لأطفالنا. . . وسأرضى مرغماً أن يكون ابننا الأول طياراً كما كنتِ تتمنين. . . ولن ألبس ابني رداء خوفي من الطائرات!!!. . .

سنجعل الصباح يبتسم لوقائع المساء. . . وسنجعل المساء يدون نتائج النهار بفرح مفرط. . .

سأكون لطيفاً في غضبي!!!. . . وحليماً مع أخطائكِ. . .

وسنكتبُ كل قصائد الفرح سوياً ونغنيها حينما يغطينا ظلام الليل. . .

لن أناديكِ باسمك. . . سأجعل اسمكِ وحيداً في دفتر العائلة لن يجد من يبوح به في دارنا. . .

سأناديكِ بأسماء جديدة. . . وسألقبكِ بألقاب تضفي على نفسكِ الغرور. . .

سأعيش غروركِ. . . وأستمتع بعذب كلماتكِ. . . سأحتضن أفكاركِ. . . وسأسمع منكِ كل شيء وأرضى به حتى لو كان مخالفاً لما لدي من كلمات. . .

سأجعل الفرح يستدلُ عليه من تعابير وجهكِ... ولن أترك البسمة تغادركِ يا وفاء...

ستكون سيارتي عشقاً للون الذي تعشقينه... وسأجعل كل أحلامكِ تزهر بين يديكِ...

سأجعلكِ وفاءً للفرح والسكينة... سأُشْعِل جذوة الغيرة منكِ في عيون كل النساء...

وإذا لم تأتي...

سأكنس داري من بقايا الفرح... إن كان هناك فتات من فرح لا يزال عالقاً في داري...

وأطرد كل النساء القادمات من بعدكِ إلى قلبي... سأكره كل النساء وأكذبهن!!!...

سأعيش وحيداً... يتعداني الشيب بعدما يستسلم للزمن في وجهي وشعري وجسدي...

وسأرحل عن الحياة وليس في لساني اسم أنثى سواكِ...

سأرمي أحلامي فوق أحلامكِ التي قلتِها لي ولم تجدكِ!!!...

وسأظل أحلم بكِ وأحلم بكِ وأحلم بكِ حتى تتحول كل أحلامي إلى يأس مدقع!!!...

وسأنتظركِ تأتين... يأساً على يأس... ووجعاً على وجع... وأملاً على أمل...

لن أمل تكرار حروف اسمك . . . ويكفيني من الحياة أنني قد دخلتُ قلبكِ يوماً من الأيام . . .

وأنكِ قد نطقتِ اسمي . . . وقلتِ لي «ليس في الحياة سواك»

أنا هنا يا وفاء . . . ما زلت أحمل عبء حبكِ . . . وأثقال ذكراكِ . . .

أنا هنا يا وفاء سفينة بلا بحر!!! . . .

ولن تجديني في أي قصيدة كتبت من قبل . . . فكل القصائد يا وفاء لم تستطع أن تعبر عن هيامي بكِ . . . لم تصل الحروف إلى قدرة التعبير عني . . . ولن يعبر عني أحد سواكِ . . .

ولتكن يا من ملكتِ قلبي هذه الرسالة لكِ تعبر عن أنفاس قلبي . . .

ليصرخ ذلك القلب الذي أحمله ولا يحملني بما يريد فما حولي سوى الصمت . . .

لن أنتظر الفجر الجديد . . . فهو في كل الأحوال لا يحمل وجهكِ . . .

ولتقل أحرفي كل شيء . . . بصمت غيابكِ . . .

تلك الأحرف هي الصوت القادم من أعماق الحزن الممتد في كل أنحاء جسدي . . .

لن يسمعه غيركِ أنتِ. . .

فليس لأسماع الآخرين صوت في لساني. . .

مسافة كبيرة. . . كبيرة جداً بين حروف قلمي ودمعة عيني. . .

قطعة من ألم. . . تلك هي الرسالة التي أكتبها الآن. . .

لها رطوبة الدمع. . . ورائحة شواء الجرح في صدري. . .

لن أقول إن حبك ولد في مكان ضيق ومظلم. . .

فصرخته الأولى يا وفاء لضيق مساحة الدنيا عليه. . .

ترعرت في مدينة وجهكِ، وأخاف كثيراً أن أعيش في مدينة أخرى. . .

فلا توجد مدينة تتقبل من قلبي شهادة ميلاده، جاهلة كل المدن الأخرى، كئيبة بها مشاعري، وغريب دوماً قلبي في أراضيها. . .

لن يجني قلبي منها سوى شهادة وفاة، لقد خانني الظلام حينما أتى الفجر إليه. . .

وتركتني حبيبتي حينما كشف ملامحها صباح جديد. . .

في المساء تبكي عيناي الشكوى. . .

وفي النهار ترفض عيناي الحقيقة العارية منكِ. . .

صرختي المكتومة في داخلي تهز كل أنحاء جسدي، ترسم لي ألف مشوار ومشوار من الضيق والحسرة. . .

كل أزهار حديقتي فقدت عبيرها . . . فهل يا وفاء يوجد عبير بعد عبيركِ؟!!!. . .

وفاء . . . . هل سرقتِ من وقتكِ وقتاً وجئتِ لرؤيتي؟!!!. . . ستجدينني أحمل ملامح كثيرة. . . وأجساداً كثيرة. . . ستجدينني في لحظة واحدة أصبحتُ أكثر من إنسان!!!. . .

تكشيرة زمن غيابكِ رسمت سواداً حول عيني، وغبار الأيام ما زال عالقاً على جسدي. . .

أتقوقع على مقعد لم يجلس عليه جسد. . . وأحكي حكايات لم يروها الرواة من قبلي. . .

لقد فعل بي الليل الطويل كل ما يخطر في باله، وكل الوجوه يا وفاء قد رحلت عني. . .

وأنا لا أملك سوى لحاف من الصمت، وغطاء من الظلام لا يستر برودة جسدي. . .

لم أسجل اسمي على قارعة الطرقات مع الأحياء!!!. . .

ليس لدي سوى ذاك الإطار الذهبي الذي يضم وجهك بلهفة فوق مكتبي ولم يمل يدي في تغيير أماكنه. . .

كثيراً ما نام معي، وسمع كل دقات قلبي!!!. . .

أعتقد يا وفاء أن الزمن يضحك خلف إطار صورتكِ وحينما يشاهدني أنظر إليه ينعى بقايا الفرح بداخلي. . .

آيات الخيانة

كالورقة المحترقة يا وفاء. . . . كان حبكِ!!!. . .

وضعتها هناك في قاع قلبي وحرمت الآخرين من لمسها، شهور كثيرة مرت على سماء قلبي حاولت فيها أن أقرأ مفردات أحرفها، وحينما أردت أن أفرق بين سواد الغياب وسواد احتراقها. . . تفتت!!!. . .

ليس في عيني الآن دمعة واحدة، فمجرى الدمع قد سُدَّ بالأسئلة المخبوءة تحت جفن عيني، لا أجد في كل ما مضى على عيني وقلبي إجابات لها، كبرت أسئلتي، تورم جفني منها، وسد قدرتي على النظر، لأظل حبيس الماضي وتلك الأسئلة التي ما زالت تبحث عن إجاباتٍ في زمن أصبحت أرصفته متخمة بالأسئلة!!!. . .

قمم الأسئلة المتراكمة لا أرى سواها وأبداً لم أجد إجابات لسفحها!!!. . .

والآن... يا سيدتي ....

قد غسلتُ جفني وعيني وقد نزف الماء سواداً!!!...

ليس لي في وداع ذاكرتي التي علقتها على كلماتك ورسائلك وملامحك سوى صورة لو مزقتها لانتهى كل شيء!!!.

تلك الصورة الملونة التي حين أعطيتِي إياها قلتِ :ـ

*** تأملها جيداً حينما تشتاق لي، ستجدني أنظر إليك بالشوق نفسه... أنظر إليك وحدك دون الجميع!!!...**

رائعة كلماتكِ يا وفاء... وتبدو أكثر روعة لو شارك بناء أحرفها صدقك!!!...

فأين الشوق في هذه اللحظة التي أنظر فيها إلى صورتك؟!!!...

لقد تركتها بين أناملي سجينة عيني، أمر عليها سبابتي وأشعر بنعومة خدك!!!...

ذلك الوجه الغض، الذي كنت أقرأ في تفاصيله كل أبجديات البياض والنقاء، كنت أتمناه وأعشقه بجنون، قد أصبح في عيني مجرد ألم يصعب نسيانه .... ويصعب الشعور به!!!...

عيناكِ قطعتان أتقن الخالق صنعهما، كورقة ناصعة البياض سقطت عليها نقطة حبر سوداء، تشع بريقاً يفوق بريق النجوم تحت سماءِ صحراء يلفظ زمنها الأيام الأخيرة من الشهر!!!...

لا يمكن أن أتلو من تلك النظرات التي تشع من صورتكِ أيّاً من آيات الخيانة التي سمعت عنها وما زلت أظنها بعيدة الخطى عني!!! . . .

بالأمس يا وفاء كنت أنظر إليها وأبدع من نظراتها ألف حكاية وحكاية، وحينما أتعب من تلاوتها أجدك فوق رأسي تستحثينني لأكمل القراءة كأستاذ لم يأخذ تلميذه منه شيئاً سوى السمع والطاعة . . .

وزجرتني الآن يا وفاء . . . ليس لأني فقدت نظرتي في صورتكِ ولكن . . .

لأني لم أقرأ أسطر غيابكِ في سطور آياتك!!! . . .

أتصدقين أن خصلات شعرك الرقيقة الناعمة لم أتخيل يوماً أنها ستدمي أناملي كوخز الإبر!!! . . .

تلك الخصلات التي مسدتها بأناملي وشممتها حتى النشوة وبعثرتها بجنوني بكِ وأنتِ تهمسين بخدر لذيذ وتقولين :ـ

* يا مجنون رفقاً بشعري . . .

والآن سأرد على جملتك . . . لن أضع خصلات شعركِ على شفتي وأقبلها ولكني سأصرخ هنا وحدي :ـ

* يا ظالمة رفقاً بمشاعري!!! . . .

ابتسامة الصورة . . لا أعرف لمن لحظتها كانت؟!!! . . .

١٥٢

أذكر يا وفاء حينما كنا صغاراً كان المصور الباكستاني في حي الملز في دكانه الصغير على شارع المتنبي يلزمنا بالابتسامة ولم يلزمنا بابتسامة الغدر!!!. . .

وهاهي ابتسامتكِ . . . . تصنع من المعاني أغربها، ولا أظن أن المصور الباكستاني قد ألزمك بها!!!. . .

وفاء. . . من سرق ابتسامتك عن نظري؟!!!. . .

ومن غذى شفتيكِ بالصمت؟!!!. .

لماذا كل هذا يا وفاء، ولماذا أنا بالذات؟!!!. . .

لماذا الحب ترك كل لوحات العشاق ورسم نفسه كصورة طبق الأصل في لوحة جدراني؟!!!. . .

أتكونين يا وفاء حينما تهاتفينني مساءً وأسمع نشيج بكائك. . . أكان ذلك النشيج تمثيلاً؟!!!. . .

لو لم يكن كذلك. . . لماذا اختفى جسدك عن ملاقاتي؟!!!. .

وحيداً أصبحتُ أجر الكلمات خلف تزاحم وقتي وأبحث عن معانيها الجديدة. . .

لقد أصبحتُ في غيابكِ أكاد أشك في نفسي!!!!. . .

يا ترى يا وفاء هل كانت كلماتكِ الماضية التي سمعتها بإنصات في ذروة نشوتي بك تصنع هذا البعد؟!!!. . .

لك الأوسكار... ولك كل تهاني الموت في تراب قلبي...

ولأول مرة يا وفاء يدفعني شعور غريب أن أطأ تراب قلبي!!!!...

وفاء...

كنت أشهد الحب في القلوب الأخرى، أسمع لهيب بوحها، وأمسح دموعها بصمت، وحينما أعود لداري أتجه مباشرة إلى ورقتي وقلمي، تلك اللحظات يا وفاء أكون ممتلئاً بدموعي التي أمسكها قبل أن تسقط على ورقتي وتبعثر أحرفها، هكذا كنت أنا...

وحينما أقع في الحب... بصدق ووفاء...

أسقط بين يديك!!!!.......

وأمسك بدموعك التي كنت توضأت بها كثيراً وأخشى أن تسقط على الأرض فتدوسها الأقدام النجسة، كنت أجففها بشفتي وأشرب ملوحتها وأتلذذ بها...

أشعر بطعمها الآن في لساني... وقلبي...

تسري بداخلي كالموت!!!...

لن أفكر في غيرك يا وفاء... تلك هي الحقيقة... فلا شيء ينقصني بك وقد امتلأت بكِ حتى الاختناق...

سأنحني أمام طاولة كبريائك على ركبتي رافعاً وجهي تجاه وجهك وممسكاً بكفي ركبتيك، تاركاً تحت الطاولة ملوحة عيني!!!...

لا أملك بفاجعة غيابكِ قدرة احتواء الكلمات، لا أستطيع

استرجاع الحكايات الماضية لذاكرة الحاضر، ولن أنثر عبير مشاعري على الأرصفة، أعلم أن الجميع حينما يرون تلك المشاعر سيتجنبون وطأها، ولن تطأ مشاعري امرأة أخرى لترفع رأسها غروراً بدهشة العيون التي لا تنحاز عن قدميها!!!...

كرهت كل شيء يا وفاء... كرهت الحزن الذي تعاقد على امتلاك نصوصي...

وكرهت الفرح لأنه في يوم من الأيام كان حلماً يملك طرفه الآخر وجهك!!!...

كرهت كل شيء... عدا نفسي... التي سأنتشلها... ولا أعرف لماذا أنتشلها؟!!!...

وفاء... سأمزق كل كتب الأدب التي أهديتني منها بعض الكلمات لأنها تضعفني إلى حد الانهيار...

سأحطم مرآتي التي عذبتني حين كنت أنتِ الوجه الوحيد الذي ينعكس عليها...

سأكبِّل يدي بالحديد لأنها اعتادت الكتابة لك وحدك...

وفاء... كم أكره نفسي لأنني وهبتك كنزي الذي أملكه يوماً ما...

بالنسبة لك لم يكن ثمة كنزٌ أثمن من أساور تزين معصمك وخواتم تحيط بأناملك...

أما أنا فالكنز في نظري مختلف فهو كومة مشاعر سكبتها في

إنائك ولم أنتبه أنه مثقوب!!! ....

وفاء .. كنتُ غيمة حبلى بالمطر كنت أظن بأني أحمل زخات مطر يوماً ما ستنهمر لتبللك وتغسل كل ألمك تخيلتك طفلة بياض تراقص حبات المطر حين يبلل شعرها وملابسها وهي تغني وتمرح لكن للأسف لم يُصِب حدسي فحين ارتبك الجو انهمرت حزناً وألماً ودموعاً وانكساراً وعناء...

لقد وهبتكِ حجماً أكبر من قدرتي على الاحتضان بكثير ولوثتِ هذا الحجم بغيابكِ...

وفاء... لقد كتبتِ بدمي كثيراً وما زال يتدفق بغزارة... لما زلت أغرق في دمي، رشيت عروقي بقبلة كي تيبس فقالت لي حين ينتهي ألمك ويبرأ جرحك عندها فقط سيتوقف نزفي، ولا أظن ذلك سيحدث إلا حين تفارق الحياة... يااااه حتى الجمادات أنطقها غيابكِ ياوفاء فجعلت للعروق صوتاً وللقلب أنيناً ..

وفاء... سأصفق لك لأنك أجدت دور الغائبة تماما في مسرحية كنت أنتِ بطلها وكل شخوصها وطقوسها استطعت أن تمسكي بين يديك قلبي وتغرسي فيه مخالبك وتكتبي بدمه المتدفق، ما أغبى هذا الرجل حين ظن يوماً أني أحبه....

هل بالفعل يا وفاء لم يكن حبكِ صادقاً ..

إن لم يكن كذلك... فلم هذا الغياب... وهذا الهروب؟...

لماذا تركتِني في صحراء لا أعرف فيها أي اتجاه أسير فيه، كل

الجهات تتشابه في حمرة الرمل الناعم، ولا يوجد من أسأله عن وجهتي . . .

حتى شجرة واحدة لم أجدها . . . الاخضرار هنا له طعم غيابكِ . . .

لم أجد سوى نظرات مبعثرة هنا وهناك . . . تبحث عن آثار خطوتي التي طمسها الرمل الناعم . . .

لا شيء أسأله . . . حتى الجماد مات في التلاشي هنا . . .

أجوب هذه الصحراء محملاً بوحدتي . . . وثقلي . . . وتعبي . . . أمسح الرمل عن عيني . . . وأشرب دمعة يأس وحباً انتشر بجسدي كما ينتشر الظمأ على شفتي . . . وسؤالاً حائراً يحمل حروف اسمك . . .

وأنا أتأمل كالأخرس أصابعك المخضبة بدمي وهي تكتب على الجدران والسقوف والتراب وأجنحة الطيور وأشرعة السفن وترسم على كل الوجوه وكل الأجساد هذا الرجل ماهو إلا دمية كنت أتسلى بها.

وفاء كل الأشياء التي وضعتها في قائمة احتياجاتي خذلتني، كلها سراب، لأجد في النهاية أن قائمتي ناقصة عرجاء لم تهبني سوى الوجع، وفاء أمسكت سوطاً وجلدت جراحي المتقيحة عل دماءها تنضب، الآن فقط يا وفاء أصبحت في حياتي كمقعد فارغ، لقد علمتِني الندم ببراعة، وبقيت أنتِ يا وفاء وجهاً لا يشوهه الغياب

أبداً . . .

أعتذر منك فدمي نقي . . . ولن يموت خجلاً وليس لك مكان هنا!!! . . .

وفاء . . . أحببتك وقتلتني واستمتعت بالنظر إلي وأنا أصارع الموت وحين لفظت أنفاسي لم تغسليني ولم تكفِّنيني وإنما رميتني ورمقتني بنظرة وكأنك تريدين أن تقولي القانون لايحمي المغفلين أمثالك، ولن أندم . . .

هناك يا وفاء طريقك الذي أجهله وأريد أن أعرفه . . . وهنا مكاني وطريقي ما زالا أبيضين . . .

وبعد كل هذا العتب الذي احتضنني هذا المساء ولم يتركني . . . أحبكِ بكل شيء . . .

وأتقبل منكِ كل شيء . . . غيابكِ . . . نسيانكِ . . .

فيكفي يا وفاء أن أعيش وفي حياتي بقايا وجودكِ في ذاكرتي . . .

وغيابكِ اللزج في كل أوقات أيامي!!! . . .

سأكتبكِ حرفاً لن يقرأه غيري!!!

إذا لم يكن حبكِ نابعاً من قلبك. . . يشعر بدمعتي قبل أن أذرفها ويتهجى كلمتي قبل أن أنطقها فأنا يا سيدتي لا أرضى به وأرفضه!!!. . .

فلا يزال قلبي رغم كل مشاعره يعيش شيئاً من كبريائه!!!. . .

لقد فرشت بساط مشاعري أمامك. . . وتقافز الفرح بداخلي كطفل صغير تائه عن أمه ووجدها أمامه. . .

وكانت خطواتك. . . تلثم بساط مشاعري بهدوء واتزان. . . لتعبري بساطي نحو بساط النسيان!!!

لم يكن بساط مشاعري طويلاً حتى تتعب قدماكِ وينهكهما التعب وتقفي طويلاً على البساط الآخر. . . وفاء أي حب ذلك الذي مارستِه معي. . . وقلتِ فيه حكايات لم أسمعها من قبل. . . لقد قلتِ عن حبنا كلمات كثيرة أنصت لها الليل كثيراً ليقسم الفجر بما يحويه خلفه من ظلام بعظمة حبنا!!!.

طرق كثيرة اقتسمتُ أرصفتها مع خطواتي...

وليال طويلة لم تفارقني بها ضحكتك... وكلمتك... ووجهكِ...

لقد صنعت قبل أن يعم نور النهار خفايا حركاتي من كلماتكِ عقوداً لم تلبس النساء على نحورها مثلها... وانتظرت أن يتزين بها صدرك الذي يضعفني كثيراً ويبعثر كلماتي!!!

ولبستِ منها ما جعل الابتسامة تعانق شفتي قبل أن يسقط النوم في عيني...

واطمأننت كثيراً لبيئة حبنا... ودعوت لخالقي كثيراً... وشكرته كثيراً...

لقد فزت بقلبكِ... ذلك ما شعرت به حقاً...

وفي مساءٍ لم أنتظره...

أذكره جيداً... لن يغيب عن ذاكرتي كما هو حبكِ...

كان حديثكِ ينساب من سماعة الهاتف كما ينساب العطر على جسدكِ وكنت في لحظتها أرسمكِ مع كل حرف تنطقين به... وأقبلكِ مغمض العينين...

كانت ضحكتكِ عالماً آخر... أحتاج إلى ذاكرة أخرى لأبوح بتفاصيله... ضحكتِ ملء مسمعي

وقلبي وقلت بعدما تمددت ضحكتكِ كثيراً...

٭ منذ زمن لم أضحك كما هي ضحكتي الآن...

أحسست بفخر عظيم أن أعيد إليكِ الضحكة، أن تسعدي بحبي لكِ، كان شعوراً غامضاً ذلك الذي احتواني بكِ

وها أنتِ يا وفاء تحرمين نفسكِ من ضحكتكِ، وتحرمينني أنا من سعادتي .

قتـلتِ تـواصـل ضـحكتي . . . شـعـرت بـأن الأرض تـلـف بجسدي . . . واستطاب الصمت لساني . . .

لماذا يا وفاء . . .

هل كل مشاعري وحبي لك لم يستطيعا أن يحويا قلبكِ؟!!!

وهل لهذا الفراق أن يتنفس هوائي؟!!! . . .

ولماذا أنتِ بالذات دون كل النساء جميعاً؟!!! . . .

ألم يشبع حبي مشاعركِ؟!!! . . .

كصحراء إفريقية تناولتها أشعة الشمس لتشوي ذرات ترابها . . . كنتِ أنتِ وقلبي!!!

لماذا لم أصارحكِ؟!!!

لماذا لم أعطِ لقلبي فرصة حديثكِ لأبحث فيه عن أعذارٍ أكتسبها لنفسي حتى أرضي نفسي ولو لم أقبل بها!!! . . . .

لقد انهار كل ما أملكه في حياتي حينما أيقنت أن نسيانكِ يشاركني ملكي!!! . . .

لـن أسـتطع أن أحـمـل كـل هـذا في ذاكرتي وأرحـل . . . ولـن أستطيع كذلك أن أتركه في ذاكرتكِ وأبقى!!!

١٦١

ولن أقبل أنصاف الحلول!!!. . .

فهل تستطيع الأيام أن تجمع ملامحكِ وكلماتكِ وضحكتكِ لترحل مع الأمس؟!!!. . .

أم يبقى الأمس معي يشاركني حاضري في وجع قلبي؟!!!. . .

وهل أستطيع أن أصارحكِ برسالة أكتبها لكِ لتقول ما عجزت أن أقوله لكِ؟!!!. . .

لم أتوان. . . لقد كتبت لكِ غير رسالة. . . ومزقتها. . .

بصراحة يا وفاء. . . لقد خفت أن تقرئي رسائلي ومن ثم تطبقينها وترمينها في سلة المهملات!!!

ولم تغادرني كل أحرف رسائلي. . . .

وجدتها تنساق خلف ذاكرتي وتسبقها لتقف أمامها. . .

وأجدكِ فيها امرأة أشرقت مع شمسي لتغيب شمسي ويبقى شروقها!!!. . .

لن أهرب منكِ. . . ولن تهربي مني. . .

لتبقى جريمة الزمن أن نلتقي في موعد لنا ويقفز وجه الفراق الذي لم أره في كلمات لقائنا!!!. . .

لن أكتب حرفاً واحداً وأمحوه. . . .

ولن أفكر في فكرة صعبةٍ وأنساها. . .

ولن أعيش أياماً من عمري وأنكرها. . .

سأصارع تلك الدمعة التي غلبت صبري وشجاعتي وأبحث عن رضاكِ. . .

وسأجعل قلبي ممراً لخطواتك وأبتسم لها بألم . . .

فقد خبرتُ نفسي لا تستطيع أن تفارقكِ . . . ولن أستطيع بطبيعة الحال أن أفارقها!!!. . .

سأعيش على أثر حبكِ ومشاعري الماضية وأعلم جيداً أن الأيام القادمة لن تعطيني استساغة للقمة في حلقي ولا بسمة صافية على شفتي ولا نظرة قانعة لوجوه الآخرين!!!. . .

رسائلك التي كانت تصلني باستمرار عبر الهاتف المحمول أو عبر البريد الإلكتروني هي ما بقي يشع نوراً كلما تمدد في عيني ظلام صمتك .

لقد أصبحتُ إنسانا محطماً . . . فقد كل شيء وهو يمتلك كل شيء . . .

سأسمع كلماتكِ كلها . . . وسأضحك مع ضحكتكِ وسأعيش كل الجوانب الأخرى وحدي مع حبكِ . . . ولسوف يكون فرحي لرؤيتكِ يساوي عذابي لرؤيتكِ!!!. . .

أعلم جيداً أن صدركِ لا يحمل بين أضلعه قلباً . . . لأني ببساطة قد سرقت قلبكِ ووسَّدته قلبي ليصبح نابضاً بدماء عروقي . . .

لا شيء الآن يبعث في نفسي الراحة . . . لا شيء . . . لا شيء . . . يا كل شيء!!!. . .

فشلت في الرحيل عنكِ . . . وجدت خطواتي التي قررت بها

مساء البارحة أن تبعدني عنكِ وجدتها تقودني إليك . . .

لذا رضيت بكل شيء منكِ . . . كل شيء . . . فقط لأبقى أشم عطوركِ وأقضي الصباح مع حروف اسمك . . .

لقد عشت معكِ طويلاً . . . سمينا الأيام بأسماء لهونا . . . وتركنا الشهور عالقة على الأرض . . .

لم تفارقيني . . . أطارد في بداياتي على شفتيكِ كلمة أحبك . . . وتطاردين في شفتي كلمة سؤالي

كنا طائرين لا تعرف سكونهما الأرض . . . وتغار غيمات السماء من مطر حبنا المتدفق . . .

فلا يأتِ يا سيدتي رمح يبعد جناحينا عن الالتصاق!!! . . .

ولتكن أحرفي الأخيرة هي لكِ . . .

وبعدها . . . ليصمت لساني . . . فكلماتي لا تعيش سوى لمسمعكِ . . . وصوتي لا يعرف أحداً سواكِ

وسأكتب لكِ كل الحروف التي تعلمتها . . . سأكتب لك كل المعاني التي أعرفها . . . سأكتب لكِ بلغتي . . . بدمائي . . . بنبض مشاعري . . . سأكتب لكِ الحب على صفحة بيضاء وأعلقها تحت إطار الوفاء والإخلاص فوق سماء أيامي . . .

سأكتبكِ حرفاً لن يقرأه غيري!!! . . .

وسأحمل علبة ألواني التي أمسكت بها مذ كنت صغيراً، سألون بها قوس حبك، وسأغزل لك كل صباح من خيوط قلبي قصيدة، وسأنتظرك تحت شجرة السدر، سأصبر حتى أتحول إلى رماد، أعلم أني لن أزهر، فلا شيء يوحي لي بالبقاء!!!...

قال لي قلبي يوماً ما:ـ

* ستـزهـر... لا شـك بـذلـك، وستـروي دمـوعـك هـذا الإزدهار!!!...

أي طهارة هذه التي تحملها يا قلبي؟!!!...

عجنت ساعات يومي لتصنع لي خبز الأمل...

وفاء...

هذا المساء أوصيت تلك الورود التي تمتص ماء قنينة الكريستال على منضدتي أن لا تنام، وتلك الشجرة العالية التي تلثم أغصانها زجاج نافذتي أن تستحم من عوالق تراب النهار، وتلك النجوم المعلقة في السماء المتباهية بوجودك بقلبي واستماعها لحكاياتي التي تدور حولك عن طريق الظلام أن تحرس سماء وجودك، وأوصيت قلبي أن لا يبقي في مساحته أحداً غيرك فلا مكان آخر يستوعب تفاصيل وجودك سواه...

لا شيء هنا يزعج وجودك بقلبي، فابقي هانئة النوم هنا في قلبي، واتركي السهر والقلق لعيني لعلها في سهرها وقلقها تحرسك

من كل شيء حتى يأتي الصباح ويضيء النور عتمات الليل بأشعة تشبهكِ تماماً. . .

رسالتك يا وفاء التي أرسلتِها عبر الجهاز النقال لجهازي ما زلت أتوسد أحرفها كل مساء وأغسلها من انطفاء إضاءة جهاز النقال حينما يمتد الوقت تحت تأملي. . . تلك الرسالة التي لم أمسحها وقد حفظتها ما زالت تضيء في وحدتي بقاءك. . .

«أمسكت فرشاة أحمر الشفاة أحاول أن أرسم شيئاً من أحلامي الوردية على شفتي، وأسافر إليك وبصحبتك وبلا شعور تداعب سبابتي شفتي وحين أحط رحالي على أرض الواقع وأرى اللون الوردي يصبغ سبابتي أتمنى لو أني صبغت شفتيك أيضاً».

ها هي أحلامي، تعيش في عقلي في الجانب الآخر البعيد عن عقلك، أعيشها وأتخيلها.

فلم تعد هناك مساحات خالية في حياتي، فكل المساحات المزدحمة بالموجود أصبحت في نظري خالية ومهجورة لم تعد مناسبة للركض، ولم أعد مؤهلاً لها. . .
اصطفيت نفسي وحيداً أرقب الوجود المتحرك وأرسمك في كل حركة تبدو أمامي. . .

صرت خالياً من كل شيءٍ...
إلا من الألم وحبك...

وفاء . . .

أقفرت حياتي . . .

كصحراء رملية ممتدة خالية من كل شيء حتى من الأشواك . . .

يحط الليل بثقله على رأسي . . .

تدك سنابك خيوله كل قصور الأمل التي أبنيها مع إشراقة كل صباح . . .

وترسل سماواته الحالكة الخالية حتى من النجوم شهباً تخترق تلك الفرحة التي خبأتها بين حناياي ذات تفاؤل حتى في الرابع عشر من كل شهر حرمني رؤية بدره الذي استحال كتلة سواد بسبب الخسوف الكلي . . .

قاسٍ هو الليل من دونك ياوفاء . . .

موحش . . .

أرتعش فيه كارتعاشة أرنب يحتضر بين أنياب قطيع ذئاب ينهش جسده . . .

يسطو الليل على قلبي كقطاع طريق يسطون على قافلة محملة بالذهب . . .

يمارس دوره الذي أوكله إليه غيابك بكل دقة وبلا فتور . . .

في الليل ياوفاء . . .

أشعر أني مدفون في حفرة عميقة . . .

نهايتها عذاب . . .

أهوي فيها . . .

حفرة ضيقة . . .

أولها نار تحرق جسدي . . .

يليها دبابيس تنغرس فيه . . .

ثم أمواس تسلخه . . .

ونهايتها بحر ملح . . .

وكلما نام جرحي هبت ريح من أسفل الحفرة وقذفتني إلى أعلى لأمارس السقوط مرة أخرى . . .

أرأيت عظم العذاب الذي أهديته إلي حين غبت . . .

وبالرغم من كل ذلك ما زلت أتأمل عودتك ياوفاء. . .

كفقير يتأمل في شتاء قارس قطعة فراء يكسو بها أجساد أطفاله العراة إلا من الحزن والبؤس والشقاء. . .

كعانس تتفاءل بزوج كلما طرق رجل غريب باب بيتها. . .

كقطة تنام كل يوم بجانب قصر تاجر تتأمل منه قطعة لحم تطعم بها صغارها. . .

بقدر حبي لليل معك ياوفاء صرت أكرهه بدونك. . .

لم يعد وقتا مناسبا للنوم. . .

بل للعذاب. . .

فحين ينام العالم أجمع. . .

أبقى وحدي. . . والعذاب. . .

ليس هناك من يشفع لبسمة عبرت شفتي بخطى عاجلة سوى تلك الرسالة التي قرأتها مع بداية هطول الظلام على وجه النور. . .

تلك الرسالة التي جعلتني بدون شعور مني أتحسس وجهي وأصابعي وأشعر بأني ما زلت أمارس الحياة. . .

وأن هناك خلف كل شيء مظلم شيئاً من بريق نور. . .

لم أخرجها من درج مكتبي. . . أخرجتها من قلبي. . . أغمضت عيني وسمعتُ لنفسي حفظي. . .

« . . . هذا الفجر أفقت من نومي قبل أن تبدأ خيوط الضوء النحيلة في مصارعة الظلام . . .

اتجهتُ إلى نافذتي . . .

ألصقت وجهي على زجاجها البارد . . .

تأملت الشوارع الخالية من كل شيء . . .

خلفي . . . يعلن النوم حضوره في كل العيون . . .

محظوظة أنا بهذا الفجر الجميل . . .

أسندت رأسي على زجاج النافذة وشرعت برسم أحلامي التي تحمل صوتك صورتك . . .

هذا الفجر يا حبيبي كان لحبكِ مذاق خاص ومختلف يشبه مذاق أول برتقالة أنتجتها شجرتنا التي زرعناها في حديقة منزلنا منذ سنين . . .

تلك الشجرة التي لم تنتج سوى برتقالة واحدة هي التي ظلت متمسكة بجذعها . . .

حدثت بها كل صديقاتي في المدرسة . . .

حتى معلمتي كانت تسألني كيف حال البرتقالة . . .

كنت كل يوم أخرج إلى الحديقة وأجلس بجانب الشجرة وأتأمل البرتقالة وأنا أتساءل بلهفة . . .

يا رب متى تكبر. . . يا رب متى تنضج. . .

وحين نضجت قطفتها فاختطفها أخي من بين يدي وظللنا نتشاجر على الظفر بها إلى أن جاءت أمي وفضت الخلاف وحين همت بتقشيرها رجوتها أن تنتظر وأن تناولني إياها. . .

قبلتها وضممتها إلى خدي، أحسست ببرودتها الطفيفة. . .

ناولت أمي إياها، قشرتها وقسمتها إلى نصفين. . .

نصف أعطته لي والآخر لأخي. . .

كان لها مذاق خاص مختلف ربما لأني سمدتها بانتظاري ورويتها بشوقي. . .

مذاق حبك الذي استطعمته هذا الصباح كان هو مذاق تلك البرتقالة. . .

أدرت جسدي ومسحت غرفتي بنظرة خاطفة. . .

شممت لحظتها رائحتك. . .

كيف . . .؟!!!. . .

لا أعلم . . . . ورب محمد لا أعلم!!!. . .

أقسم أني شممتها. . .

هي ذاتها رائحتك. . .

أأخالف الواقع وأبحث عنك في غرفتي. . .

ربما أنت مختبيء في خزانة ملابسي . . .

أو تحت سريري . . .

لا أعلم . . .

لكن لا يمكن أن يحدث هذا . . .

كل علامات الخيبة ارتسمت على وجهي وأنا أشم رائحتك
بعمق ولا أراك . . . .

حبيبي . . . .

لدي رغبة كبيرة بالبوح هذا الفجر . . .

أريد أن أتحدث مع كل شيء عن كل شيء!!! . . .

لعل هناك من ينصت لحديثي ويهرب من صوتي ليخبرك به . . .

ليلة أمس قلت لي ربما تجدين في بريدك شيئاً من أحرفي . . .

تلك اللحظة أيقنت أن كل الحمائم البيضاء استبدلت عشها
بصدري لتحلق فيه . . .

وكل النجوم تناثرت فوق جسدي . . .

وفي هذا الفجر أمسكت هاتفي وبدأت أرسم فرحتي لتصل إلى
هاتفك . . .

وبالفعل وصلت . . .

وحين عودتي من الجامعة وفي عز الظهيرة كنت أرسم كل
الحروف التي أتوقع أن تكتبها . . .

أقول مرة سيكتب إلي هذه الكلمة. . . ثم أقول لا ربما هذه لتأتي النتيجة الحاسمة بأن عقلي لا يستطيع الوصول إلى روعة سبكك للحروف وإتقانك للجمل. . .

وبمجرد دخولي إلى هنا. . . إلى غرفتي. . . وقبل أن أشرع في تغيير ملابسي. . .

فتحت جهاز الحاسب الآلي. . .

ولأني أحبك أكبر مما تتصور كان اللاشيء هو كل شيء. . . .

حتى كأنك كتبت إلي حروفاً لم تلد محابر العشاق كروعتها. . .

لم أستسلم لفراغ إيميلي من رسائلك. . .

في قمة التعب كتبت لك هذه الرسالة. . .

ولا أعلم لماذا أشعر بوهن جسدي دون وهن ذاكرتي القوية بك والمعشوشبة وسط تربتك الخصبة. . .

قبل أن أغير ملابسي. . . وأرمي جسدي على فراشي. . .

أحببت أن أقول لك. . .

أحبك . . . . »

وفاء. . . هنا وهنا فقط. . .

أجزم أن حبك هو من يطبع تلك الصور الغريبة في ذهني. . .

صورة رأيتها في صغري في فيلم كرتوني. . .

نسيتها مذ رأيتها لكني أراها اليوم تفرض حضورها . . .

ماالذي جاء بها؟!!

ماالذي جاء بتلك البطات الصغيرة التي تمشي بانتظام وراء أمها لتتعلق خطواتها بخطواتها . . .

هو حبك ياسيدة البياض . . .

ألست منصاعاً بكلي إليك أعدو خلفك دون أن أضل الطريق إليك؟!! . . .

أحبك وسأظل أخطو خلفك حتى وإن جرتني خطواتك إلى حفرة، فسأسقط لأجلك وأموت أيضاً لأجلك

اليوم ككل يوم دسست رأسي خلف الستار أرقب العالم حولي . . .

سخر مني أخي حينما شاهدني ألصق رأسي بزجاج النافذة و طرح علي سؤاله وهو يتهكم قائلاً:

بالله عليك ماذا تشاهد؟!! . . .

ابتسمت دون أن أنظر إليه وقلت . . .

كل شيء!! . . .

قال لكني لا أرى شيئاً . . .

قلت وأنا أرى في لاشيئك كل شيء . . .

رد بسخرية وقال من الممكن أنك تحب النظر إلى أعمدة الكهرباء . .

صمت . . .

كنت أرى الحياة بعين لاتشبه أعينهم . . .

رأيت أطفالاً يجلسون في الشمس ومع كل منهم قطعة شوكولاتة . . .

نسجت الحوار بينهم كما أريد . . .

وأسمعته أذني بلسان خيالي . . .

ربما هم يلتهمون الشوكولاتة في الشمس خوفاً من أن تحرمهم أمهاتهم التهامها وتأجيل تناولها إلى وقت آخر

حجة أن الغداء جاهز والشوكولاته قد تتسبب في سد شهيتهم عن تناول الغداء . . .

تذكرت طفولتي حين كنت آتي من المدرسة إلى المنزل وأرفض الغداء كانت أمي تقول:

بالطبع أكلت في المدرسة قبل خروجك وكنت أقابلها بالنفي . . .

كانت تعاقبني بقولها قل الحقيقة فالعصفور قد أخبرني بذلك . . .

وكنت أؤكد بدموعي نفيي . . .

لتأتي أغلفة الشوكولاته التي نسيتها في حقيبتي وتكشف جرم براءتي . . .

ومعك وبحضنك . . .

منذ أن استيقظت صباحاً وأنا أريد أن يعدو الوقت لأكتب . . . .

لكن ماالذي سأكتبه لاأعلم . . .

أقسم أني أجلس وأنسى قلمي بين أصابعي لأكتب كل شيء يتبادر إلى ذهني . . . عفواً أقصد يتبادر إلى قلبي

هكذا كانت نبضات قلبي لكني استبدلتها بـ أحبك

مارأيك أليست نبضتي الجديدة أجمل؟!!

ألم أقل لك ياوفاء . . .

صرت خالياً من كل شيءٍ . . . إلا من الألم وحبك . .

وصيــــة للمــــوت!!!

. . . في ظهيرة هذا اليوم، خرج جميع من في البيت لنزهة برية ولم أخرج معهم، فضلت الجلوس هنا، خلا البيت من كل صوت، أحسست بوحشة في نفسي وتصورت أنني في سجن كبير، كنت جالساً على أريكة مخملية بنية اللون أذكر أنني ابتعتها منذ شهر من معرض البيوت الأمريكية للمفروشات الذي غير اسمه إلى البيوت للمفروشات بعدما أطاح اسم الأمريكية وأعتقد أنه ندم على ذلك ولكنها كانت فترة تساقط فيها كل ما هو أمريكي حتى قيل لي إن السيارات الأمريكية قد هاج على أسطحها الغبار، هربت من الصمت العالق في نفسي والممتد إلى ألوان الجدران، بين يدي كتاب المبدع الفنان الروائي واسيني الأعرج الذي لا أستطيع أن أمسك نفسي حينما أجد كتاباً أو لقاء أو أي شيء عنه ولم أطلع عليه من قبل، كان كتابه الممتع والحزين في الوقت نفسه لأنه خلط الحزن بشد إمتاع المتلقي

عنوانه (ذاكرة الماء ـ محنة الجنون العاري ـ) .

عشت عالما بعيداً عن عالمي، تصورت نفسي مع واسيني أعيش معه وأتنقل في تنقلاته وأتخفى في تنكره، وعشت مع ريما في وحدة الخوف بعيدة عن أمها مريم وأخيها ياسين، وتصفحت معها كراستها الصغيرة التي سمتها «سلطان الرماد» .

وحينما انتهيت من قراءة رسالة واسيني الطويلة التي تقارب ثلاث عشرة صفحة لزوجته مريم أغلقت «ذاكرة الماء» منتشياً بكلماته الكبيرة وتعابيره الدفينة، أخذت لنفسي برهة من الوقت للراحة، قمت من مكاني واتجهت إلى الركن الأيمن من مكتبي الذي حولته إلى بوفيه صغير أحتاجه كثيراً حينما أقرأ أو أكتب وحتى لا يزعجني أحدٌ ويقطع تواصل أفكاري فضلت عمل هذا البوفيه حتى أنتهي من كل عملياتي الأدبية، هذا البوفيه يا وفاء عبارة عن عمودين من الرخام المعتق باللون البني في الجزء الأمامي وكأن الزمن قد سطر أسطورته بوقع ذلك التعتيق الجميل يحملان قطعة من الخشب ذات لون بني خفيف ومستندة إلى الجدار الذي حملها بمسمارين عريضين في عرض الجدار وقد وضعت على القطعة الخشبية أكواباً شفافة ـ فأنا لا أحب أن أشرب القهوة ولا الشاي إلا في كأس من الزجاج الشفاف دون مسكة ـ وزجاجتين تشبهان إلى حد كبير مزهرية ولكن بشكل مصغر وضعت بجوف إحداهما أكياس اللبتون والآخر السكر، ونثرت على قطعة صفراء مزركشة الجوانب أكياس القهوة،

وعلى يسار القطعة كان هناك كأس شاي مغربي صغير ملون باللون الأصفر وغير شفاف وملاعق بلاستيكية صغيرة أستعمل كلاً منها مرة واحدة فقط، وإبريقاً شفافاً صغيراً لصنع الشاي متكئاً على علبة صغيرة من المعدن مجوفة من السطح وتحتوي شمعة أشعلها لتحفظ سخونة الشاي، وسخاناً كهربائياً من نوع فليبس لتسخين الماء، وتحت الطاولة وضعت ثلاجة صغيرة ممتلئة بالحليب والماء وشيء من العصير المعلب، ضغطت على زر السخان بعدما صببت في جوفه قليلاً من الماء لصنع كأس واحد من الشاي، وبدأ صوت السخان يتزايد تدريجاً كلما عمت الحرارة بقطعتين من الألمنيوم بداخله، في ذلك الوقت فتحت جهاز الحاسب الآلي وأدخلت الرقم السري لفتح إيميلي الخاص.

صنعت لنفسي كأساً من الشاي بعدما أفرغت الماء الساخن في جوف الكأس الشفاف ووضعت السكر ورفعت بيدي كيس شاي اللبتون وأغرقته في الكوب، عدت إلى جهازي ووجدت عدة رسائل أغلبها من بعض المنتديات التي اشتركت معها، لم أفتح أي واحد منها وحينما وجدت رسالة كنت قد حفظتها لك منذ أشهر بعنوان «أستاذي... لك وحدك!!!» فتحتها وقرأت رسالتك التي أرسلتِها عند بداية أطراف توهج علاقتنا وكانت...

[... أنت أستاذي...

فدعني أبحث بين منعطفات أحرفك عن مسكن لي، وأهم

بروعة المعاني لعلي أجد نفسي فيها بما فيّ من شجن وروعة . . .

وأناديك أستاذي . . . أستاذي . . . أستاذي . . .

فالصمت قد ألجمني شهوراً عديدة وأنا أشاهد خوفي يتقافز ويسقط مشاعري على الأرض دون أن يبدر أي احتجاج. حملت جسدي المثقل بلواعج فؤادي وكتبت لك هذه الرسالة، وأتمنى أن تقول شيئاً عما كان في نفسي وحينما وددت أن أعرفه وجدت صورتك المحفوظة عندي والمقصوصة من الجريدة . . . وإليك رسالتي :-

«أستاذي . . . أنا لست بعيدة عن أحرفك . . . ولكنك بعيد جداً عن عواطفي . . .

لقد عبثت بإطار أحرفك لعلي أجدك فيها، تعبت وأنا أبحث عن ظلام الليل خوفاً من ظلام النهار، تعبت وأنا أردد أحرف اسمك منزوية في ظلام أركان غرفتي، أناديك ولا يسمع ندائي سواي!! . . .

لست فقط معجبة أنا . . . ولست أنت مجرد كاتب عابر، لقد وجدت في نصوصك التي قرأتها نداء خفياً وكأنه يقضم أحرف اسمي أنا، وجدت حزناً بغيضاً يتراكض مرحاً بين أحرفك ومعانيها، ولن يلجمه سواي، أنا هنا لدي من معنى اسمي الكثير، لن أمسك بيدك ومن ثم أتركها عند مفترق الطرق لن أتركك تتسول من رصيف الحياة الأفكار، وأنا لا أفرض نفسي عليك، ولكني وجدت إجابة

١٨٠

عن كل أسئلتك التي لم تسألها، هنا أنا سأحادثك بما تحب، سأزرع في لساني كلمات المجاملة ولن أترك اسمك يطير من لساني دون أن أسحبه بكلمة أستاذ!!!. . .

الفتاة التي لأجلك تمارس خشونة الانتظار

«وفاء»

تركت صفحة رسالتكِ مفتوحة وتركت عيني تركض في مساحة أحرفها مرة تلو الأخرى أيعقل أن تكون تلك الرسالة منكِ؟

لقد تمادى الحزن في الركض في نصوصي وتجرأ وامتد إلى حياتي!!!

لم يلجمه أحدٌ. . . فلا أحد هنا!!!

ويدي لها حرية الضياع في مفترق الطرق وفي كل الطرق!!!

وفاء. . . حتى الآن لم أقف على رصيف الحياة أتسول أفكار نصوصي. . . ولكني وقفت في الرصيف نفسه أتسول الصبر والانتظار!!!. . . .

وزادت أسئلتي أسئلة وردت إليَّ بلا إجابات!!!

ها أنا يا منتظرة أصبحت أنا المنتظر!!!. . .

لقد قلتِ لي. . . إليك أحرف عنوان سكني، ولك مني الرحيل، ورحلتِ وسحبتِ خلف رحيلك أحرف عنوان سكنكِ!!!. . .

لقد سئمت الانتظار، سئمت هجرة الحرف من حياتكِ، سئمت

١٨١

جهدي للصعود إلى جبل صمتكِ الشامخ، سئمت أن تعيدني كل محاولاتي إلى سفح الجبل!!!...

لم تكن أحرفي إعجازاً، ولم أكن أنا معجزة!!!...

فقد عشقت يوماً صمتي، وقرأت صمتي أحرفاً، وتلقيت في ثواني عمري مشاعر كثيرة استنبطتها من حروف كانت طبيعتها فيما بعد الهجرة، وهاجرت معها من مدينة الحب والوضوح إلى مدينة الوفاء والإخلاص.

فلترحل المشاعر كيفما يطب لها الرحيل...

ولترحل الأيام كيفما كان وقع خطوتي...

وليرحل الزمن ويدثر نفسه بدثار الذكرى...

وليبق فؤادي هائماً يخلق من رحيل المشاعر مشاعر جديدة تتكون بلقائك وتحت مصب أحرف اسمك في فيض نظرتي، وليقل صمتك ما يقول حينها، فأنا قد فقدت جواز رحيلي في مدينة قلبكِ!!!...

... لأجلكِ رضيت على نفسي غضب مشاعري!!!

ولن أتحدث معكِ عن مشوار الدمع في حياتي من بعدكِ، وكيف أني في ظلام غرفتي رأيت وجهكِ، وفي صمت الآخر سمعت صوتكِ، لن أتحدث عن قدرة صمتي على الصمت، ولن أسترسل في حديثي لك عن حكاية قلب جار عليه الزمن وأصبح

عاشقاً. . . فقط سأنظر إليك وأكتفي!!!. . .

أنا هنا. . . أحمل شيئاً من أحرفي وأفكاري المبعثرة في أيام رحيلكِ وليس لدي سوى فؤادي وكلمات تحولت أحرفاً لتجاري شيئاً من نبضات فؤادي، وأنتِ هناك، تنعمين بهدوء ليلكِ وتنسجين من صمتكِ لباس حيرتي، وليس لديكِ سوى الصدى والتلذذ بانقسام مشاعري المبللة بدمعي وكلمات تضاءلت حتى الانكماش لتقول وتقول صمتاً!!!. . .

سأصمت هذا المساء ولن أقول شيئاً، عاهدتُ نفسي على ذلك وأنا أنتقل من مكتبي إلى أريكتي المخملية، مددت يدي إلى «ذاكرة الماء» وبدأت أفتح الفصل الثالث من القسم الثاني مع واسيني الأعرج، ولساني يردد تلك الكلمات التي كتبتها يوماً ما. . .

[. . . أوصيت الموت أن يدثرني بدثاره الأسود. . .
عاجلاً وليس آجلاً ورفض وصيتي!!!. . .].

١٨٣

يا ربي... أعدها إلي!!!...

في مساء يا وفاء عبرني كما عبرتني الأشياء دون انتباه مني!!!. . .

غيرتُ ملابسي وأغلقتُ خلفي باب غرفتي بإحكام على غير عادتي ورميت جسدي على سريري وضعتُ كفي خلف رأسي، علقت نظري على السقف، وصرتُ أرسم صورتكِ كما هي دون أن تتدخل ريشة الحياة في رسمتي هذه، كم يبدو وجهك جميلاً. . . معلقاً في سماء غرفتي. . . وكم أنا أبدو محظوظاً لأن عقلي يا وفاء لا يزال يتذكر ملامحكِ!!!. . .

أحيانا تتأجج بداخلنا حمم الفقد/ الاحتياج، نتكور حول معاناتنا محاولين بابتسامة بريئة أن نرسم السعادة على ملامحنا المحتشدة بالوجع تماماً كطفل لم يمل الجلوس على عتبة دارهم في موعد قدوم أبيه ينتظره ليحمله على كتفه ويقبله

ويقدم له الحلوى، ولم يدرك أن والده محشور بين قطع الحديد في الشارع المقابل وقد فارق الحياة بحادث، الطفل لا يدرك كنه الموت، ولا يتململ من جلوسه الطويل على عتبة الباب وأمه تحاول أن تدخله فيرفض، يسقط عليه النوم وينام على عتبة الباب مسنداً رأسه على الباب وغارقاً في حلم كتف أبيه وقبلته ولذة طعم الحلوى!!!...

هذا المساء يا وفاء وبعدما صليتُ صلاة العشاء في المسجد القريب من داري، عاشرتُ بنظري وجوهاً كثيرة تسكن حارتي، هناك من أردف السلام وعبرني... وهناك من ألح علي لزيارته... وهناك من قرأ كل شيء في ملامحي وغادرني دون أن يقول شيئاً!!!...

توجسني الارتباك... وطفح بوجهي الخجل... عدتُ إلى داري أحملكِ معي في نظراتي للأشياء

في داخلي يا وفاء كمٌ كبير من الكلام، لا أعتقد أن هناك من يستطع أن يسمعه... وحتى لو سمعه فلا أعتقد أنه سيفهم منه شيئاً!!!...

فالعاشق أحياناً يهذي بكلمات لا يفهمها سوى عاشق مثله!!!...

لذا فكرتُ وأنا في طريقي إلى داري أن أكتب لكِ هذياني هذا... لعلكِ تفهمينه!!!...

سأكتب لكِ ما عجز الصمت عن استنطاقه!!!. . .

كلمات كثيرة تعج بداخلي. . . قد أمتلك منها شيئاً وقد لا أمتلك منها شيئاً!!!. . .

سأصرخ بها حرفاً. . . سأتهمكِ يا وفاء. . . سأكون قاسياً معكِ. . . وأبداً يا وفاء لن أكون أنا الحاكم والمحكوم!.

ولكن لحظة يا وفاء. . .

سأفتش في صندوقي القديم عن أحرف أستطيع بها أن أكتب لكِ شيئاً!!!. . .

سأبحث في زوايا غرفتي عن دمعة رميتها يوماً من الأيام تحت جنح الظلام لعلها تحمل من أحرفي شيئاً!!!. . .

أحتاج إلى كلمات وأحرف كثيرة. . . حتى أقول لكِ كل شيء!!!. . .

وحينما أنتهي يا وفاء من كتابة كل شيء يعتمر بداخلي أو ينهدم. . . فلن أجد بعد كل هذا أني قد قلت لكِ شيئاً!.

وفااااء. . .

خذي كل ما أملك. . . فقط أعيدي البسمة إلى شفتي. . . والكلمة إلى لساني. . . والنور إلى عيني. . . أعيدي الحياة إلى جسد قد أصبح تحت أقدام الأيام كرة تلعبُ بها الرياح!!!. . .

كثيراً يا وفاء ما سحبتُ النوم من عيني ورميته تحت قطرات الماء. . .

كثيراً ما تركت النوم يعاني سرقته في ظلام الليالي!!!. . .

كثيراً ما صليتُ في أواخر الظلام وبكيتُ نفسي وإحساسي. . . بكيت كل شيء يا وفاء. . .

سجدتُ لخالقي كثيراً ودعوته أن تعودي. . . وكثيراً يا وفاء ما غسلت سجادتي بدموع عيني!!!

ولكن . . . . حينما تتصعد نفسي عالياً لتلامس قمم الحزن والفقد، أهرب من كل شيء إلى ورقتي التي تركتها عارية الأحرف فوق سطح مكتبي، أرسم الأمل بحروف وأعيش معنى الحروف، وحينما أرفع وجهي عن ورقتي أجد كل ما كتبته مجرد هذيان لعاشق لا يدرك سوى الفقد. . .

فهذه هي أوامر الحياة، نعبرها بالأحزان ونقطف من عناقيد الأيام حبة فرح لنطلي بها قلوبنا حتى تلين من قسوة الحزن. . .

وكلنا يا وفاء سنغادر هذا الحياة. . . في وقت ما سنفقد الحياة ولن نحزن يا وفاء فالحياة قبل أن تهبنا الفقد الكبير كانت تغدق علينا منذ الأزل هذا الفقد. . .

وكلنا راحلون. . . ولن يبقى منا أحد. . .

من سيرحل عن هذه الحياة نرثه بدموعنا. . .

ومن يبق ترثه الحياة بدموعه!!!...

هذه الحياة غامضة ولا يستطيع أحد أن يتقن معنى تفاصيلها...

فمهما قال الإنسان في وصفها، يظل صغيراً جداً أمام تفاصيلها الصغيرة!!!...

لهذا يا وفاء... لجأت إلى خالقي...

رفعت يدي فوق رأسي وصرخت متضرعاً إليه...

«... يا ربي اغسلني من الحزن والهم...

وطهرني من هذا الانتظار الذي يقف فوق رؤوس حواسي...

واجمعني بها يا ربي على ما تحبه وترضاه...

واحفظها من كل عين لامة ونفس هامة...»

وبكيت كل ساعات الانتظار التي لحقت بجسدي مذ غيابكِ...

رسمتكِ في أحرف دعائي وبكيت ألوان أوراقي...

سجدت وتطايرت كلمات دعائي ورجائي لله عن يميني وشمالي كالدخان...

لأغفو من تعبي وانتظاري وحيرتي على سجادتي، ملتحفاً ذلك الدخان الذي يحمل دموع دعائي وأحزان رجائي.

وعند شروق الشمس أفقت، فتحت عيني بصعوبة لأجدها مبللة برائحة الليل!!!...

أخاف أنا مما سيحمله لي الغد، وعندما يحل الغد أخاف من الغد القادم. . .

توضأت وصليت ركعتي الفجر. . . وشعرت أن أثقال صدري قد أثقلت سجادتي حينما رفعتها عن الأرض!!!. . .

هرولت من مكاني بعدما رفعت سجادتي فوق سريري إلى هاتفي النقال كالطفل اللاهي في «مشغباته» حينما وجد أباه يدخل عليه حاملاً له لعبة مغلفة، ولم أجد على شاشة هاتفي أي رقم أو رسالة. . .

صغر صدري حد الضيق، ونزلت من عيني دمعة تختلف كثيراً عن دمعة الليل!!!. . .

أتعلمين يا وفاء أن الأقدار قد صفعتني بيدكِ!!!. . .

وأنا من كان يعبر كل وجوه النساء دون أن تسقطَ مني نظرةٌ واحدة. . .

أنا من قرأت كل أشعار الغرام لترسم في وجهي علامات التعجب لكلماتها!!!. . .

أنا من أنام ولا أفكر في شيء سوى حرف طٍاردني في نهاري ولجأ إلى أوراقي!!!. . .

أبداً هذا الجلد الذي يغطي لحمي وعظمي. . . ليس هو جلدي!!!. . .

وفاااااء. . .

لن يستطيع الظلام أن يبوح لكِ بأسراره معي. . . ولن يستطيع النهار أن يقفز في عينكِ محملاً بحكايات نفسي. . .

لقد غدوتُ في درب عشقكِ تائهاً. . . مطارداً. . .

دموعي ترفض خدي!!!. . .

تسقط على حواف أُذنيب فالدمع في تحليق نظراتي على السقف لا يرتد إلى الأسفل!!!. . .

وفاء. . . من استطاع أن يقحم نفسه بين جسدكِ وجسدي؟!!!. . .

ليس بيننا مسافة تغري أحداً بهذا الاقتحام. . .

من مزق أوراق الماضي من كتاب حياتي؟!!!. . .

من تجرأ وجلس بيني وبينكِ؟!!!. . .

لا أعلم أين أنتِ الآن. . .

ولكني أجدكِ في مسائي الطويل. . . وأجدكِ في حديثي مع الآخرين. . .

وأسمع صوتكِ في سكون الأشياء. . . وأرى وجهكِ في ظلام الليل الدامس الذي يغلف غرفتي. . .

لو لم أكن أعرف جسدي من قبل. . . لقلتُ إن جسدكِ هو جسدي!!!. . .

لقد قالت خالتي لطيفة لي ذات يوم:ـ

* لماذا لم نعد نراك؟!!!. . .

قلت لها :ـ

* **مشاغل الحياة يا خالتي**. . .

ابتسمت في وجهي ونظرت إلي نظرة مختلفة عن كل النظرات الماضية. . .

* **ليست هي مشاغل الحياة بل مشاغل قلبك**!!!. . .

ضحكت بصوت عالٍ لفت انتباه أمي التي كانت معنا في زيارة خالتي لها. . .

في هذه اللحظة بالذات يا وفاء كنتُ أتمنى أن أسرق من عمتي ضحكتها!!!. . .

تركتُ وجه عمتي أمام وجه أمي حينما شعرتُ أن هناك دمعة ستنزل من عيني وستقول لعمتي كل شيء. . .

تـركتُ وجـهـيـهـمـا خـلـفـي. . . وسـافـرتُ إلـى وجـهـكِ الغائب!!!. . .

حتى من أحبهم وأعزهم يا وفاء لم أجدهم في قلبي. . . فقلبي الآن مملوء بكِ وحدكِ يا وفاء!!!. . .

فمن يا ترى علّم غيابكِ رسم خطوطه على وجهي؟!!!. . .

الكل يدرك ما أنا فيه، لأظل أنا الوحيد الذي لا يدرك شيئاً عن حالته!!!. . . .

والوحيد الذي يحتاجكِ جداً. . .

أحتاج إلى نقاء وبياض قلبكِ. . .

فالكل هنا يا وفاء قد لبس أقمشة السواد. . .

أقمشة رديئة ورخيصة الثمن، لا تتقبل غسلها بالماء، وتطبع سوادها على كل الأجساد. . .

وربما القلوب!!!. . . .

آخر شرفات الأمل!!!

وفاء أكتب إليكِ هذه الكلمات وقد انشطر حزني وشوقي إلى شطرين!.

فعندما كنت أعيش حزني في بعدكِ وشوقي لقربكِ جاء إلى غرفتي وجه أبي رحمه الله!.

كم اشتقتُ إلى ذلك الوجه كثيراً، وودت لحظتها أن أضمه من عقلي إلى صدري، أن أبسط كفه أمامي وأحني رأسي وألصق عيني على راحتها وأخلف بذلك بركة من الدموع عليها، فكم أحتاج إليه الآن، أريد أن أستمد من قوته قوتي، أريد أن أقول له عن كل شيء أدركني في هذه الحياة من بعده وأن أحكي أن فتاة قد اتخذت قلبي كمكان عابر ورحلت، وخلفت خلف خطواتها ضجيج الدمع وفرشت بساط الحزن على مشاعري ولم تجلس عليه، فشمس الحياة قد انبسطت على فراشها كشمس الظهيرة ورفضت أن تجلس فتاتي عليه وتقول شيئاً!!!!. . . .

يا ترى يا وفاء لو سمع أبي كل حديثي وتفحص ملامحي التي تلوثت بسواد الصمت من بعدكِ ماذا كان سيقول لي؟ وأي التعابير ستقف على ملامحه؟!!!. . .

لن يترك أبي دموعي تلتصق بأرضية غرفتي ويرحل، سيضم دموعي بين يديه ويطالعها ملياً لعل الدموع تقول شيئاً، سيفحص سحنتي ويبحث عنكِ كطبيب محترف، سيلف خطوتي بخطواته يبحث عن بقايا نوم لعله عالق هنا أو هناك وحين لا يجد شيئاً سيخرج من غرفتي لتصطدم نظراته بأكوام هائلة من النوم تنتشر في دارنا وتقف عند باب غرفتي لتطرق راجعة. . . حينها ماذا سيقول أبي؟!!!. . .

لا أعتقد يا وفاء أن أبي بملاحظته لي بعد سبعة عشر عاماً من الموت سيمسك بمقبض رشاش الزرع ويسقي أزهار أحلامه التي تركها في قبضتي قبل أن يموت!!!. . .

كيف سيخرج من غرفتي؟ وكيف سأكون أنا في نظره؟!!!. . .

من ناحيتي أنا لا أعتقد أن أبي سيعرفني؟!!!. . .

فما بقي بعدكِ يا وفاء سوى جسد ناحل، مملوء بالهموم والانتظار، شارد الذهن، لقد أصبحت بالفعل يا وفاء كما قال الشاعر أبو تمام:-

كفى بجسمي نحولاً أنني بشر   لولا مخاطبتي إياك لم ترني

أو كما قال بشار بن برد:ـ

إن في بـردي جسـماً نـاحـلا   لـو تـوكـأت عـليـه لانـهـدم

نعم يا وفاء فقدتُ أشياء كثيرة في غيابكِ، أستقيم على نفسي وأكابر ولن أرفض شيئاً قد آلت إليه نفسي من بعدكِ، أنا هنا يا وفاء لا أذل نفسي حينما أحبكِ ولا أبحث عن تميز الكلمات حد الإقناع كي أخلق أعذاراً، فكل الكلمات قد تشابهت ولم أعد قادراً على معرفة كينونة إحساسي الذي خاف من ظلام غيابكِ والتصق بي!!!.

أحاسيس غريبة أعيشها لأول مرة في حياتي، أستمع لها، وأسير فيها وبها، كيتيم وقف على عتبة دارهم ينظر إلى من يعيشون سنه يلعبون بالكرة في الطريق الذي يمر بجانب دارهم ولا يستطيع أن يطفئ نار رغبته في مشاركتهم هذا اللعب الحماسي لأنه لم يستطع أن يبتاع ذلك الحذاء المطاطي لركل الكرة مثلهم، يقف عند بابهم ويعلم جيداً أنه لن يرتدي ذلك الحذاء المطاطي لأن اليد الوحيدة التي تستطيع أن تدفع ثمن ذلك الحذاء قد رحلت مع الحنان والعطف مع جسد أبيه إلى تحت الثرى!!!. . . .

لا أعرف يا وفاء أين يقع إحساسي الآن في كل ذلك؟

ولكني أعرف شيئاً واحداً فقط أنني لا أذل نفسي حينما أمارس حبكِ!!!. . . .

أطفأت جهاز الحاسب الآلي قبل أن أكتب لك أحرفي هذه،

تحدثت الأخت منى، منى هذه يا وفاء قرأت فيما سبق بعض نصوصي التي نشرت في جريدة الرياض وأخذت عنواني الإلكتروني لتضيفني في الماسنجر في موقع للهوت ميل، هادئة تلك الفتاة في حديثها وأفكارها ونظرتها نحو الحياة، تخاف من كل شيء بحكم العادات والتقاليد، تتنفس الكلمات في حواراتها معي وأبداً يا وفاء لا تخاف من الحزن!!!. . .

تتحاور معي بصدق الكلمة ووضوحها، تناقش هنا وهناك، ترفع سبابتها بكلماتها لتقول هنا قف وتلوح بأصابعها لتقول وهنا انطلق، هنا مواطن القوة وهناك مواطن الضعف، تبكي كثيراً عند آخر أسطري وحينما يقف دمعها تحاورني برطوبة عيونها، أفكارها جميلة وأسلوبها لبق، اعتذرت لها قبل أن أخرج من شبكة الإنترنت وأغلقتُ الماسنجر، قلت لها إن هناك صداعاً قد التصق بخلايا عقلي منذ الصباح وأظنه وجد المكان المناسب له في رأسي وبدأ يبني له مسكناً، خافت تلك الفتاة أن يكون المكان المناسب للصداع قد كونته كلماتها، رقيقة حتى الشفافية تلك الفتاة، تقبلت كذبتي عن الصداع بروح الرحمة، وقبل أن تنهي حوارنا قالت:ـ

* إن هناك حزناً عميقاً في نفسك ينبثق من كلمات نصوصك، أعشق هذا الحزن فهو الذي يستطيع أن يبكي عيوني لأحزان ماضية في صدري كتمها الزمن. . . وأخاف عليك من حزنك. . .

ولا أعلم لماذا يا وفاء من كلماتها تلك وجدتكِ أمامي؟!!!. . .

أطفأت الجهاز، وقبل أن أمسك القلم وأتحدث إليك عن طريق أحرفي، كان وجه أبي الذي رحل سريعاً بعدما ترك دمعة في عيني للذكرى، لم أطق بقائي هنا، خرجت من غرفتي إلى الدور الأرضي ومن ثم فتحت الباب الحديدي وخرجت إلى حديقة الدار، مشيت على بلاط فناء الدار الخارجي البارد والمدرج باللونين الأخضر والأبيض حافياً، لسعات البرودة أشعر بها في باطن قدمي حتى وصلت إلى حديقة الدار، جلست على العشب الأخضر ولا أعلم ماذا أريد بالضبط، مددت يدي إلى العشب وقبضت عليه لأنتزعه من جذوره وأرميه جانباً، وسدت رأسي تشابك أصابعي وعلقت نظري على صفحة السماء المليئة بالظلام، كنت أستعيد ذكرياتنا ساهياً عن كل شيء غفوت لحظات وأفقت على محاولة لا أظنها يائسة بين قط وقطة في محاولة من الذكر لاستثمار نوم الأطفال وهدوء ضجيج الأصوات، ترجلت واقفاً ودخلت من فرجة الباب الحديدي وأغلقته خلفي وبي شعور أن صوت القط في أذني سيظهره أمامي في الصالة بعدما انسل من فرجة الباب الحديدي المفتوح وبجانبه تلك الأنثى التي تموء مواء غريباً.

صعدت الدرج حتى وصلت إلى غرفتي، اتجهت مباشرة إلى مكتبي وكتبت لك هذه الكلمات، أشعر يا وفاء أنني بحاجة ماسة إلى إصغائك، فعقلي الذي أغلق آخر شرفات الأمل في حياتي في وجهي وصرخ بي غاضباً بأنكِ لن تعودي ولم يكتف بذلك بل مد تفكيره

وأرخى ستارة غرفتي، ليرش كل أنحاء غرفتي برذاذ الظلام الذي يحاكي ظلام وحدتي، وقلبي النابض بكِ أبى أن يحضر جنازة الفرح بداخلي وتشبث باحتواء الكفن وصرخ به أن ينتظر، فوفاء قادمة لا محالة، فليس لها خطوات صادقة سوى فيه، وأن للفرح مكاناً ليس فوق خشبات الكفن بل هنا لو مات أو عاش، فموته هنا ومقبرته هنا وهواؤه هنا وتنفسه هنا. . . وأشار إلى ما تحت أضلاعي!!!. . . .

وفاء. . . إن الحب ليس كلمة تقال، بل موقف جميل أكاد به أن أُخرج قلبي من بوابة الحياة وهو لم يعش صدق ووفاء موقف كما يعيش موقف هذا الحب!!!. . . .

تقول البارونة أوركزي :ـ

[. . . ربما من الأفضل أن تحب بعقل وروية. . . ولكن من الممتع حقاً أن تحب بجنون!!!] . . . .

وعشت أنا متعة جنوني وعذاب حبكِ يا وفاء!!!. . . .

وفاء. . . حينما تغلق آخر شرفات الأمل تتضخم حبيبات اليأس الطائرة في غرفتي وأعجز يا وفاء أن أشرع لها قلبي

فقلبي لا يزال يستمد نبضه خلف آخر شرفات الأمل!!!. . . .

١٩٨

كيف يموت الكبار؟!!!...

دعيني يا وفاء أكتب إليكِ ما لا تقرئينه!!!...

أشعر بطعم السعادة حينما أحيي قلمي من مبيته وأكتب إليكِ...

شعور ما أجده بصدري... أتنفس الآهة براحة... وأكتب تعابير تلك الآهة...

دعيني أكتب فلعل الأمل يكره بعدي ويعود إليَّ متخفياً بوجهكِ...

سأكتب لكِ كل حكايات يومي... حينما قررت أن أرمي جسدي بين تضاريس الأيام ليس هذا يأساً منكِ ولكنه انبثاق لتوجس بأنني ما زلت أحمل من معطيات الإنسانية شيئاً...

ومع هذا كله فما زلتُ أعيشكِ... وأتنفسكِ... وأحلم بكِ...

أمس ضاقت زجاجة العطر بهوائها . . .

فاغتنمها فرصة أن أخرج وأقول لساعات الأيام بأني أستطيع المشي . . .

خرجتُ للمحل الكبير في شارع الأمير سلطان بن عبدالعزيز بعدما انحرفت يميناً من شارع العليا العام وتركت برج الفيصلية خلف ظهري . . . لم أنظر إلى واجهة المحل . . . دخلتُ المحل المتخم بالأنوار السبورت لايت الصفراء بشكل كثيف بدت براقة على الرخام الروزا الوردي اللامع والتي لم تبق بقعة ظلام في المحل، وقفتُ أمام البائع . . . طلبتُ منه زجاجة عطرٍ جديد . . . أتخمني بعدة زجاجات ودس معها ما اشتكى مكوثه طويلاً في أدراج المحل . . . لم أبال به وأخذت ما عبقت رائحته في أنفي . . . كتب الفاتورة وعلق عليها ابتسامته العريضة . . . أخذت الفاتورة من يده قبل أن يعطيني ما اشتريته وتركتُ ابتسامته تسقط على طاولة العرض التي تفصلني عنه . . . وقبل أن أتوجه إلى المحاسب . . . توجهتُ إلى القسم النسائي . . . أشتري لأمي زجاجة ولأختي المغرمة بتصميم الزجاجات النسائية زجاجة أخرى . . . فكما كان العرض الرجالي كان معي العرض النسائي . . .

لم يكن في هذا القسم سوى فتاة لفتت انتباهي في قسم الماكياج بسواد عباءتها التي كانت مميزة تحت هذه الإنارة الصفراء، كانت بعيدة، يفصل بيني وبينها ما يقارب خمسة عشر متراً، أخرج لي

البائع عدة عطور مختلفة شممت بعضاً منها ولم أتمكن من أن أشم الباقي لتضارب الروائح في أنفي الذي شعر بذلك وقلت له:ـ

*** كان من الواجب أن يكون هنا وعاء يحوي حبيبات القهوة، حتى لا تختلط الروائح فيما بينها. . .**

لم يرد علي، هنا أدركت أنه لا يريد أن نميز الروائح ونشتري ما يعجبنا من خلال نظرة تصميم الزجاجة، وضع أمامي عدة روائح، كنت أشم رائحة زجاجة وأنتظر بضع ثوانٍ لعلَّ رائحتها تختفي من أنفي لأشم الرائحة الأخرى وقبل أن أختار ما أشتريه منه، تهادى إلى مسمعي وقع خطوات ناعمة قادمة من بعيد، التفت إلى مصدر الخطوات ووجدتها تقف ليس بعيداً عني، لم تكن نظرتها كنظرتي عابرة، سحبتُ نظراتي وتركت نظراتها تلعب بوجهي، رفعت زجاجة ونظرت إلى شكلها الذي سيعجب أختي كثيراً، فجأة اقتربت مني قليلاً ثم سألت البائع دون أن تهتم بوجودي:ـ

*** ممكن تحضر لي آخر عطر لأسكادا**

لو كان ذلك الصوت صوتاً رجولياً لما سمحت له بذلك، ولكنه صوت نسائي يضعف القل. . .

نظرت إلي وقالت:ـ

*** أنا آسفة لمقاطعتكما. . .**

ابتسمت لها وقلت:ـ

* لا عليك . . . خذي راحتك . . .

كانت تنظر إلي في كلامي وصمتي، نظرات ليست عادية، رجع البائع حاملاً بيده العطر الذي طلبته وقبل أن يفتح الزجاجة قالت له :ـ

* لا ليس هذا العطر، أريد آخر عطر وصل

أجاب البائع باستغراب :ـ

* هذا هو آخر عطر من أسكادا ولم يصل بعده شيء . . .

* لا . . لا . . ولكن لا أريد أن أعطل الأخ، سآتي في وقت آخر

لفت جسدها نحوي قبل أن تتركنا، وانفرجت عباءتها عن جسد طويل ممشوق متناسق بتفاصيله كافة، لم أحمل صورته من الدهشة التي هبطت علي، لفت جسدها وبدأت تخطو خطوات ثقيلة وكأن حذاءها من حديد صل . . .

عند باب الخروج وقبل أن تنفذ منه قذفتني بنظرة نشوة ليست طويلة وخرجت، عدت بوعي الذي كان منساقاً لها إلى زجاجة عطر أختي التي مازلت ممسكاً بها.

هاهو عطر أمي اشتريته لرائحته . . .

وهذا عطر أختي اشتريته لزجاجته . . . أوليت البائع ظهري بعدما استلمتُ منه الفاتورة . . . وقبل أن أخطو خطوات قليلة قال لي البائع :ـ

٢٠٢

* لحظة يا أستاذ . . .

التفت إليه فليس هناك أستاذ في القسم النسائي سواي . . .

* نعم . . .

* هناك عرض جميل إن كنت ترغب في هدية قيمة . . .

* لا بأس . . . دعني أر عرضكم الجميل . . .

ألصق بعيني ابتسامته وقدم لي العرض . . . مددت يدي ولمستكِ يا وفاء!!! . . .

إنها زجاجتكِ التي لا تفارق حقيبتكِ السوداء المعلقة فوق كتفكِ . . .

لم أشمها . . . فرائحتها لا تزال تزكم أنفي . . .

أصر البائع على أن أشمها فلوحتُ بيدي رافضاً إصراره . . .

تركت كلماته تضفي معاني كثيرة لم أسمع منها شيئاً . . .

دفعت قيمة الفواتير . . .

خرجت من المحل الكبير . . . كل من يعملون بهذا المحل يحملون الابتسامة نفسها . . .

ركبتُ سيارتي . . . وعندما وصلتُ إلى الدار . . . أحببتُ أن أفصل بين عطر أمي وعطر أختي وعطري . . . دسست يدي في الكيس البلاستيكي وأخرجت أول العطور ليتنفس هواء غرفتي ولم

يكن إلا العلبة التي تحمل العرض الخاص!!!. . .

كل شيء يا وفاء يعاندني. . . يكتب ألف حرف وحرف حتى لا أنساكِ. . .

أول مشوار يتلبسني بعد إغفاءة طويلة في حبكِ كان فيه شيء منكِ. . .

أنا لا أريد أن أنساكِ. . . فهل يستطيع الإنسان أن ينسى طعامه؟!!!. . .

ولكني أريد أن أكون جزءاً ضئيلاً منكِ. . .

أريد أن أرسم بسمة صافية على شفتي. . . أريد أن تأتي اللقمة خلف اللقمة الثانية وتحاول أن تسبقها. . .

أريد أن أحمل قلبكِ يا وفاء. . . وأن أسرق ساعات مسائك وأدثر بها ساعات مسائي. . .

فحتى يعيش الكبار. . . لا بد أن يموت الصغار!!!. . .

ومشكلتي يا وفاء حتى أنساكِ. . . فلا بد أن يموت الكبار!!!. . .

لأن حبكِ يا وفاء قد تمادى في الكبر في قلبي. . . وتشعَّب في مشاعري. . . وتنفس هواء رئتي وأصبحتُ أنا كياناً منه!!!

ذلك الكيان الكبير الذي التصق عنوةً في حياتكِ. . . ولم

تستطيعي أن تستأصليه... فقطعتِ من جسدكِ ما عجزتِ أن تستأصليه...

وعشتِ بلا قلب... تناثرت مشاعره على رصيف حاضركِ... وللأسف يا وفاء لم تلتفتي إليه!!!

فكرهتُ أن يعيش قلبكِ مهملاً من صاحبته... حنيت ظهري والتقطته... وجمعتُ كل مشاعركِ من الرصيف وصنتها كأمانة في قلبي... فكنت أنا!!!...

أكتبُ لكِ هذه الأحرف... لعلَّ الزمن يوماً ما يأتي بها إليكِ... وتكتشفين في قراءتها اسمي... ووجهي... ومشاعري... وقلبي!!!...

فحين ترحل الشمس لاشيء يبقى سوى الظلام !!

يقول الأديب المبدع الأستاذ عبدالله الجفري:ــ

«... أشياء كثيرة أضحت خلف أبواب الزمان !! فهل خبروا الشمس .. ماذا يحدث بعد رحيلها...».

حقا ياوفاء ماالذي سيحدث حين ترحل الشمس...

حتما سينام الصباح في عين الليل وسيطبق عليه جفنه بإحكام...

هكذا أنا بعد رحيلك...

لا أرى بصيص نور . . .

وحيد . . .

مسكون بالوجع . . .

متخم باليأس . . .

بداخلي ياوفاء يجتمع حب وكره . . .

حب متدفق لك وكره لشبح غيابك . . .

تماماً كشعور الطفل المدلل حين يرزق بأخ صغير يحبه لأنه
أخوه ويكرهه ويغار منه لأنه أخذ مكانه وبدأ يستميل أبويه . . .

لا أستطيع ياوفاء أن أسكب حبر وجعي على الورق . . .

فهو أكبر بكثير من أن تحتمله هذه الصفحات البيضاء
الرقيقة . . .

ستخرقها أشواكه إن رميته عليها كما يخرق البؤس ثياب
الفقراء . . .

وفاء . . .

عبثاً أحاول ارتداء الفرح . . .

ورسم الابتسامة . . .

كاستحالة تحول سن القلم إلى فتيل شمعة تضيء جنبات صدري
المظلم . . .

كاستحالة تحول الصخرة إلى زهرة. . .

والبحر إلى نهر. . .

لماذا ياوفاء حين رحلتِ رحلت الشمس . .

القمر وحتى النجوم. . .

لماذا حين رحلت غادرت البسمة أفواه الأطفال لتصير وجوههم صفراء شاحبة. . .

لماذا حين رحلتِ استيقظت الأحزان من نومها حين كنتِ معي لتأخذ الفرحة مكانها وتنام. . .

لماذا حين رحلت أتى الليل كئيباً مضمخاً بالوحشة والبؤس كحال لقيط عرف تواً أنه ابن سوءة. . .

لماذا حين رحلت غادرت الأسماك البحر واستقرت على الشاطئ وانتفضت انتفاضة الموت. . .

لماذا حين رحلت بكت الغيوم دماً مودعة حضن السماء. . .

لماذا حين رحلتِ لم تعد الخيول تصهل ولم يعد النحل ينتج عسلاً ونبتت للفراش أجنحة سوداء. . .

لماذا حين رحلتِ فقدت الأرض الجاذبية وصارت كل الأرواح تطير هائمة ضائعة. . .

لماذا حين رحلت صارت كل أيامي شتاء. . .

لماذا حين رحلت نسج العنكبوت خيوطه على صدري وأحاطني الغبار لأختنق...

لماذا حين رحلت صرت لا أعرف نفسي...

وفاء...

أجزم الآن أن جدتي لم تخطئ حين كنت أجلس في حضنها وأقول لها:

جدتي متى أكبر؟!!

((لا تستعجل على الهم والشقاء)) هكذا كانت تقول...

صدقَتْ جدتي يا وفاء...

نحن نكبر لنخلع ثوب الفرح الطفولي ونرتدي ثوب الحزن...

أيتها القريبة من فكري وقلبي وأحلامي والبعيدة عن واقعي...

غرة كل سبت من مطلع كل أسبوع أزرع في صدري وردة أمل بأنك ستأتين...

ستلملمين بعثرتي...

اشتياقي...

حنيني إليك...

ستغرفين الحزن من قلبي وتسكبينه على التراب ليمتصه...

وتبقين معي...

لكن الوردة لايطول عمرها . . .

في يوم الأحد يبدأ انطفاء ألقها . . .

وفي الإثنين تنكس رأسها إلى الأسفل . . .

وتذبل فجر الثلاثاء . . .

وفي الأربعاء تجف . . .

وتتساقط أوراقها في الخميس . . .

أما الجمعة فهو موعد مصافحتها للريح لترحل بعيداً . . .

لكني لاأيأس ياوفاء فمع بداية كل أسبوع أزرع وردتي . . .

ربما يوماً ما ترأفين بها وتقبلين على رعايتها . . .

هي لا تقبل يداً أخرى تسقيها إلا يدك . . .

ولا تريد ضوء الشمس بل حنان صدرك . . .

ولا تريد الهواء بل زكاء أنفاسك . . .

ولا تحتاج التربة بل لمسة يدك . . .

وفاء . . .

أبحث كل ليلة عن حضنك الممتد كوطن . . .

عن دفئك ليطرد شتاء قلبي . . .

عن همسك ليسري داخل عروقي كفراشات ملونة . . .

عن قلبك لأسمع نبضه باسمي . . .

وفاء غيابك يحيلني طائراً مقصوص الجناحين يتخبط بين الجدران . . .

وبيدك أنت لاغيرك أن تعيدي لي أجنحتي . . .

وفاء عودي لنحلق معاً . . .

لتطلع الشمس باسمة كل صباح . .

عودي ليغرق الليل في نورك . . .

عودي لتنفضي كل الرماد الذي استقر على ورقي . . .

عودي ليصير قلمي قوس قزح أمسكه بيدي وأرسم به على صدر الورق أحبك . . .

عودي ليركض الأطفال في نواحي الحارة وهم يهتفون باسمك . . .

عودي لتدوم الفرحة طويلاً . . .

عودي ياوفاء . . .

فأنا أحتاجك . . .

من يرتب مشاعري؟!!!

تنفس الصبح بوجهي، وزقزقت العصافير بكل أحلام ليلها على عتبة نافذتي، يوم جديد، يهطل بنوره على أرض الرياض، ويكشف بقايا النوم في وجوه المستيقظين، يحمل كسلاً لذيذاً، واضطراباً يعلن بدء الحياة في وجوه المتفائلين، الطرقات تحتضن زحمة السيارات، لم تكن الرياض يا وفاء هكذا!!!...

أصبحت كومة من حديد تسير على الأسفلت تحمل في جوفها صرخات ولعنات سرعان ما تتبعثر في سماء الرياض، حينما انسلت من ماضيها الجميل وركضت تطارد السماء وتفرش الأرض لكن بلا قلب!!!...

وستظل الرياض رغم كل هذا... تحمل أحلامنا وآلامنا وشيئاً من بقائنا، عظيمة هي الرياض، وعظماء نحن يا وفاء بها، كل يوم نقول لنا حكاية جديدة ودمعة جديدة، يسمعها من أراد لوقته

المضي، ويتناقلها من فرغ وقته من امتلائه! وأنا في الرياض، أردد أبيات شعرها وأبكي أبيات شعري!!!. . .

كل ما كان يا وفاء مهما كان غالياً وجميلاً، يبدو كئيباً حينما نفقد فيه الابتسامة!!!. .

وأنت يا وفاء رسمت الرياض في عيني كئيبة، مقفرة من الفرح!!!. . .

كنتُ في سفراتي الماضية أشتعلُ شوقاً حينما تمضي الأيام بعيداً عن وجه الرياض، كنتُ أسعد بسفراتي لا أنكر ذلك، ولكني كنتُ أتمنى لو تصحبني الرياض في كل سفراتي!!!

حتى المطر حينما أجده في سفراتي، كنتُ أتمنى أن أسرقه من سماء سفري وألصقه في سماء الرياض، أعشق الرياض بجنون، بلهب صيفها وبرد شتائها، وفي كل أوقات الفصول تصبح الرياض فصل الربيع!!!. . .

والآن لا سفر يغريني، ولا مدينة أشتهيها، كغار مظلم في جبل مهجور تصبح الرياض بدونكِ يا وفاء!!!. . . من غير الرياض في عيني؟!!!. . .

من أعطاها وجهاً لا أعرفه؟!!!

من أنقص الرياض من نصيب قلبي يا وفاء؟!!!. . .

إنها وفاء، نعم أنتِ يا وفاء، لم تعطي الرياض حقها مثلما بخستِ قلبي حقه!!!. . .

لم تكن الرياض يا وفاء قصيدة قالها غازي القصيبي في لحظة شوق!!!. . .

يدرك غازي ذلك قبل أن يقول قصيدته عن الرياض، ويعلم يقيناً أنه لم يقل للرياض شيئاً حينما قال قصيدته تلك!. ولكنها شيء من أشياء أتخمت قلبه وقالها!

البارحة يا وفاء علقتُ جمعتي على أعمدة كهرباء الشوارع المضاءة والتي شعرت بها وكأنها تختنق من الظلام، حينما مشيتُ بعيداً عن سيارتي وعن حارتي، وليس من حولي أحدٌ سوى كلمات غازي القصيبي أسمعها من صدري وأرددها على لساني و أمشي على ذلك الرصيف الطويل الذي لا تحمل نهايته، وأرى من بعيد غازي يمشي بعيداً عني، صرخت باسمه ولم يلتفت إليّ، ناديته بكل الألقاب ولم يشعر بصوتي، حينها وقفت يا وفاء على الرصيف وأسندتُ ظهري إلى عمود كهرباء كويل يوزع نوره في كل مكان عدا مكاني، وأنشدتُ قصيدة غازي أرددها على نفسي وأقلد بإلقائها لسان غازي :

«كأنك أنتِ الرياض

بأبعادها. . بانسكاب الصحاري

على قدميها

وما تنقش الريح في وجنتيها

وترحيبها بالغريب الجريح

على شاطئيها

وطعم الغبار

❋ ❋ ❋

أحبك حبي عيون الرياض

يغالب فيها الحنينُ الحياء

أحبك حبي جبين الرياض

تظل تلفعه الكبرياء

أحبك حبي دروب الرياض

عناء الرياض، صغار الرياض

❋ ❋ ❋

وحين تغيب الرياض

أحدق في ناظريك قليلاً

فأسرحُ في «الوشم» و «الناصرية»

وأطرحُ عند خريص الهموم

وحين تغيبين أنتِ

أطالع ليل الرياض الوديع

فيبرق وجُهكِ بين النجوم

* * *

وفاتنهٌ أنتِ مثل الرياض

ترق ملامحها في المطر

وقاسيةٌ أنتِ مثل الرياض

تعذب عشاقها بالضجر

ونائيةٌ أنتِ مثل الرياض

يطول إليها. . . إليكِ. . . السفر

وفي آخر الليل يأتي المخاض

وأحلم أنا امتزجنا

فصرتُ الرياض

وصرتِ الرياض

وصرنا الرياض. . .

* * *

التفتُ إلى مكان غازي ولم أجده، ركضتُ إلى مكانه ولم أجد رائحة خطى هنا، تلفت يمنياً وشمالاً ولم أجد أحداً وقبل أن أغادر مكان نظري إليه وجدتُه قد رمى بدمعته وبابتسامته على الرصيف ورحل!!!. . .

آه يا وفاء. . . لقد أبدع غازي في قصيدته وأبدعت أنا بكِ . . .

أتعرفين لماذا يا وفاء؟!!!. . .

لأن كلانا محروم مما أبدع فيه!!!. . .

عاش غازي في الرياض وقال قصيدته، وعشت أنا في حبكِ ولم أقل ما قاله غازي!!!. . .

فالقدر قد جاء بي إلى هنا، أجوب الطرقات صارخاً باسمكِ وأردد قصيدة غازي!!!. . .

عدتُ إلى داري، لـم أجد فيه غير الهواء يعصف بجدرانه، دخلتُ غرفتي وأغلقتث الباب خلفي جيداً، مددت جسدي على السرير، حاولت أن أسحب النوم من قلق يتربص به، تقلبتُ ذات اليمين وذات الشمال، تعاركتُ مع لحافي، لا أعلم يا وفاء من انتصر على الثاني، فلم أشعر بنفسي سوى بالتحام جسدي مع أشعة الشمس التي انسابت من نافذتي التي نسيت أن أرخي ستائرها. . .

أفقتُ من نومي فوجدت نصف جسدي قد تمسك باللحاف والنصف الآخر قد استغنى عنه، خرجتُ من غرفتي

صمت البارحة ما يزال يلف كل الأشياء، عملت لنفسي قهوتي وقرأتُ صحيفتي وخرجتُ من الدار إلى عملي.

تبعثرت مشاعري في أنحاء صدري وأصبحت لا أدرك أي الأحاسيس تأخذ نصابها من قلبي، أضعت نفسي في نفسي ولم أعهد

نفسي تضيع مني في رحلتي الماضية مع السنين، فمن يرتب مشاعري يا وفاء!!!. . .

هنا في هذا الوقت من النهار أشعر بأن عليّ أن أغادر الدار وأن هناك من الأعمال ما يقف على حافة انتظاري أستعين بالله وأنفض يدي من بقايا الخبز وأمسحها بمنشفتي الصباحية الصغيرة التي تلاحق إفطاري لتشهد آخر لقمة لي، تلتصق المنشفة بأصابع يدي من بقايا خلايا النحل، أنزعها من أصابعي وأتجه على الفور إلى الحمام وفي بالي انتظار تلك الأعمال الصباحية، أفتح صنبور الماء وأفرك يدي تحت تدفق الماء الضعيف من الصنبور وتقع عيني على أدوات حلاقتي، ودون شعور بيد مبللة بالماء أمسح بخفة على خدي وأشعر بخشونة زغب الشعر، لا أفكر في الحلاقة بل أغلق الصنبور وأمسح يدي بالمنشفة العالقة فوق مقبض على جدار الحمام وأغادر الدار، وأدير مفتاح التشغيل وأقلب محتويات السيارة حتى تسخن حينها ورد على بالي سؤال غريب وعجيب.

يا ترى يا وفاء كم مر منذ إفاقتي رددت اسمك في عقلي؟!!!

نقلت ناقل الحركة على حرف R الساقط تحت نظري حتى ترجع سيارتي إلى الوراء من موقف السيارات في دارنا ومن ثم أعدل ناقل الحركة إلى حرف D من سيارتي لأخذ الطريق إلى مكتبي وأثناء ذلك أرفع يدي مجيباً لسلام العامل البنغالي واللباس الأصفر الذي دوماً أجده لا يكنس في حارتنا سوى ما سقط عند باب دارنا،

ضغطت على كابح الفرامل وفتحت نافذة السيارة وسد هو مدخل الهواء بابتسامة تحمل كل شيء عدا السعادة والأمان و انسلت يدي في جيبي وأخرجت محفظتي وسحبت ورقة عشرة ريالات ودسستها في يده ليسبغ علي الدعاء الذي استوعبت منه قليلاً والباقي كان ينزل من لسانه بلغته، وقبل أن أنحرف شمالاً لأسلك الطريق العام أجد العشرة ريالات التي قدمتها لعامل نظافة رصيف دارنا المميز بيد العامل عن كل أرصفة حارتنا!!!. .

قبل أن أدخل إلى مكتبي وحينما حملت هاتفي النقال من سيارتي لأضعه في جيبي وجدت شاشته «الرسائل الواردة: ١» فتحت الرسالة كانت من أختي التي سافرت قبل يومين مع أخي الكبير وأمي لأداء مناسك العمرة وهم الآن في الطائف حسب مكالمتها لي البارحة، كانت رسالة لطيفة أنبتت على غبار وجهي ابتسامة فقدتها من أمد طويل تقول فيها:

الصفحة الأولى خالية

كبست على الزر لأفتح الصفحة الثانية

بعدها قرأت اسمها في أعلى الصفحة

الصفحة الثانية . . . . . . هالمرة ليس هناك رسالة

بس حبيت أثبت لك

الصفحة الثالثة

أني . . . .

الصفحة الرابعة «مستحيل أنساك»

حينها تذكرت يا وفاء رسالتك التي لا تزال عالقة في ذهني حتى الآن والتي كتبت فيها:

«لا ألوم

ن ف س ي

فيك

لو

هزها

ا

ل

ش

و

ق

من عاش

طيبة قلبك

أكيد لك

يشتاق» .

دخلت مكتبي، وتناولت قهوتي التركية المرة ، قلبت بعض الأوراق التي تتراكم فوق سطح مكتبي، أشعر بثقل في صدري وأن في الأيام القادمة حكايات كثيرة لا أحبذ سماعها، توكلت على الله، وبدأت أراجع تلك الأوراق على أمل أن أجد شيئاً يسقط في فناء صدري الخالي سوى منكِ!!!. . .

في حياتي ضمير أنثى

ضمير الغائبة

أخاطبه في ظلامي

وأرسمه بسنة قلمي

فوق جدران غرفتي

وذلك الضمير يحسدكِ أنتِ يا وفاء. . .

بكل الحروف التي تعلمتها ناديتكِ، وبكل المشاعر التي أحسها أحببتكِ، تركت كل شيء لأجلكِ، وتركتِ أنت كل شيء لكل شيء.

لم يعد هناك في حياتي شيء صالح للاستعمال، سوى صمت طويل أتى من خلف كلمة قلتها لكِ ذات مساء دافئ شرخت الظلام لينبس بضوء خافت، رأيتُ فيه وجهي وكفي، وأتعبك أنتِ هذا الضوء الذي تخلل مسامات الظلام ليكشف كل زوايا علاقتنا، لم

تتحملي وطء ذلك الضوء في عينكِ ورحلتِ!!!. . .

ليبقى مكانك خالياً محشوراً بسواد أكبر من شرخ الظلام!!!. . .

ولـم يبـق سـوى الصـمت، يـحيـطـه مـن كـل الـجهـات الصمت!!!. . .

هوفادريم الشاعر النرويجي يقول:

«في البدء كانت كلمة

ثم تبعها

رائعاً ذلك الصمت

المنظم الثري بالكلمات».

فهل يا ترى يا وفاء سمعتِ صمت كلماتي؟!!!. . .

لقد كنت أنا يا وفاء ثرياً حد الفسق بالكلمات وكنت أنتِ بخيلة حد الجفاف بالكلمات. . .

كل من حولي تعلم جيداً كيف يكون الصمت، أصبح الكل يا وفاء يجاملني بالصمت، هم لا يشعرون بأن خفوت الأصوات يتعبني، أشعر من نظراتهم أنهم يتكلمون عني، يحملون جسدك الغائب ويضعونه في عيني، يشرحون جسدي على جسدك بصمتهم، حتى مكان جلوسهم حينما يغادرونني يخفت به الضوء صمتاً!!!. . .

لا أشعر بتاتاً أن أصدقائي يحملون لي الوفاء، أجدهم يستمتعون بكل الكلمات التي تقال عن تغير وضعي و يسمرون معها، يزيدونها وينقصونها حتى آخر أطراف الليل، ومن ثم يتركون كل شيء على

بلاط سهرتهم ويغادرون على خطى أطراف الليل إلى دورهم، وأقف أنا يا وفاء بعد رحيلهم، أنظف بساط سهرتهم من كل الكلمات العالقة به، أجمع كلماتهم التي صدرت عن ألسنتهم همساً، أحويها بين يدي وأرميها في صندوق النفايات بعدما تلتصق رائحتها بجسدي!!!

قلت لصديقي أحمد عن كل هذا، رفعتُ شكواي من الأصدقاء على شكواي من غيابِك، وقال لي أحمد بشيء من الحزن:

لا تتوهم الظلم في الآخرين، أعطهم مساحة من وقتك وستجدهم أمامك...

هنا وهنا فقط تذكرتكِ يا وفاء، لقد سلبتِ حياتي كل أوقاتي، وفقدت أنا كل الأصدقاء لأعيش فيكِ، تركتُ الأيام تسير على جسدك، كل شيء ممكن أن يكون خيراً في تصورك فعلته، حتى الدموع انتشلتها من عيني وتركتها على خدي ترطب تفكيري فيكِ، وأنتِ لا تزالين تمارسين الغياب والانطفاء من وهج حياتي، أتذكر كلماتك حينما قلتِ لي إنك تبتاعين من الأسواق ما يلفت نظرك ويعجبك لونه وحينما تعودين إلى الدار تكتشفين أنه لا يناسب لون بشرتكِ وترميه جانباً وهكذا فعلتِ معي، ألم أكن أناسب لون بشرة قلبكِ، أو مشاعركِ، أم ماذا يا وفاء!!!. لا أملك هذا السؤال وأبحث عن إجابته في عقلي وذكريات وصفحات الأوراق التي أمامي!!!...

وبقيت كل أماكن الإجابات خالية!!!...

شيء ما أشعر به، يبعثرني في مكاني ولا يسقط مني سوى إحساسي!!!...

أشعر بك يا وفاء كثيراً... بكلمتك التي أشعر بها قادمة من مسافات القلب...

تقول أحرفك الحب... وكأنك تلتمسين مني ذلك الحب!!!...

أنا لا أنكر أن هناك من يسلبني... بكلمته وإحساسه... ولكني أخاف من كل ذلك...

أعتقد أنني كنت أخاف منه كثيراً رغم أنه يعيش حرفي ويقف عند مداخل إحساسي أعيشه في تفكيري وأعيش فتاته التي لا أعرفها سوى من خيال عابر أو نص عابر...

وحينما وجدت أحرفك. . . ركضت إلى مسافات المساءات الماضية. . . اختبأتُ في ذاكرتها

وعزفت ناي الذكرى، وأنصتُ لها، بكيت أحلامي حينما رأيتها تصحو من نوم طويل وترتدي لباس الواقع أكملت زينتها وغدت كوردة يافعة في صحراء الخريف. . .

لحظتها خفت من كل شيء. . .

من حسد جمال الذاكرة. . .

ومن حسد نفسي. . .

أتعلمين يا وفاء. . .

أن نسيج رداء أحلامي كان من صنع يديك!!!. . .

وأن رائحته تشبه رائحتك. . .

وأنه يناسب تفاصيل جسدك. . .

قاومت حد الانهيار كل إحساس ينبت فيّ سواء من كلمة عابرة من رسالة إلكترونية أو هاتفية . .

قاومت بكل شراسة حد البكاء. . .

جرحت نفسي، وسالت دمائي ولم أضعف. . .

وفي النهاية سقطت من فوق إحساسي لأرتطم بأرض إحساسك. . .

سافرت حينما بدأت أراك في الوجوه التي تمر من أمامي . . .

حينما وجدت أحرف اسمك تختلط بأحرف أسماء من حولي . . .

حينما أركن وحيداً لا أفكر بفكرة نص وأعيشها أياماً قبل أن تتبعثر على الأوراق وإنما أجدني أبحث بين أسطر أحرفكِ عن وجهي . . .

وكما قاومت حد البكاء، جلست حد الانهيار أمام أحرفكِ» . . .

تلك هي أحرفك . . . . قرأتها بصمت دمعي . . .

مشكلتي يا وفاء . . . أنني أصدق الحرف وأثق به حد اليقين!!! . . .

لا أتركه يمر أمام عيني ومن ثم أرميه في عقلي فقط . .

بل أضمه وأدور به في كل أنحائي، هناك جزء من بعضي يرفضه وجزء آخر يقبله . . .

حينها أجلسه في عقلي لتصقله الأيام والأفكار والقراءات الأخرى . . .

أما حرفك فلم يرفضه أي جزء من بعضي!!! . . .

توسمت فيه الصدق . . ووزعته على كل أنحائي!!! . . .

كنت بخيلاً في توزيعي . . . بل كنت ظالماً جداً . . .

حينما انزويت في ركن بعيد وأمررت منه كل أحرفكِ إلى

قلبي . . .

فهل ظلمت بعضي؟!!! . . .

ذات يوم يا وفاء، رتبت حقيبتي ولملمت كل أشيائي، كنت

على موعد مع صديقي أحمد لنسافر

إلى مدينة جدة، ولم أقل لزميلي عن سبب ثقل حقيبتي!!! . . .

كل أحرفك التي قرأتها . . . .

وكل كلماتك التي قلتِها . . .

وأشياء كثيرة من حكايات بعضي . . .

كانت معي . . . في حقيبتي . . .

مدة سفرنا يا وفاء لم تتجاوز سبعة أيام . . .

خلالها . . . لم أقرأ حرفاً واحداً ففي وجهكِ كل قراءات

الحروف

تركت رواية (الموت) للمؤلف: فلاديمير بارتول

في حقيبتي لم أخرجها . . .

أخفيتها تحت أكوام ملابسي وتفكيري . . .

ترددت كثيراً في فتح جهازي المحمول . . .

كنت أخاف منك يا وفاء . . .

ومع هذا لم أسلم من كل الكلمات والأحرف التي حفظتها منك يا وفاء!!!...

وحينما عدت...

فتحت بريدي الألكتروني قبل أن أغير ملابسي وأغسل تعب السفر وانتظاراً كان في مطار الملك عبدالعزيز في جدة لإقلاع رحلتنا للرياض رغم التأكيد بالحضور للمطار قبل ساعتين من الإقلاع خوفاً من إلغاء حجزي المؤكد كما يلغي المرء فكرة أن يشرب الماء بعد قهوته!!!...

ووجدت أحرفك في رسالة مرسلة حسب تاريخها قبل ثلاثة أيام!!!...

وكانت رسالتك الألكترونية مفعمة بالمشاعر، تفيض بمشاعري وتكتب تفاصيل حياتي...

«حبيبي...

لا أعلم أي أرض تحتضن خطاك...

ولا أعلم أي المقاعد تحوي جسدك...

هل تحس بالدفء الآن...

أم أنك كطفلٍ مشرد تتكور حول نفسك من شدة البرد...

سفرك بعثرني...

شتت كياني... أفكاري... لم أعد أهتم بدراستي...

حتى الجامعة أصحو إليها بتثاقلٍ عجيب وأذهب لا لشيء إلا خوفاً من توبيخ أمي...

صحيح أن الجامعة تضم جسدي التائه بين كومة من اللحوم الأنثوية... لكن خلت قاعات المحاضرات من خطوات قدمي...

أذهب إلى جامعتي...

أجلس وحدي في مكان معزول...

أحاول بشتى الطرق التخفي عن زميلاتي...

لا أريد أن أكلم أحداً...

فنفسي ترفض كل الوجوه وكل الأبجديات حين تغيب أنت ولايبقى بعدك سوى مقعد فارغ ينتظر الامتلاء بك...

أجلس منزوية على أحد المقاعد...

أفتح حقيبتي وأخرج منها قصاصات نصوصك التي أحتفظ بها...

وحده حرفك الذي يسليني في غيابك...

وحده عزائي...

ليتك ترى حالتي حين أنزوي بجسدي وحيدةً غريبةً بين كل الأجساد...

أطوف بنظري في بستان حرفك . . . أنتشي برائحة عبقه . . .

ثم أعيده حيث كان بعد أن أشبعته بدمعي المتناثر . . .

تقع يدي على محفظتي التي تحمل الصورة الملونة الوحيدة التي أحتفظ بها لك والتي قصصتها من إحدى المجلات . . .

وضعتها بين دفتي كرتٍ صغير حتى لاتلتفت إليها الأعين . . .

أخرجتها من مخبئها أمررت أناملي على قسمات وجهك . . .

وسرحت بعيداً بعيداً . . .

حيث أنا وأنت والقمر . . .

أمسك بيدك وأراقصك تحت ضوء القمر وأنا في عز الظهيرة تتعامد على جسدي أشعة الشمس الحارقة ومع ذلك لا أبتئس ولا أشعر . . .

«أرأيت سيدي كيف أعياني فقدك؟!!

فالمهم أن تكون معي . . .

لا أشعر بمن هم حولي . . .

ذات نهار لم أشعر بنفسي إلا بيد فتاة لا أعرفها تنقر كتفي وتقول ما بك يا أختي الدوام انتهى وأنت نائمة . . .

مسكينة هي تظن أني نائمة وأنا أحلق معك بين النجوم . . .

كفراشتين من نور تنثران على الأرض قطعاً من الماس . . .

يااه فركت عيني...

شكرتها وأخذت أجر خطواتي بتثاقلٍ نحو بوابة الخروج...

وجدت أخي ينتظرني وله قرابة ساعة ونصف ....

أخذ يرشقني بصرخاته وويلاته...

التزمت الصمت...

لا ألومه فوهج الظهيرة لا يترك شيئاً إلا ويحرقه لتغلي الأعصاب وتضطرب كل الحواس عدا شيء واحد فقط هو الشعور بك فلا يمكن لقرص الشمس أن يغير مزاجه أو يعكر صفوه...

أرأيت يا حبيبي كم أنا متعلقةٌ بك...

عدت إلى المنزل ورأسي يؤلمني من حرارة الشمس التي حلمت بك تحتها...

لا أعلم لماذا حين تغيب أحب أن أعذب نفسي...

فلهيب الشمس كان بحد ذاته وابلاً من عذابٍ أليمٍ أصبه على جسدي...

بتثاقل نزعت ملابسي عن جسدي كم أكره كل ملابسي التي لم ترها عينك...

فتحت خزانتي فوقعت عيني على تنورتي الجينز وقميصي الموشّى بأزهار ربيعية...

هاتان القطعتان لهما تميز لم تحظ به أي قطعة أخرى حتى ولو كانت باهظة الثمن...

أتعلم لماذا سيدي؟!!

لأن عينيك احتضنتهما تحت طهر حبات المطر...

أَتَذْكُرُ حين بلل المطر يديك ماذا فعلت؟؟!!

كنت تقول أوووه يدي مبتلة...

وبكل عفوية أخرجتُ لك منديلاً ورقياً من حقيبتي ومددته إليك سحبتَهُ بقوة وتأملته وقلت باستهزاء ما هذا مجرد منديلٍ ورقي!!!... كيف له أن يجفف يدي!!!... رميته خلفك...

اقتربت مني في محاولةٍ لاحتضاني وحين قلت لك ماذا تريد أن تفعل قلت فقط أود أن أجفف يدي من المطر... وأنا أهمس لك يالك من مشاغب...

لذيذٌ هو شغبك يا حبيبي حين مسحت يدك في بلوزتي وأنت تحضنني وتقول لي لكن بلوزتك أشهى...

لا أكذبك القول بلوزتي ما زالت مخضبة برائحة يديك حين عانقها طهر المطر وأنا ما زلت أشمها...

رفضت غسلها بالرغم من أنها تلطخت بالطين في ذات اليوم حين انزلقت قدمي وأنا أحاول ركوب السيارة...

أحب هذا اللباس أحبه لأنه يذكرني بك . . .

لبست ملابسي واحتضنت تنورتي الجينز وقميصي ونمت وأنا أحلم بك . . .

هكذا هو نهاري حين أفتقدك أقضيه بك ومعك . . .

لا أحد يشاركني إياك . . .

وفي المساء . . .

يأتي الليل طويلاً من دونك . . .

فامرؤ القيس لم يبالغ حين قال:

فيالك من ليل كأن نجومه بكل مُغَار الفَتْل شُدّت بِيَذْبُل

فأحس بأن ليله طال وأسرف في الطول حتى كأن نجومه شدت إلى جبل عظيم بحبال غليظة فتسمّرت في مكانها فهي لا تجري ولا تسير . . .

فالليل طويل . . . طويل جداً

هكذا هو ليلي دونك . . .

كل شيء في حياتي يفتقدك . . .

الظلام بدونك حالك . . .

كل الأنوار لا تزيد الليل إلاسرمدية في غيابك . . .

كيف لعيني أن ترى النور وأنت لست هنا . . .

ذات ليلة اجتاحني الحنين إليك . . .

بعثرني . . .

اقتربت من صندوقي الصغير . . .

أخرجت ورقة النقود التي كتبتَ في جهتيها الحرف الأول من اسمي واسمك ورسمت توقيعك وطلبت مني أن أرسم توقيعي ثم قطعتها لنصفين أعطيتني أحدهما وخبأت الآخر في جيبك وقلت لي حافظي عليها كعينيك ثم عصرت خدي بعدها وهمست لي أحبك ياجنوني . . . .

أخذت أتأملها وألثمها بشفتي . . .

وأنا أنظر رسم توقيعك عليها وأسأله أين صاحبك؟!!

في أي العوالم قد حط رحاله . . .

هل ما زلت كما أنا في قلبه . . .

أم أن هناك أنثى تملكت قلبه هناك في غربته . . .

تقتلني الأسئلة وتبقى أماكن الإجابات فارغة . . .

حبيبي عد إلي قبل أن يتفطّر قلبي . . .

فأنا أحتضر لحين الإشعار بعودتك . . .

هكذا أنا في غيابك قضيّةٌ بلا قاض . . .

منزلٌ بلاساكن . . .

ليلٌ بلا نجوم. . .

وبلادٌ بلا حارس. . .

ونباتٌ بلا ماء. . .»

تلك هي أحرف وجودي بعد سفري إلى جدة!!!. . .

بذلك يا وفاء نسيت نسياني!!!. . .

وأقبلت بعراء قلبي لدثار قلبك. . .

وصرخت في نهاية رسالتك. . .

«أحبك. . . أحبك. . . أحبك. . .»

حينها لم أشعر بتعب الانتظار المحمول في صداع رأسي من
مطار الملك عبدالعزيز. . .

شعرت بأني أسبح بين غيوم السماء. . . وأن جسدي قد اكتسى
لون البياض. . .

وأن قطرات المطر في احتمال أكيد لدي أنها ممكن أن
تجرحني!!!. . .

كل الأحزان تشبهني يا وفاء!!!...

عشتُ يا وفاء كل إفاقات الأوقات الماضية ووجدت وجه الرياض نائماً تحت خيمة الليل التي لم أرها من قبل أن أغرق في بحر حبكِ، وعندما تأقلمت خطواتك على طريق البعد وعرف قلبي طريق الحب مشيت فيه بعيداً عن طريقك الذي لا أرجوه ووجدتُ وجه الرياض يقترب من عيني خالياً من كل شيء، عدا صمت يطوقني ويحاصرني ويهتف من داخلي باسمكِ!!!...

سيدتي... دعيني أعش بقايا وجهك في ذاكرتي...

فبعد رحيلكِ يا وفاء، أصبحتُ أجوب شوارع الملل وأطرق أبواب الخوف صامتاً...

أنادي بملء صوتي ويرتد صوتي إليَّ مبللاً برطوبة أوجاعي...

لا أحد هنا يا وفاء...

لقد رحل الكل برحيلكِ. . .

لا أعلم هل هم رحلوا خلف خطواتكِ؟!!!. . .

أم أني ربطتُ رحيلهم برحيلكِ يا وفاء؟!!!. . .

لقد أصبحتُ تائهاً. . . ضائعاً. . . مشرداً في مدينة حبكِ. . .

لقد أصبحت الرياض من بعدكِ يا وفاء مدينة أموات!!!. . .

لأول مرة يا وفاء أتبعثر في شوارع الرياض وأمشي في طرقات الأحزان التي لم تخطها خطواتي. . .

لقد صادفتُ في طرقات الأحزان وجوهاً كثيرة. . . أعرف بعضها وأقرأ أحزان بعضها التي لا أعرفها

في هذه الشوارع يا وفاء تمشي جنائز الفرح خلف بعضها كطابور عسكري!!!. . .

تمشي في شوارع الأحزان حتى منتهاها ومن ثم تعود مرة أخرى إلى أول الطريق. . .

لأول مرة أشاهد يا وفاء ضياع مقبرة الفرح في شوارع الأحزان. . .

كل المساحات الخالية مسجلة باسم الأحزان ولا تتقبل أن يدفن بها الفرح. . .

يتعفن الفرح في جنازته. . . تفوح منه رائحة لا يشمها سوى الحزانى!!!. . .

فكل وجه هنا له حزن مميز، لا يعرفه سواه..

تتشابه الأحزان هنا يا وفاء في وجوه البشر وتختلف الآلام في قلوبهم...

كان لمدينة الرياض يا وفاء وجهٌ آخر لم أره من قبل...

عشت كل إفاقات الأوقات الماضية ووجدت ذلك الوجه نائماً من سهر الليل الذي لا أعرفه قبلكِ يا وفاء... وحينما عرفتِ أنتِ طريق البعد... وعرف قلبي طريق الحب... وجدت وجه الرياض هذا يقترب من عيني بعدما فقدتُ آخر خطواتكِ في وقتي!!!...

هذه هي الرياض... لديها من طرقات الأحزان ما يلغي طرقات الفرح، وقد سألتها عنكِ يا وفاء، وأجابت صمتاً، تعبق برائحة الحزن في كل طريق أو ممر ألجأ إليه ليمسح دمعة شارفت على النزول حينما تسقطين أمام عيني وأصبحت لا أرى سوى تلك البسمة العالقة في ذاكرتي حينما أمسكتِ يدي في مساء ماض على كورنيش الدمام.

تعبق برائحة الحزن... وتنثر عبيرها في الطرقات... وتحت سفح الظلام... وخلف الأبواب الموصدة...

لقد تبعثرت في شوارع الرياض الجديدة... فالجائع يا وفاء تشده رائحة الشواء...

والشبعان يا وفاء تشعره رائحة الشواء بالغثيان...

ولا أعتقد أن في شوارع الرياض من يشعر بالغثيان!!!...

أوقفت سيارتي جانباً على طريق الأمير عبدالله بالعليا، نزلت منها واتخذت الأرصفة مشياً

أحزان كثيرة تتربص بي عند كل مفترق...

تسكنني أحزان البشر المرمية على جنبات الأرصفة... فرائحة حزني يا وفاء تجذب كل أحزان الآخرين إلى قلبي... لقد امتلأت وتشبعت بكِ يا وفاء، امتلأت حزناً وأوجاعاً وسرت إلى مدى بعيد نحو أفق مجهول لا يعرفه أحدٌ سوى دمعة حطمت صبري وقوتي و انسالت بهدوء في ممرٍ ضيقٍ لا يسع جسدي، غسلته بتلك الدمعة وانحنيت يا وفاء برطوبة الحزن!!!...

وحينما جلستُ على رصيف البائسين لأكتب حزني في قصيدة رطبة على لساني....

كتبت وجهكِ يا وفاء!!!...

سطور وجهكِ تحمل لغة لا أفهمها... وأجيد كتابتها!!!...

تعري جسد حزني بجانب الأجساد العارية المرمية هنا يا وفاء...

كل الأجساد تتشابه مع جسدي... ويختلف جسدي عن كل الأجساد!!!...

تفاصيل صمتي... ودمعتي... ووجعي... قالها غيري ولم يعشها سواي!!!...

عميقٌ جداً هذا الـحزن الذي يسكنني... أصـمت فرحي بقلبي... لم يحركه حد العفن!!!...

آخر الشارع بدأ يزف الظلام إلى أوله...

يطوي الأجساد الباردة ويكتب على الأرصفة دموعهم...

انطفأت كل أنوار الأرصفة احتفالاً بقدوم الليل...

وتكوم البرد على الأجساد التي لم تعرف الدفء...

استحم الرصيف بدمعتي... وتغنى بلاطه بأوجاعي، وجلس تحتي ينتظر أن يأتي الفجر من أول الشارع!!!...

لقد أصبحتُ يا وفاء... من عشاق الليل... أعيش خفاياه ولا أحكي لأحد عنها!!!...

مللتُ الرصيف المظلم قبل أن يملني... لم أكوِّن بعد معه تلك الصداقة التي من الممكن أن تجعلني أنتظر أن يأتي الفجر معه...

أقمتُ جسدي... خطوتُ خطوات ليست لي... عابراً في ليل مظلم... أبحث عن النهار في تفاصيل الظلام... وكأني أبحثُ عن وجهكِ!!!...

لقد شعرت بضياعي... حتى خاف مني ضياع الليل!!!...

ألصقت نظري على الشبك الحديدي للمحلات التي تطل على الشارع بعين نافذة...

ظلامها يشعرني بالفراغ. . . بالضياع. . . بأني أعيش وحيداً على هامش الحياة. . .

كل شيء ممكن أن أتصوره يا وفاء. . . ممكن أن أعيشه باقتناع أو رغماً عني. . .

عدا تصور بعيد لا يسكن أماكني أن هناك امرأة أخرى تسكن حياتي بعدكِ يا وفاء!!!. . .

لقد أصبحتُ أهذي بكل كلمات العشق التي قرأتها ذات يوم وضحكتُ لمعانيها!!!. . .

فوجدتُ الآن أن كل تلك الكلمات لم تكن كلمات عشق كما هو عشقي!!!. . .

لقد كان العشق كبيراً. . . كبيراً. . . أكبر من احتمال خيالي وأفكاري وواقعي!!!. . .

لم أنسكِ يا وفاء. . . ولم يستطع النسيان أن يكتب أحرفه على صفحة عقلي. . .

قرأتكِ يا وفاء كثيراً. . . تصفحتُ فيكِ ارتباكي. . . ولم أجد في ملامحكِ ملامحي!!!. . .

انشطر المساء في توقيت ساعتي. . . ولم ينتهِ تصفح وجهكِ في ذاكرتي. . . .

فقد لمستُ في مسائي هذا كل جروحي. . . وعريتُ كل مسامات جلدي. . .

وبكيتُ كل شيء . . . كل شيء . . . كل شيء . . .

بكيتُ دمعة تحجرت في عيني أمام نظرات من أحبهم . . .

خفتُ أن أعرِّي نفسي بدمعتي تلك أمامهم . . . وأخذتُ أجوب شوارع الليل أبحث عن شارع له نهاية كبسمتكِ . . .

خفتُ أن أعرِّي حزني ويحسدوني بنظراتهم!!! . . .

خفتُ أن يضحكوا على ضعفي . . . وعلى جرحي . . . وعلى رجولتي التي بدأت تنهار . . .

خفتُ أن يشاركوني دمعتي . . . وأنا لا أقبل أن يشاركني فيكِ أحدٌ!!! . . .

لن يفتح كتاب حبي غيركِ . . . ذلك ما عاهدتُ حزني عليه . . .

ولن يغلق كتاب جرحي سوى أناملكِ التي لا أعرف الآن ماذا تمسكُ؟!!! . . .

ولن يقرأ وجهكِ أحدٌ في سطور كتابي!!! . . .

ولن أرضى أن يعيش معي أحدٌ غيركِ . . . لن أرضى أن يلمس جرحي غيركِ . .

فحياتي ودموعي وجروحي وعذابي لكِ يا وفاء . . . ولن أدنسها مع غيركِ . . .

لعلكِ تعودين يوماً من الأيام . . . وتجدينني بكل ما أحمل . . . وفياً . . . مخلصاً لكِ . . .

سأنتظركِ يا وفاء... وستنتظر معي حياتي ودموعي وجروحي وعذابي...

دمعتي تكابد رغبة في النزول، والظلام من حولي، ركبتُ سيارتي، أدرتُ مفتاح التشغيل وتحركت بها لا أعرف إلى أين؟ ولكني أصبحتُ أخاف أن أعود إلى داري وإلى غرفتي وأجد حزني ينتظرني!!!...

سرت في كل الشوارع وكأنِّي أبحث عن شيء ما!

يمر شريط يومي منذ بدايته في خطواتي التي لا أعرف إلى أين منتهاها...

على طريق الملك فهد استدرت راجعاً تاركاً خلفي داري وغرفتي، اتجهت إلى الشرق قاصداً حي الروضة الذي تركتموه، لا أعرف لماذا ولكن بحثاً عن بقايا رائحتك وشيء من ذكريات كانت هناك، طوال الطريق كنت أفكر فيك، أرسم ضحكتكِ في بسمتي وأعيش وجودك الآن بخيالي، رغم طول المسافة إلا أني كنت أمشي ببطء شديد على المسار الأيمن، جال بخاطري في تلك اللحظات موقف طفولي لا أعلم لماذا اشتعل فجأة في ذاكرتي، قد تكون نظرتي للسيارة التي أمامي حينما رأيت الأطفال يطردون النوم من جفونهم بمشاغباتهم، لا أعلم، كل ما هناك أن معلمي كان يسحب خطواته بثقل متجهاً إلى الفصل، دخل وشملنا جميعاً بنظرة كانت

كافية لأن ندس أيدينا في جيوبنا أو نضعها على الطاولة وندس معها مشاغبات لا تتوالد سوى بخروج معلم وقدوم آخر، ألقى المعلم نظرة فاحصة على المقاعد الخالية ومن ثم أمرنا بالوقوف جميعاً، بيده عصاه الثقيلة والموجعة، وطلب من الكل أن يمد ذراعه أمامه ليتفحص أظفارنا، وبطرف عصاه يخرج بعض الطلاب أمام السبورة قريباً جداً من سلة المهملات وحينما يصل إلى يدي الممدودة يمكث قليلاً ينظر إلى وجهي، يضع العصا على كتفي ويهمس لي «لا تقضم أظفارك بأسنانك» يسحب عصاه ويغادرني إلى يد زميلي الممدودة . . .

في هذه اللحظات لا ألومه في ذلك فهو لا يدرك أنني عندما أقلم أظافري بأسناني فأنا أربي في داخلي الوجع منذ المهد!!!. . .

وكبر الآن وجعي، غادر مهده ليلتصق بنضارة شبابه على أوراقي!!!. . .

لا يكتفي من تهم الحزن التي تتراشق هنا وهناك . . . في كل أنحاء جسدي . . .

لأجد غيابكِ ينتشل من طفولتي سبب قضم أظفاري بأسناني!!!. . .

أشعلت ضوء الإشارة اليمنى وانحرفت قبل أن أدخل النفق، وقفت أمام الإشارة الحمراء بضع ثوانٍ قليلة، كانت بجانبي سيارة

واحدة يقودها أجنبي أظنه من باكستان حسب ما رأيت من شعر ذقنه الطويل، تحركت وأشعلت ضوء الإشارة يساراً، دخلت حي الروضة، على شمالي المركز التجاري الذي ضم أول لقاء بيننا، مسحته بنظرة دون أن أخفف من سيري، وحينما وصلت إلى محطة الوقود على يميني انحرفت يميناً دون أن أشعل ضوء الإشارة!!!. . .

أوقفت سيارتي على اليمين أمام باب داركم الذي لا يسكنه جسدكِ. . . أطفأت محرك السيارةوفتحت النافذة لأشم هواء كان في يوم من الأيام يتسع له صدركِ. . .

هنا في هذا الشارع كانت خطواتكِ تلثم هذا الرصيف، ويدكِ الطاهرة تعانق مقبض هذا الباب، في هذه الدار كانت وفاء. . . «وفاء من اغتسلت بقطرات المطر، وتركتني أعاني الفقد». . . هكذا همستُ لنفسي. . .

لم أبال بدمعتي التي نزلت على خدي، أحطت نفسي بسياج الهدوء والصمت، وبكيتُ بهدوء. . .

«لماذا فعلتِ كل هذا يا وفاء؟!!!. . .» لا أجدك الآن. . . ولا شيء يوصلني إليك، حتى الحروف التي تسللت من بين أناملي وحملت حزني على الصحيفة نفسها التي تعشقينها لم تستطع أن تناديكِ. . .

كتبتها يا وفاء لتسطر نزف انتحابي، وتبكي جروحي، وبين كل

حرف وحرف حكايات طويلة من النداء والألم . . .

لن أبتئس لقلبي المحروق دوماً كطفل يحرق النمل وهو يعبث بعود ثقاب دون أن يكترث . . .

أيتها الرائعة حد الدهشة . . . ها هو وجهي فأين نظراتكِ؟!!! . . .

ها هو قلبي فأين يداكِ؟!!! . . .

جئتُ لأجلك . . . جئتُ لأحبكِ . . . وسأظل لأجلهما أجيء ولن أركن للفقد!!! . . .

لا أستطيع أن أكتب!!!!...

وفاء . . . ما زالت ذاكرتي تتنفس أحرفك، وما زلت أحتفظ بكل رسائلك . . .

أقرؤها مراراً وتكراراً، وأدعها على سطح مكتبي، لتعبق رائحة جميلة من ورقة رسالتك إلى كل أنحاء غرفتي وأنحائي.

وهذه رسالتك، أشم من أحرفها رائحة الحب الذي لم تنطقيه، حينما كنا على وعد اللقاء، ولم يكن اللقاء، أتذكر ذلك المساء جيداً . . .

ففي ذلك المساء يا وفاء تلقيت خبر موت أم صديقي عماد . . .

عماد هذا يا وفاء لم أتحدث لك عنه من قبل، كان زميلاً لي في الدراسة الجامعية، كنا نجلس في قاعة المحاضرات في الجامعة جنباً إلى جنبٍ، لم يكن بيننا سوى تحية الصباح وبعض الكلمات العابرة وخصوصاً حينما يكون المنتخب السعودي أو نادي الهلال طرفاً في

المباراة التي نتحدث بشأنها، مجرد أحاديث عابرة للتسلية لتقضية الوقت حتى يأتي المحاضر، وفي بعض الأحيان حينما لا يأتي المحاضر أو نلتقي صدفة في بوفيه الجامعة نتناول سوياً القهوة الأمريكية الممزوجة بالحليب مع قطع من شرائح الكيك الإنجليزي ونتحدث قليلاً عن كل شيء، شيئاً فشيئاً بدأت علاقتنا تمتد إلى خارج أسوار الجامعة، عندما يطلب منا الدكتور المحاضر بعض المراجع للمادة التي ندرسها عنده، وذهبنا في ضحى يوم اثنين في سيارته الفورد السماوية، ركبت بجانبه، واتجهنا إلى مكتبة العبيكان في شارع الملك فهد لشراء تلك المراجع المطلوبة، وبعدما اشترينا ما نريد من المراجع اقترح عماد بعدما نظر إلى ساعته وأدرك أن هناك متسعاً من الوقت لدينا قبل أن تحين موعد المحاضرة القادمة أن نتاول القهوة التركية في كوفي شوب النحبة على طريق التخصصي الفاصل بين حي المحمدية الشرقية والغربية، نظرت إلى ساعتي بحركة اعتيادية ووافقته على اقتراحه أوقف سيارته أمام الباب الزجاجي لكوفي شوب وترجلنا منها، قبل أن نلج من باب الكوفي شوب قلت له، قيادتك للسيارة مخيفة، نظر إلي وابتسم دون أن يجيب عن ملاحظتي، حينها كنا نجلس أمام بعضنا في الكوفي شوب تناولنا القهوة وقرأنا بعض الصحف اليومية، ودردشنا قليلاً مع العامل المغربي صلاح ذي اللهجة المغربية الجميلة لم يكتف عماد بفنجان قهوة واحد بل طلب فنجاناً آخر قبل أن نغادر المقهى، رجعنا إلى الجامعة محملين بصور جميلة عن مدينة الدار البيضاء وطنجة التي

أغدق صلاح في وصفهما لدرجة أن عماد قرر السفر إليهما في الصيف القادم بناء على عطاء معاني وتصورات صلاح.

وأصبحت بعد ذلك علاقتنا مجرد اتصالات هاتفية ومقابلات قليلة، كان أسلوب عماد في الحياة لا يتناسب مع أفكاري ومعتقداتي، فهو العاشق الأول لصيد النساء، يطاردهن بخبث في الأسواق ويفوز بهن دائماً، يملك وجهاً وسيماً وكلمات لا تخلو من الوسامة، وحينما نلتقي سواء في الجامعة أو خارجها ينطلق بلسانه بوصف نسائه وأبداً يا وفاء لم ينطق باسم واحدة منهن!!!...

اتسع أفق صداقتنا التي كانت لا تتعدى سوى أوقات محدودة خارج أسوار الجامعة، حيث كنا نلتقي عندما تكون هناك مباراة سواء للمنتخب أو نادي الهلال في بيته أو بيتي وبعض الأحيان في بيت صديقي أحمد الذي شاركنا أغلب الأوقات ،وتخرجنا من الجامعة توظف عماد في قسم العلاقات العامة في وزارة التعليم العالي وأمسكت أنا بقايا تعب أبي.

وفي مساء اليوم وعندما دخلت مكتبي بعدما غابت سيرة عماد عني وأصبحت أتلقى شيئاً من مكالماته وأسئلته عني على فترات متباعدة يفصل بين كل اتصال ما يقارب الأسبوعين، بسطت صحيفة الجزيرة التي تفتح صباحي العملي دائماً، وفتحت جهاز الحاسب الآلي ودخلت في شبكة النت، لم يكن هناك في الماسنجر سوى تلك الفتاة التي تدعى منى والتي تهيل دائماً عليّ كلمات الإعجاب،

تحدثت معها وكان بالفعل نقاشاً جميلاً عن علاقة المبدع بالحزن والفقر، وفجأة دخل علي صديقي أحمد بوجهٍ لم يكن يحمل ملامحه من قبل وأخبرني بأن أم عماد ماتت، لحظتها وجدت عماد بقامته الطويلة ووجهه الوسيم، بضحكته وحديثه الممزوج بصور الفتيات في خيالي أمامي، شعرت بشيء غريب وكأن الحزن الذي ينبت الآن في أرض قلب عماد قد أثمر في صدري، وضعت رأسي بين كفي اللتين أسندتهما إلى سطح مكتبي، ذكرت الله كثيراً وترحمت على أمه ودعوت لعماد أن يلهمه الصبر والسلوان، أزحت الصحيفة جانباً وأمسكت بالقلم دون أدنى شعور ولثمت به الأوراق، لم يكن في بالي شيء محدد أكتبه، صورة عماد وتخيل بسيط لأمه هما ما استحوذا على بصيرتي هذا الصباح وكتبت بروح عماد الحزينة:ـ

«. . . أماه. . .

حينما ارتفع صوت أذان العصر، فرشت سجادتك ووضعت عليها ثوب صلاتك الأزرق وناديتك. . .

* **أماه. . . لقد حان وقت الصلاة. . . تعالي لتؤدي الصلاة . . أماه. . . أماه. . .**

وحينما لم يجب صوتك لنداءاتي، سقطت أرضاً على سجادتك واحتضنت ثوب صلاتك الأزرق وبكيت. . .».

فاضت عيني بالدمع، تذكرت أمي، لم تمهلني الذكرى متسعاً من

الوقت، رفعت سماعة الهاتف واتصلت بأمي لترد علي العاملة الفلبينية ذات البشرة البيضاء والقامة القصيرة، سألتها عن أمي فأجابت بكلمات مختلطة بين اللغة العربية واللغة الإنجليزية خرجت من كلماتها بأن أمي لا تزال نائمة، حمدت الله وشكرته، كان صديقي أحمد يجلس أمامي تاركاً رأسه يتدلى على صدره، وثمة دمعات تغالب تجلده، تواعدنا على الذهاب سوياً للصلاة على أم عماد وحضور تشييع جنازتها، خرج من مكتبي أحمد بحزن واضح على ملامحه وبقيت أنا، ليس أمامي غير جهاز الحاسب الآلي وإطار المحادثة مع منى التي كانت تناديني باستغراب كلماتها، اعتذرت لها وأخبرتها عن وفاة أم عماد لتحزن كلماتها وتدعو لها بالرحمة والغفران . . . .

ومنعني حزن فقدان أم عماد من تلبية موعدنا!!!. . .

تركت المساء يعدو بين كفي عماد، تارة يحضنني لتسقط دموعه التي تأججت بين جفنيه وتارة أخرى يستلهم من كلماتي عزاء الفقدان. . .

وحينما خرجت من داره بعد منتصف الليل بقليل، اتصلت بك فكان هاتفكِ المحمول مغلقاً، حينها توجهت إلى داري، لم يكن هناك أحد في انتظاري، فكل من في الدار قد سيطر عليه النوم، دخلت غرفتي واحتويت نفسي وحيداً، بكيت وجه عماد وكل دموعه.

وفي صباح الغد الرطب من أحزان ليلة البارحة وقبل أن أقود

سيارتي جاءني السائق السيرلانكي محبوراً برسالة منكِ أخذتها منه بعدما أخبرني بأن سائقكِ قد سلمها له هذا الصباح ليودعها ليدي وكانت رسالتكِ . . .

«حبيبي . . . هذا الفجر الذي انتظر حبور لقائنا قد أرشقني بندى الحيرة . . . لا أعلم لماذا تركت زينتي على وجهي ولم تأت؟ . . . !!!!

في هذه الليلة التي كانت تحمل موعد لقائنا . . . . ارتديت أجمل ملابسي . . . وكماليات زينتي . . . تعطرت بعطرك الذي أهديته إليّ حينما

تقاسمنا الضحكة المنتزعة من القلب وأودعنا خلفنا كل الحياة وعشنا في خيال واسع لا يسع سوى جسدينا وشيء من حب أبيض، أشعلت شموعي لتضيء حيزاً من غرفتي يشمل وجهي العالق في المرآة ووجهك القابع خلف إطار ذهبي تحت مرآتي .

وانتظرتك على رصيف آخر الليل الذي يفصل الظلام عن النور، دقائق عبرت ذاكرتي مطرزة بفرح الذكريات، مرت بطيئة استوعبت فيها كل شيء حتى التفاصيل الدقيقة.

هنا في هذا الوقت كان انتظاري . . .

لا يقبل اليأس، فحديثنا هذا الصباح لم يكن سوى تأكيد

لحروف سابقة امتزجت بأحلام اللقاء ومواكبة حسن الفرص، أمسكت دفتري لعل الوقت يمضي ويترك عطر وجودك في غرفتي، لثمت أوراقي، وتمعنت ببياضها كثيراً

لم أكن أنظر إلى بياض الأوراق لحظتها، بل كنت أتفرس ملامحك التي رسمها انتظاري على هذه الأوراق.

لم أكتب حرفاً واحداً، ولم أترك البياض يكسو أوراقي، فتحت غطاء قلمي وكتبت بأحرف كبيرة «لا أستطيع أن أكتب» . . . . حينها كتبت كل ما أريد بفراغ البياض!!! . . .

بدأ النور يبدد خيوط الظلام، ومع ذلك عشت وهماً إنني ما زلت في الليل وأن هناك لا يزال وقت لانتظاري،

لم يكن هذا الضوء العالق على زجاج نافذتي إلا خيالاً تعلق في عيني، يختلف كثيراً عن خيالات الانتظار!!! . . .

غردت الطيور على أغصان الأشجار، تهادت إلى أذني، وكذبت أذني!!! . . .

أرخيت ستائر غرفتي لأطفئ آخر انبثاق للنور فأنا أرفض أن يأتي النور دون أن تصافح يدك آخر بقايا الظلام!.

لم أشم رائحة الصباح، فرائحة شموعي ما زال لديها الكثير من الترقب.

عطلت كل حواسي لأجلك . . . كانت صادقة ولم أصدقها . . .

لقد قلت إنك ستأتي، أصدق كلمتك وأكذب كل الكلمات التي لا تحمل نبرة صوتك!!!. . . .

طرقات خفيفة على الباب شدت انتباهي، صوت أمي يناديني أن أستيقظ من النوم. . . . حينها تأكدت أن للصباح جبروتاً عظيماً وأن وجوده سيأتي إلى إحساسي من كل الطرق، فتحت الباب لأرى الصباح عالقاً في وجه أمي التي قالت لي:ـ

* وفاء ـ نظرت إلى هيئتي ثم أكملت ـ ما شاء الله عليك، لبستِ سريعاً

حينها وددت أن أقول لها:ـ

* إنها ملابس الليل الذي تحمل صبر انتظاري . . . .

أطفأت شموعي وعلقت حقيبتي على كتفي وقبل أن أغادر غرفتي همست لإطار صورتك المركون تحت مرآتي:ـ

(. . .سأبعث إليك هـذا الصباح وردة بيضاء . . . .، افتح نافذتك. . .وستجدها على شرفتك تنتظر روعة أناملك. . . .)

ملاحظة . . . .

لست كنساء الأرض أستيقظ لأجد بجانبي خاتم ماس. . . وسواراً من زمرد. . . وعقداً مـن لؤلؤ. . . أنا فقط امرأة تملك صندوقاً لاتخبئ فيه سوى شيء من ورق تخاف أن يتسلل شيء منه إلى أروقة الآخرين. . . صندوقي لا يمكن أن أستبدله ولو بكل

خيرات الحياة. . . أرأيت سيدي كم أنا مختلفة عنهن؟!

أنا فتاة حين أحبتك صارت كل أحلامها كوابيس إن لم تكن تحويك. . .

أنا فتاة حين أحبتك صارت كل حروفها أنت وكل حكاياتها أنت وكل حياتها أنت. . .

أرأيت سيدي كم أنا أحبك؟!!!».

طويت رسالتكِ وشربتُ دمعتي التي أجبرتني على مرورها على خدي. . .

فتحت زجاج نافذتي ولم أجد وردتك!!!. . .

سر الدمعة الثقيلة!!!

إن حــظـي كــرمــاد بــيـــن شــوك نـثـروه
ثـم قـالـوا لـحـفـاة يـوم ريـح اجـمـعـوه
عـجـز الأمـر عـلـيـهـم ثم قالوا اتركـوه
إن مـن أشقاه ربي كيـف أنتم (تسـعدوه؟)

وفاء . . . ليـس للألم سوى وجع واحدٍ، وليس للحياة سوى
روح واحدة، ولـست أمـلك الآن سـوى حـروف اسـمي واسمكِ،
وأكوام هائلة من الذكرى، فطريق الأمس يا وفاء لا يزال معتلياً كل
المساءات الماضية، وخطوات الذكرى الماضية متأنية البطء على
جدار عقلي . . .

وفاء . . .

في خناق الذكرى التي لم تبرح خيالي بقيت أنا ودمعة ألم،

٢٥٥

أسير في طريق طويل يحفه القلق والخوف من كل جانب، كتبتُ لك رسائل كثيرة. . . وتركتها جافة على سطح مكتبي، أخاف أن تشاهدها عينكِ، وأخاف أن تذرف دمعة واحدة على ما مضى، وأنا يا وفاء لا أريد أن تتعلم عينكِ المشي في طريق الدموع!!!. . .

فلتعذرني الأيام، ولترحمني الذكريات، فقلبي حينما تمسكين به يعطيكِ فرصة لرؤية ما بعده!!!. . .

غريب أنا في وجوه الغرباء، بكيتُ غربتي على جدار الأيام، سافرتُ بعدكِ كثيراً يا وفاء، أهرب من ذاكرتي، وأقع في حفرة ذكرياتكِ!!!. . .

زرعت خطواتي في غرائب المدن، وزرعت غرائب المدن خطواتها في غربة قلبي، لقد حسدني الآخرون على غرائب المدن، فرميت أوراق سفري في قاع قلبي!!!. . .

عيونهم يا وفاء توفد إلي ظلام المساء، وأسماؤهم غريبة وكأني لم أقرأها في عيني حينما أراهم!!!

ماذا يريدون مني؟!!!. . .

وماذا أريد أنا منهم؟!!!. . .

هم لا يستطيعون أن يخرجوني من سجن حزني، وأنا لا أملك وجهاً أذكرهم به بوجهي!!!. . .

أنا لا أريدهم جميعاً. . . لم أشحذ منهم خطواتي القادمة. . . ولم أقل لهم حروف اسمكِ!!!

فأنا أغار على حروف اسمكِ من شفاه غيري.

ولم أسكت لهم في صمتي!!!...

ولم أبح لهم في ثرثرتي!!!...

سأناديك... وأناديك... وأظل أناديك...

حتى يختفي الصوت مني... وتصبح كلماتي كصمتي!!!...

سأناديك باسمك... حتى أضمن أن لي روحاً تجاري الأرواح الأخرى في الحياة ....

لا أعلم يا وفاء... أنا كاتب الحب أغرق في شاطئه!!!...

رأيت النهر الممتد أمامي إلى ما لا نهاية وغرقت في موضع قدمي عند نهاية تلامس ماء النهر...

لم أر موضع قدمي... فقد كنت مبهوراً بك... وبهذا النهر الممتد في قلبي...

وفاء... لقد بللت قلبي بحبك في يوم قارس البرودة...

وأصابتني كل أوجاع الشتاء عدا وجع الجفاف!!!...

وخالفت فيك فعلكِ... لقد خالفت في نفسي الرحيل...

لقد تشابهت الأمور أمامي يا وفاء... وليس لي من الأمر شيء!!!...

فالوجوه التي تعانقني بالنظر وأعانقها أجدها غامضة الملامح...

والابتسامة التي أجدها على شفاه غيرك لا أجد فيها سوى الرحمة!!!. . .

ـ ٢ ـ

وفاء. . . لقد تعرقلت بكل الإجابات التي تحمل صيغة الأسئلة!!!. . .

ورفعت رأسي لتعلو طوابق الأسئلة عن أرض الإجابات. . .

لم تعد الأمور سليمة، لقد سدت آخر فجوة للأمل في جدار اليأس والألم. . .

أتساءل بيني وبين نفسي بعيداً عن حيرة الأسئلة التي تبحث عن إجابات. . .

لماذا أصبحت أنا هكذا يا وفاء؟!!!. . .

كيف إنتزعتِ قماش جلدك وبدلتِه بقماش آخر لا أظن بأنه يناسب حساسية جلدك؟!!!. . .

لا أعرف له لوناً ولا يليق بخطابات الأحرف التي كتبها قلبك في لحظة انتشاء!!!. . .

وفاء. . . لن أقول لكل البشر عن كل أسئلتي فيك. . . فلا أحد منهم يعرف الإجابات. . .

ولن يأتيني الجواب سوى منك وحدكِ. . .

انعقد على لساني السؤال. . . لتصبح كل همساتك الماضية أسئلة صعبة الإجابات. . .

ها أنا يا وفاء أعيش لحظات عمري بين معاني كلمات نطقتِ بها لمسمعي. . .

أردد كلماتك صامتاً. . . أبحث فيها عن أجوبة لأسئلتي لأدفن بها مقبرة أسئلتي. . .

لم يكن لدي أدنى شك في وفاء البكاء معي . . . . ولم يصدق أحد بعهده معي سوى الحزن. . .

ففي غيابك ركضت في كل الطرق التي أعرفها جيداً وأخاف من عقباتها. . .

ليبقى سؤالٌ. . . يحمل إجابات كل أسئلتي الماضية. . . أين أنتِ؟!!!. . .

ويبقى ذلك هو السؤال الصعب!!!. . .

لقد كذبت أنا ذات يوم يا وفاء. . . حينما جمعت كل أحزاني ولملمت كل أدمعي وقلت إني راحل. . .

لم أقصد أن أكذب عليك أو على نفسي. . . لا . . . أنا لا أكذب على تلك الفتاة التي علمتني متى يكون الصدق صدقاً.

لقد كنت أحاول أن أجتر شيئاً من رجولتي التي خفت عليها في غيابك. . .

لقد صدقت معك بكل شيء. . .

ولم أدنس لساني بألفاظ الكذب في كل مراحل تعليمك لي لنطق الحرف مع أنثى!!!...

وها أنا أدنس لساني بالكذب حينما قلت إني راحل...

لا أعتقد في ثورة غيابك أنك خنتني يا وفاء... ولكن خانني الوفاء ذات يوم...

ها هو عقلي يصرخ في صمتي، غاضباً على احترامي لنفسي...

كان يقول لي دائماً ....انتبه... انتبه... لا تسقطك أنثى!!!...

لا تجعل من عواطفك معبراً لخطواتها لتجرح قلبك...

دع النساء... دع النساء... دع النساء... فليس لقلبك قدرة على حزن جديد!!!...

وليس لعينيك قدرة على مشاهدتهن!!!...

فعينك قد ألفت الدمع فلا ترهقها بالنظر إلى وجوههن!!!...

وسقطت بعد حديثه هذا واقفاً...

كلماته يا وفاء كاذبة حتى الصدق!!!...

تجبرني لحظات على تصديقها... أسبغ عليها كل الأعذار وأقنع نفسي بتصديقها...

ولحظات أخرى. . . أغسل كل كلماته بذكرى بسمتك!!!. . .

لقد احترت يا وفاء في وفائي لكِ!!!. . .

فهذا الوفاء الذي زاحمني أحزاني لم يكن يبالي بي من قبلك!!!. . .

في بدايتي معك كان الوفاء يسمع همساتنا ويبتسم بخبث!!!. . .

كان يتوقعها ساعات نتوهج بها بما نريد ومن ثم تنطفئ. . .

لم يتقن السمع جيداً. . . لم يسهر معي على ذكرى دمعة شوق. . . ولم يسمع تفاصيل همساتنا!!!. . .

ولو كان ذلك لسقط على قلبي قبل أن أسقط أنا على حافة قلبك!!!. . .

ــ ٣ ــ

وفاء. . . أتعرفين سر الدمعة الثقيلة التي جرحت رموش عيني؟!!!. . .

إنه سر لم أحفظه من قبل لأني لا أعرفه!!!. . .

إنه أنتِ يا وفاء!!!. . .

دمعة لم تفارق رسمتك في ذاكرتي. . .

تغسل وجهك في عيني. . .

وتطهر سيرتك من أفواه الآخرين . . . .

وتذكرك بأن عاشقك الذي مات بكِ لا يزال حياً!!! . . .

ليتني لم أعرفك . . . ولم أمارس هذا الكيان الكبير على ضعفي والذي يدعى الحب!!! . . .

لعشت عالمي بين نصوصي المبعثرة في ساحة عقلي وعلى سطح أوراقي . . .

هل تصدقينني القول يا وفاء؟!!! . . . إذا قلت لك . . . إنني تركت حياتي في الكتابة وأصبح قلمي يلتمس الحياة من نزف رسائلك . . . .

وإني قد تركت جميع كتبي وحيدة على طاولتي تنتظر كلمات إهدائي!!! . . .

تلك الكتب التي قالت كل شيء عن الحب دون أن أعيشه!!! . . .

لقد اقتنعت أخيراً بأني أكتب من الخيال!!! . . .

لقد كنت أخاف الحب . . . وأخاف الأنثى!!! . . .

أخاف أن تنفتح لي صفحة جديدة بها طلاسم من حروف لا أجيد فهم معانيها . . .

لذا حذرت جيداً مما أخاف أنا منه . . .

فالقدر قد جاء بما كنت أخاف منه . . .

جاء متخفياً خلف جهاز هاتف نقال لا أعشقه كثيراً وأستفيد منه كثيراً . . .

جاءني من صوت مكتوب!!! . . .

بكى أمامي قلبي راجياً أن أقفل الجهاز وأبى وقتي إلا أن أمارس جديد الأشياء فيه وقديمها في قلوب الآخرين!!! . . .

وطاوعت وقتي . . . وتحمل قلبي وحيداً كل مصير وقتي لأنه أخلص بوفاء لحبكِ يا وفاء!!! . .

ـ ٤ ـ

وفاء . . . بالفعل هل أستطيع أن أنساكِ وألوث الأرصفة بخطواتي من دونكِ؟!!! . . .

هل أستطيع أن أدخل امرأة أخرى في داري وأناديها حبيبتي؟!!! . . .

وهل أستطيع أن أنطق كلمة أحبكِ لغيركِ؟!!! . . .

وهل هناك امرأة تستطيع أن تلغي وجودكِ في قلبي؟!!! . . .

لا . . . أنا لا أتوقع ذلك أبداً!!! . . .

ولو حصل ذلك يا وفاء فثقي بأني بدأت أكتب آخر صفحة في حياتي . . .

ليتني سمعتُ نصيحة صديقي ولم أبعث لك بتلك الرسالة. . .

ليتني لم أفعل شيئاً يا وفاء!!!. . .

لقد خاب مسعاي في أول مشوار الحب. . . وكتب الجرح أسطورته على قلبي. . .

ولم تفارقيني في كل أوقاتي. . . أعيش بعدكِ على ذكرى قربكِ وأبتسم!!!. . .

فمسائي المزدحم بصور ذكراكِ ضممته في عيني. . . وبكيته في قلبي. . .

حاولت أن أتعلم النسيان في غيابكِ وفشلت. . . .

حاولت أن أتعلم الفرح من دونكِ وفشلت. . .

لم أتعلم يا وفاء من رحيلكِ سوى كيف أقتات من الحزن خبز أيامي!!!. . .

وكيف يطاردني الدمع حتى في انجذاب نظري لمتحدث بقصته!!!. . .

لقد ازدحمت يا وفاء بأكوام من الحزن وأنهار من الدموع وشيء من ضيق الصدر. . .

لم أكن أعرف الحب من قبلكِ. . . لقد دخلت مدينة الحب دون أن أعرف ناسها. . .

تشابهت علي الشوارع والأرصفة ووجوهُ البشر وكلماتهم. . . لقد تهت في مدينة لم يحكِ

لي عنها أحدٌ من قبل. . .

لا شيء الآن يبعث في نفسي الراحة، لا شيء يا كل شيء!.

فشلتُ في الرحيل عنكِ، وجدتُ خطواتي التي قررت بها مساء البارحة أن تبعدني عنكِ وجدتها اليوم تقودني إليكِ، لذا رضيتَ بكل شيء منكِ، فقط لأبقى أشم عطركِ وأستقبل صباحي على حروف اسمك في شفتي، لقد عشتُ معكِ طويلاً، سمينا الأيام بأسماء لهونا، وتركنا الشهور عالقة على الأرض، لم تفارقيني، كنا طائرين لا تعرف سكونهما الأرض، وتغار غيمات السماء من مطر حبنا المتدفق، فلا يأتِ يا سيدتي رمحٌ يبعد جناحينا عن الالتصاق!.

والآن لا أملك من أمور الدنيا وأنتِ بعيدة سوى حفنة من الكلمات، ولتكن هي آخر كلماتي قبل أن يكشفني نور الفجر، وبعدها ليصمت لساني، فكلماتي لا تعيش سوى في مسمعكِ، وصوتي لا يعرف أحداً سواكِ، سأكتب لكِ كل الحروف التي تعلمتها، سأكتب لكِ كل المعاني التي أعرفها، سأكتب لكِ بلغتي، بدمائي، بنبض مشاعري، سأكتب لكِ الحب على صفحة بيضاء وأعلقها تحت إطار الوفاء والإخلاص على جدار الأيام.

ليس لي في أيامي غير البكاء !!

ها أنا وحيد. . .

حزين. . .

كل البشر حولي لاأراهم في غيابك !!. . .

أشرب أقداح الصبر وأنتظرك يا وفاء ولا تأتين. . .

تماماً كحكاية أنثى أحبت رجلاً وتعلقت به كتعلق جذور شجرة امتدت بعمق وتشبثت بقوة بباطن الأرض. . .

وحان الوعد المرتقب. . .

صارت عروساً لبست ثوبها الأبيض وجلست على الكرسي وبيدها عقد فل وياسمين أبت إلا أن ترتبه بنفسها لتصافح به عنق زوجها. . .

انتظرته بأمل كبير وشوق لا يقدر فاختطفه الموت منها وهو في الطريق إليها. . .

عندها فقط أيقنَتْ تلك العروس أن الفرحة أبجدية رحلت مع حبيبها...

هكذا أرى الفرحة في غيابك يا وفاء...

غابت معك والتهمتها أفواه الحزن النهمة...

لم تَرَ عيني في تلك الساعات سوى قطرات الدمع وهي تعانق وجنتي...

بياض ورقي...

كفيَّ...

وجسدي كله...

لم أكن أبكي بعيني فقط...

بل بكيتك بكل مسامات جلدي...

وضعت رأسي على وسادتي وحاولت بفشل ذريع أن أستجدي النوم ليأخذني إلى عوالمه الوردية...

كنت أحتاج وقتها أن أراك ولو حلماً...

أن أشعر بقطعة سكر صغيرة تعانق فمي المر ولو للحظات بسيطة...

لكنك لم تأتي ياوفاء...

أتعلمين لماذا؟!!...

لأن النوم صفع بقسوةٍ كل توسلاتي. . .

أشياء غريبة بدأت تخطر على بالي. . .

لا أعلم لماذا فرض حضوره الأستاذ طارق الذي درسني مادة الأدب والنقد حين كنت في المرحلة الثانوية. . .

كان ينتمي إلى إحدى البلدان العربية. . .

كبير في سنه. . .

كبير بقلبه. . .

وكبير بتعامله. . .

حنون، طيب، لم يجرح أحداً منا بكلمة. . .

كان وجوده هنا في بلدي يعني غربته. . .

ترك زوجته وأطفاله وهم في أمس الحاجة إليه سعياً وراء لقمة عيشه. . .

ذات يوم وفي حصة الأدب كان درسنا عن الشاعر العظيم المتنبي. . .

قام الأستاذ طارق بقراءة بعض أبياته وكان من بينها أبيات يقول فيها:

عـيـدٌ بـأيّـةِ حـالٍ عـدتَ يـاعـيـدُ   بما مضى أم لأمرٍ فيك تجديدُ

لم يترك الدهر من قلبي ولا كبدي   شـيـئـاً تـتـيّـمُـهُ عـيـنٌ ولا جـيـدُ

عندها توقف عن القراءة. . .

عم الصمت أرجاء المكان. . .

ثم أردف قائلاً:

أقسم أني شعرت بما شعر به المتنبي. . .

يأتي العيد إلى المتنبي وهو وحيد غريب. . .

تماماً مثلي. . .

اختنقت العبرات مختبئة خلف ملامحه المجعدة. . .

نسجت دموعه تلك اللحظة من خيوط غربته أردية الشوق لأطفاله وشريكة حياته. . . .

ماذا تظنين يا وفاء أنا فعلنا؟!!. . .

هل تعتقدين أننا احترمنا وقار شعراته البيضاء المنثورة في مفارقه؟!!. . .

هل سيتبادر إلى ذهنك أننا واسيناه وربتنا على كتفه وكفكفنا دموعه؟!!. . .

لا والله يشهد. . .

بل سخرنا منه. . .

سخرنا من دموعه التي لفظتها محاجره في لحظة صدق. . .

عَلَتْ قهقهاتنا. . .

كنا نظن أن الرجل ضعيف حين يبكي . . .

صارت دموعه حكاية طريفة شربناها وصرنا نمجّها أمام كل زميلٍ نراه . . .

الآن فقط ياوفاء تبين لي أني صغير . . .

صغيرٌ جداً . . .

صغير لأني لم أفهم في ذاك الوقت معنى الفقد . . .

معنى الاحتياج . . .

تمنيت لحظتها أن أرى أستاذي وأبكي بين يديه وأعتذر له وأقبل رأسه . . .

وأخبره بدموعي أني شعرت به . . .

إحساسه ذاته يجتاحني الآن . . .

انهمرتُ تلك الليلة حزناً فتلقفتني أكف الظلام . . .

أمسكتُ هاتفي النقال وفتحت رسائلك التي بعثت بها حين كنا محلقين نرسم الغيوم في سماوات الحب . . .

ونلونها ببياض قلوبنا . . .

قرأتها . . .

احتضنت وسادتي وأجهشت بالبكاء كطفل كان ينتظر الصباح ليلعب بدراجته الصغيرة التي أحضرها والده الفقير ليلاً حين وفر مبلغ

شرائها بصعوبة بعد إلحاحٍ من طفله الوحيد ووضعها في فناء المنزل...

كان الطفل يتوسل إلى والده بدموعه أن يركبها ويجوب بها فناء منزلهم البائس قليلاً...

ركبها في خياله كثيراً كيف هو واقعها ياترى؟!!

لكن والده رفض طلبه وكل توسلاته البريئة وقال له لن تركبها إلا في الصباح. حان وقت النوم...

نام الطفل وحلمه بركوب دراجته يمتزج بدموعه...

نام الطفل بعد أن أسدل خصلة من شعر أمه على جفنه...

وحين أتى الصباح هرع ليفتح الباب فوجد دراجته قد سرقت...

أجهش بالبكاء...

بكى بحرقة...

هذه هي حالي وأنا أبكي...

هاهي الأيام تمضي ورداء فرحي أحرقه غيابك...

بدأ فجر اليوم بالبزوغ...

لم ترتسم البسمة على شفتي حتى لو مجاملة...

تمنيت لو أني بقيت طفلاً لا يعرف من الحياة سوى جانبها الوردي...

أحبك ياوفاء أكبر مما تتصورين . . .

أكبر من فرحة أولئك الأطفال بالعيد . . .

أكبر من فرحة فلاح فقير بصندوق كنزٍ اصطدم به فأسه وهو يحفر الأرض . . .

مرت الأيام في غيابكِ ثقيلة ككابوس مزعج . . .

خنقت الفرح داخل صندوق ورميته في البحر . . .

وأمرته ألا يعود إلا وهو بين يديك . . .

إن عدتِ حتماً يعد صندوق فرحي . . .

وإن لم تعودي فهو حتماً غرق في البحر . . .

أحتاجك ياوفاء لتخرجيني من سجن رحيلكِ الذي أدمت قضبانه كلماتي التي تدك حروفها فيه . . .

وتحيلها إلى نزف . . .

وفاء . . .

كل ليلة يدمع القلم بين يدي . . .

يرسم شوقي إليك على بياض الورق . . .

يفتح عروقي ويدس فيها شيئاً من أمل بأنك ستأتين غداً . . .

وفي الصباح أمسك الورقة التي رسمت شوقي عليها ليلاً فلا أجد سوى الخواء . . .

أبقى ممسكاً بورقتي أتأمل دمع قلمي ولا أتركها إلا حين تجرح يدي بأطرافها الحادة لتقول لي بصمتها من ذاق الحب فلا بد له من أن يذوق الألم . . .

وفاء . . .

أقبلي علي لأثبت لكل الأوراق أنكِ أنثى مختلفة . . .

وحبك أيضاً مختلف . . .

عودي لتعالجي الجروح التي ملأت بها الأوراق يدي . . .

فأنت فقط دوائي . . .

عودي لتستحيل أطراف الورق الحادة إلى أزهار . . .

فالحياة بدونك موت . . .

أحبك . . .

مدينة بائسة تلك التي تسكنني يا وفاء

لقد كتب حبكِ يا وفاء رحلتي القادمة والأخيرة وقررت بما كتب الرحيل. . .

سأسافر يا وفاء إلى حيث يكون وجهكِ ونظراتكِ. . .

وستكون رحلتي هذه هي الأخيرة. . .

سأتنازل عن كل شيء. . . وسأترك كل أشيائي في مكانها. . . وسأحمل قلبي فقط!!!. . .

وسأهبط بجسدي على أرض قلبكِ. . . متمرداً بحبي على عزتي وكبريائي. . .

أعلم جيداً أن رحلتي هذه شاقة ومتعبة. . . ولكن من بعدكِ عشقت وألْفِتُ كل ماهو شاق ومتعب. . . فالشوق بداخلي يا وفاء قد طمر كل حدود تفكيري. . . وعبر كل مساحات ترددي

فالتمسي الشوق مني... فما بقي من آثاركِ سوى الشوق أغنيه... وأنشده... وأعيشه...

أحبكِ... شمساً تساقطت أشعتها على مساحة قلبي عشوائياً...

فضحت كل مشاعري... وأشرقت نظرات البشر عليها... لم أستطع أن أطمسها في داخلي...

فطمست نفسي!!!...

أعرف قلبي جيداً يا وفاء... حينما يقول كلمة لا يتنازل عنها... وقد قال فيما سبق أحبكِ...

فعاش على شرف كلمته وأودع هذا الشرف نفسي في قوقعة غيابكِ...

لقد تركتُ يا وفاء مشاعري على سجيتها... فرحلت نحو وجهكِ... في مساء بارد!!!...

انتفض فيه جسدي... والتمستُ منك قطعة قماش أستر بها جسدي وأحميه من جبروت هذا البرد القاسي... فمددتِ يدكِ خالية... استشعرت بها شيئاً من الدفء... ومددتُ يدي... فلم تنتظر يدكِ يدي... ورحلتِ!.

رحلتِ... وتركتِ هذا البرد القاسي يتلذذ بعظام جلدي...

يأكل من جسدي بقايا دفئي!!!...

ويمر عليه مطره وعواصفه . . .

وبموقفكِ هذا . . . أصبح كلامي . . . أسئلة بلا أجوبة . . .

لماذا أبدو أنا هكذا؟!!! . . .

لماذا دائماً أحمل مشاعري في طفولتها مجروحة؟!!! . . .

لماذا يغلبني الصمت ويطويني الكتمان؟!!! . . .

لماذا تموت الصرخة بين أهدابي؟!!! . . .

لماذا تقف الحياة معكِ ضدي؟!!! . . .

لماذا تروين جفاف أيامكِ من ماء عيني؟!!! . . .

ولماذا بظهيرة شهر أغسطس أشعر بالبرد؟!!! . . .

لقد شاهدتُ في صالة حياتكِ يا وفاء كل الصور الكاذبة!!! . . .

وعشتُ مساء لم يكن فيه ما يشبه المساءات الماضية . . .

فمن يعش الحياة ير فيها كل العجب . . .

لقد رأيت الخيانة تكتحل في عيون المحبة!!! . . .

ورأيت الوفاء يا وفاء يبكي حسرة وينهار تحت توالي الأيام . . .

إن رحـلـة الـحـيـاة قـصـيـرة . . . ولـكـن مـن يـصـبـر عـلـى قصرها؟!!! . . .

وإن التضحية والوفاء والحب . . . معان جميلة تعلمتها منكِ . . .

فهل نسيتِ يا وفاء ما علمتِني إياه؟!!!. . .

كنت معكِ يا وفاء. . . أعيشكُ وتعيشيني. . .

أقترب من حزنكِ وأمضغ بقلبي همومكِ. . .

أقبل جبينكِ حينما تسبق دمعتكِ دمعتي. . .

وأعيش الحياة بمعانيها كافةً حينما تفتر عن شفتيكِ ابتسامة. . .

لقد كنت مخلصاً لكِ. . . وكنتِ أنتِ تزرعين بهمسكِ هذا الإخلاص!!!. . .

والآن. . . أين هي خطواتكِ؟. . . تعاليْ واحصدي ما زرعتِه فيّ يا وفاء. . .

فلن أستطيع أن أنساكِ مهما أدلفتُ نظراتي إلى الأمام. . .

الدموع كثيرة لدي يا وفاء. . . ولها معان كثيرة أيضاً. . .

ولا أعرف من معانيها سوى معنى الحزن والقهر. . .

والآن وقد مضى كل شيء في حياتي إلى العدم. . .

هناك خلف أسوار دارنا. . . أشياء كثيرة فقدتها. . . وصباحات عدة لم أفطن إليها. . .

أحسد نفسي في أيامي الماضية. . . وأقرأ كل المعاذات. . .

طرقت أبواباً كثيرة أسأل خلفها عَمَّن يأخذ بقلبي من بعدكِ. . .

فوجدت أنفاسكِ تحكم إغلاقها فمن يحميني من حبكِ؟!!!. . . غير حبكِ. . .

من يشبع نظراتي التي أبت أن تمتد بعيداً؟!!!... غير جسدكِ؟...

من يمسك بيدي ويدلني على طريق الفرح؟!!!... غير يدكِ؟...

من يعيد ذاكرتي لخيالي؟

ومن يعيد نظراتي ومن يلحفني لباس الحياة؟

أسئلة كثيرة أجدها تنتظرني في مفارق الوقت... وأخجل من الإجابة عنها...

وليست ترضى بتساؤلاتها إلا بإجابة واحدة... هي وفاء...

إني أرى الأيام قد تلبست وجهكِ... والهواء قد تعطر من عطركِ...

وأنتِ راحلة... لم تعرف خطاكِ طريق العودة لقلب نبض بكِ...

نثرتِ جفاءكِ على الأرض التي أعيش فيها والأراضي التي أتطلع إليها...

تساقط جسدي في خطوات الأيام الثقيلة... حينما لم أجد أمامي سوى الركض...

ركضت... ركضت يا وفاء ولم أشعر بتعب مفاصلي... لم أستحم بقطرات العرق التي غسلت جسدي... تركتُ غرفتي...

تركتُ داري... ووجه أمي وتذكرت في ركضي الدؤوب وجه أبي

ب أبي الذي مات في حادث سيارة قبل سبعة عشر عاماً...
مات يا وفاء بعدما ابتاع خراف عيد الأضحى!!!... ليجبرنا الموت يا وفاء أن نزيد من خراف أبي خروفاً واحداً في ذلك العيد...

وظلت تلك الزيادة تحمل سمات الأعياد المقبلة...

وحينما شفيتُ من حزن أبي... لم أتوقع أن يحويني حزنٌ في حياتي كذلك الحزن!!!...

فهل تتوقعين يا وفاء أن هناك حزناً بحجم حزن موت أبي قد حوى قلبي؟!!!...

استمرت قدماي تمارسان الركض... ولم يوقفهما سوى تعلق سور داركم في عيني!!!...

وقفتُ عند سور داركم... لا أدري كم من الوقت مضى وأنا واقفٌ...

لم أجلس على رصيف داركم... ولكني وقفتُ على الرصيف المقابل لداركم...

وفاء... أتتنفسين أنتِ هواء داركم الكبير هذا بلا ألم؟!!!...

وفاء... هواء دارنا لا يسع صدورنا من قبل... والآن وقد زاد على تلك الصدور صدري العليل فهل لدارنا هواءٌ من هوائكم؟!!!...

وهل يستطيع فراشكِ أن يحضن جسدكِ؟!!!. . .

فراشي يا وفاء. . . لم يستطع أن يحضن جسدي. . . ففراشي صغير نائم على ألواح تشبه الخش. . .

ولا يستطيع أن يحضن ثقل جسدين معاً!!!. . .

داركم هذه ذات حظ عظيم. . . لأنكِ تلعبين في صدرها. . . وتنامين. . . وتضحكين. . .

تكشف عنكِ كل شيء. . . لا تخجلي منها. . . ولا هي تعرف الخجل!!!. . .

ليت داركم تكشف لي عن اسمي. . . كم مرة نطقتِ به قبل أن تأوي إلى فراشكِ؟!!!. . .

ومثلما كشفت داركم عن أشيائك الخاصة ليتها تكشف لي عن تفكيركِ وإطراقكِ. . .

خلال مدة فراقنا يا وفاء. . . أسألكِ بالله. . . كم مرة ضحكتِ؟!!!. . .

أعلم يا وفاء أنك لم تتذكريني. . . لأني قد سرقتُ ذكرياتنا وخبأتها في غرفتي. . .

ذكرياتنا هذه يا وفاء كانت تشبهكِ كثيراً. . . لم تتركني وحدي. . . تقافزت أمامي ككرة مطاطية مقذوفة على أرض صلبة. . .

لم أتخيل يوماً ما. . . أن أصبح مكبلاً هكذا خلف فستان امرأة!!!. . .

تلك المرأة التي ضحكت في وجهي يوماً ما ثم حسدتني على تلك الضحكة!!!. . .

لقد بعثرتِ يا وفاء كل أوراق حياتي. . . وتركتِني أستمد معونة المساء لتصفيفها. . .

ورفض المساء أن يمنحني ما بخلتِ أنتِ به. . . .

جلستُ وحيداً. . . أجمع الأوراق المبعثرة من هنا وهناك. . . أختار وحيداً الورقة الأولى

والورقة الأخيرة!!!. . . جمعتُ كل الأوراق وصففتها. . . عدا الورقة الأخيرة لم أجدها!!!

لا وجود للنساء

الساعة الآن يا وفاء تقترب من الواحدة ظهراً. . .

أجساد النساء تنز من أبواب المدارس. . .

كثيرة هي أجساد النساء هنا. . . ولكنها في عيني لا وجود
للنساء!!!. . .

لقد تكبرتُ على كل النساء. . .

لا أنظر إليهن سوى نظرة عابرة في ظهيرة لها شمس حارقة. . .
نظرة من أشبعه الغنى بعد جوع مدقع. . .

لقد أكبرني حبكِ يا وفاء. . . أجد السنين تنهال على جسدي
دون أن أعيشها!!!. . .

يغمرني التفكير بكِ. . . يغرق كل أفكار الآخرين في عقلي. . .
منكِ تعلمتُ أن أنشد كل قصائد الحب التي قيلت والتي لم تقل
بعد. . .

استنزفت كل أصوات الاستغاثة . . . واشتكيت من حبكِ لحبكِ!!! . . .

كل هذا أملكه في غيابكِ . . . فماذا ملكتِ باختفائك؟ . . .

أي قلب هذا الذي يسكن بين أضلاعك؟

وأي قوة تتنامى تحت جلدكِ.

وهل كنتُ أنا واهماً؟!!! . . .

أم أني أصبحتُ كمن يسافر من مكان ضيق يحتوي بالكاد جسده وسط وجوه لا تعرف من الحياة سوى أن لها شمساً حينما تشرق يغادر داره رافعاً على كتفه معوله ورابطاً رأسه بقماش أبيض اتقاء لحرارة الشمس، وحينما تغيب يعود إلى داره بعدما يحل رباط رأسه، ويسحب خلفه معوله ليتناول ما يجده من الطعام مقروناً بأبجديات عاشت في خاطر أحلامه يراها ترتفع دوماً عالياً ويطاردها بعينه حتى يغط في نوم عميق لا يصحو منه سوى على إشراق جديد . . .

هذه يا وفاء أحلام الإنسان الفقير الذي يشعر بأن كل الجدران التي يراها قد بنيت لتحد من تفكيره . . .

جدتي كانت تقول لي :-

* الفقراء دائماً صامتون لكن إن أرادوا الكلام أو الصراخ فما عليهم سوى أن يحفروا حفرة عميقة ثم يتلفتوا حولهم بحذر للتأكد من

خلو المكان من البشر ثم يدخلوا رؤوسهم في الحفرة ويدفنوها جيداً عندها لهم أن يثرثروا أو يصرخوا وأن يمارسوا طقوسهم كما يشاؤون حتى تنظف صدورهم من كل شيء، حينها يخرجون من تلك الحفرة ويمارسون حياتهم كما كانت من قبل ولا ينسون أبداً أن ينفضوا أجسادهم من تراب الحفرة . . . .

لذا يا وفاء لا أريد أن أكون بحبكِ فقيراً، أدفن رأسي في ظلام غرفتي وأحلم بكِ حرفاً وبكاءً وحينما أشعر باتساع طفيف في صـدري أخرج للبـشر ولا أنسـى أن أنفـض وجهـي مـن رطوبـة دمعي!!! . . . .

وفاء أنتِ لم تكوني حلماً قفز فوق إغماضة عيني . . . وغسلته مع غسل وجهي الصباحي . . .

ولم تكوني نزوة في حياة مراهق . . . فالنزوات يا سيدتي لها عمر البعوضة . . .

ليتني أمتلك ذاكرة تفوق ذاكرتي . . . وأعرف أين تسكنين يا وفاء . . .

وأي حارة تضم أنفاسكِ الطاهرة؟ . . .

وأي الطرقات تتعطر بوقع خطواتكِ؟

كل ما أعرفه عنك يا وفاء . . . هاتف دائماً مقفل!!! . . .

حسرت الحياة عني يا وفاء كل أفراحها . . . وأشقتني بدموع لها طعم الألم!!! . . .

أعيش غريباً في مدينتي... غريباً بين أهلي...

تقبلتُ غربتي وعشتها... وأخاف أن أكون غريباً في فؤادكِ!!!...

وفاء...

لم تهدأ ضوضاء جروحي بداخلي...

ولم يكف الألم عن مشاغباته في توزيع نفسه في صدري...

حتى اسمك يا وفاء تبعثر في لساني مع طلوع أهاتي...

أسكنكِ بعدما بصقتني الحياة على رصيف اللامبالاة...

أجوب طرقات قلبكِ... أتعثر كثيراً وأسقط...

وأركض في مسامات جلدكِ حافياً...

أتعطر ببقايا رائحة أنفاسكِ...

وتكتبُ لي كل يوم شهادة ميلاد جديدة في سجل حبكِ...

لا أعرف وجوه البشر يا وفاء... وتمرستُ جيداً برؤية الظلام...

كل البشر الذين يشاركونني الهواء رسموني بأعينهم كخطيئة لا تغتفر...

لقد أصبحوا يا وفاء يخافون من عدوى الحزن...

ينطلقون من أمامي وخلفي... ويباعدون بين جسدي وأجسادهم...

هؤلاء البشر يحملون في قلوبهم هموم الحياة. . .

وليس في قلوبهم متسع لهموم جديدة. . .

وأنا يا وفاء. . . تركتُ همومهم وتقبلتُ الهموم الجديدة. . .

لن أقول في وصفكِ لنفسي إنكِ سراب يلهث خلفه البائسون. . .

فكل يوم يمرق من عمري يفسحُ مجالاً كبيراً لتوسعكِ في قلبي. . .

قد لا تسعكِ كل قلوب البشر. . .

ولكن قلبي لا يضيق بكِ أبداً!!!. . .

فمتى تبتسم لي الأيام وأراكِ؟. . . متى أغدق من لساني كلمات شوقي على مسمعكِ؟!!!. . .

كفى الزمن رحيلاً من زماني. . . وكفاكِ أنتِ رحيلاً عن الزمن!!!. . .

فأنا يا وفاء لم أترك جسدي فوق رصيف الاحتمالات، أكره أن أعيش في انتظار القادم المجهول. . .

لذا يا وفاء سأصرخ بقلمي على هذه الرسالة دون أن يسمع صرختي سوى أنين نفسي وقلمي. . .

وأرفض كل شيء منك لأني أريد كل شيء منك!!!. . .

أرفض الغموض الذي تكتنزه عيناكِ . . .

وحواركِ الممزوج باللامبالاة . . .

وتفسير نظراتكِ الزائفة . . .

وتزييف شطحات شجون العاطفة . . .

و البسمة الشاردة من قلبكِ رغماً عنكِ . . .

أرفض النظرة الباردة في عيون التعب . . .

وأرفض اللقاء في دهاليز دروب الخداع . . .

و الدمعة السائلة في مساء الوداع . . .

أرفض النوم على رصيف اليأس . . .

أرفض الانتظار تحت لوحة «عسى ولعل» . . .

أرفض لقاء الصدفة وقد كان بالأمس مرسوماً . . .

أرفض أن أصبح عاشقاً على هامش عواطفكِ . . .

أرفض حبكِ إذا سعى أن يرميني نحو وقت الذل والخيبة . . .

وأخيراً . . . سيدتي . . . أرفض نفسي إذا فكرت ـ مجرد تفكير ـ
أن تقبل هذا الحب!!!. . .

أرفض كل هذا لا لمجرد الرفض ولكن لأنني قد أصبحتُ
عاشقاً كبيراً . . .

تعالي . . . فقد سئمت الانتظار . . . تعالي وارميني بين يديكِ . . . تقبلي مني دمعتي واحتضنيها

بين أهدابكِ فهي دمعة حب تبحث عن أشواقها المغتصبة . . .

وارسميني في نظرات عينكِ إنساناً غير قابل للسقوط!!! . . . وألحفيني الهدب فجسدي يا سيدتي قد تشقق من صقيع الصدود . . .

أعطيني كل خيوط الحياة . . . أنسجها حول خصري . . . فأنا أريد أن أتنفس الحياة من نافذة مشاعركِ . . . سئمتُ يا وفاء كل شيء . . . سئمت محادثة نفسي . . . سئمت مطاردة دمعتي لعلها تغسل جروح بعدكِ . . . سئمت نفسي القابعة خلف أسوار الانتظار . . .

لقد سئمت الركض في أزقة الماضي التي لن تعود لأزقتي . . . لقد أرهقت ريشة عقلي بتلوين الحاضر بألوان الأيام الماضية . . . فهل فراقكِ كتب علي أن لا أعيش سوى الماضي؟!!! . . .

كسفينة قديمة، مهترئة جوانبها . . . مات قائدها وتركها لعبة لأمواج البحر كنتُ أنا!!! . . .

تقرصني رياح المساء من كل جانب . . . وتدخل حرارة لهيب الشمس في أوجاعها . . .

تنظر إلى البحر . . . تبكي رحيل الأيام . . . وتنظر إلى انتفاخ البطون من سطحها!!! . . .

ظلت هنا تدعكها العيون بنظرات الجوع. . . تتعداها إلى سفن قائمة لأناس قائمين!!! . . .

من ينظر إلى السفينة الآن؟!!! . . .

من يسمع حكاياتها؟!!! . . .

من يسند ظهره إلى خشبها؟!!! . . .

من يقرأ تفاصيل الماضي بعيون الحاضر؟!!! . . .

لا أحد يا وفاء. . . لا أحد يا وفاء. . .

أنا والسفينة. . . وحكاية قلب قال كل شيء. . . وفتاة سمعت كل شيء وسكتت!!! . . .

سيرة لا تغيب عن أذهان الليل. . . يأتيها النهار ويتعجب من قسوة الليل. . .

وبين هذا وذاك. . . أظل أبحث عنكِ وعن السفينة الغارقة في تراب الصحراء!!! . . .

لا أجدكِ. . . ولا أجد في الرياض بحراً!!! . . .

وفاء. . . لقد قلت لنفسي حينما شرقت بحبكِ. . .

إن إبداع الغيوم في مطرها. . .

وإبداع الحزن في دموعه. . .

وإبداع الجرح في آلامه. . .

وإبداع الوحدة في ظلامها. . .

وإبداع الإنسان في عمله. . .

وإبداعي أنا في حبكِ. . .

وإبداعكِ أنتِ في عذابي. . .

وكلنا مبدعون يا وفاء. . . لا يتفوق أحدنا على الآخر!!!. . .

ولكن. . . ما نصيب كل مبدع فينا؟!!!. . .

فإلى أين تمضي بنا الأيام يا وفاء. . . وكيف هي بنا بطرقها الجديدة؟!!!. . .

انشطار الحياة بيننا. . . يفتح ألف باب وباب على قلوبنا. . .

نعيش جفاف قلوبنا. . . ويلهو الحزن والجرح على أرض جفافنا!!!. . .

فمن يبلل قلبي الظمآن؟!!!. . .

ومن يرطب نظرتي الجائعة؟!!!. . .

وهل يستطيع من يركض أمامي أن يدع لي فرصة لأسبقه؟!!!. . .

هي الحياة. . . تمشي فوق قلوبنا المجروحة وتترك آخر رمق لها في التراب!!!. . .

شكا غيري الحياة كثيراً. . . وتعلمتُ منكِ كيف أشكو الحياة مثله!!!. . .

ولكن. . . لمن أشكو الحياة؟!!!. . . فضعفي بين يديكِ. . . ولم تسمحي لي بعد أن أمارس ضعفي !!

ولم يبق لدي سوى أرقام وأرقام. . . وأوراق ملوثة بهذه الأرقام. . . تلك هي حياتي يا وفاء!!!. . .

قبل أن أعرفكِ كنت أعرف الأرقام جيداً ب!!!. . .

تضايقني تلك الأرقام التي تطفو على عيني منذ بدايات الصباح. . .

أجدها تنتظرني في مكتبي. . . أهرب منها حيناً وأكتب كل الحروف التي أجدها في عقلي. . .

كم أغضبني صمت هذه الأرقام. . . وكم كرهتها يا وفاء. . .

تركت كل الأرقام تترجى رصيدي. . . وطفتُ بكِ هائماً. . .

وتداعى رصيدي إلى الانكماش!!!. . .

أعشق كثيراً رقم (تسعة). . . فهو رقمي المفضل. . .

أجده في صفحة من الصفحات غارقاً بأرقام كثيرة. . . وأنظر إليه دون الأرقام الأخرى بحنان!!!

أعتقد أن رقم (تسعة) يشبهكِ يا وفاء. . . أو أنه يحمل شيئاً منكِ. . .

منذ أن كنت طفلاً كنت أرغب أن تكون عيديتي من أبي تسعة ريالات وأمقت العشرة ريالات. . .

كان أبي ينظر إلي النظرة نفسها التي أنظر بها إلى الرقم (تسعة)!!!. . .

أطفو على سطح يوم العيد سعيداً بتلك التسعة وأنام على دمعتي حينما تنقص ريالاً!!!. . .

وليتني أعرف الرقم الذي تعشقينه. . . لعلي أجد فيه سلوتي!!!. . .

ما لهذه الحياة لا توافقني يا وفاء؟!!!. . .

أنظر إليها كطفل رضيع يصارع دمعته في ابتسامته حينما يرى أمه مقبلة نحوه. . .

وما لهذا الفرح يتقزز من ابتسامتي حينما رميتها بوجهه ذات احتفال لم أكن فيه!!!. . .

لماذا تعاندني الحياة حتى في وجوه أهلي؟!!!. . .

قبل أن ترحلي هل قلتِ للحياة شيئاً يا وفاء؟!!!. . .

اختلف الليل مع النهار. . . أيهما يأتي لي أولاً؟!!!. . .

واختلف الألم مع الجرح. . . أيهما يحمل وقعاً أشد على جسدي؟!!!. . .

واختلف الفرح مع الحزن. . . أيهما أحق بقلبي؟!!!. . .
فانتصر الحزن!!!. . .

وأنا بين كل ذلك. . . أرضى بما يفوز. . . وأرفض ما ينهزم. . . ليشتعل الفوز والانهزام من جديد!!!. . .

كلها صراعات تحوم فوق رأسي. . . تقلق نومي وذكرياتي. . . تتعب جسدي لأتفه سبب!!!. . .

وأذكركِ في هذا. . . وأبحث عن ذاكرتكِ فيّ. . . أبحث عن كلمة واحدة سبق أن قلتِها. . .

أبحث عن تكرار كلماتكِ. . . فالصمت الذي يلتحف مسمعي به يشبه كثيراً صمت القبور!!!. . .

وحتى عجزي عن أن أحدثكِ بهذه الرسائل يضعفني. . . ويضعفني. . . ولكن لن أقطع آخر أمل لي بالحياة!!!. . .

جميلةٌ يا وفاء مساكن الماضي التي تقاسمنا أوقاتها على عتبة شوارعها. . . وأليم هذا الحاضر الذي ينظر إلي كفريسة تجردت من كل قوتها. . .

أتتعبكِ العودة يا وفاء؟!!!. . .

أيجرحكِ الماضي الذي التصق بخطواتكِ؟!!!. . .

وهل ما زالت هناك مساحة فارغة في مشاعركِ لتحتويني؟!!!. . .

لا أريد حباً يا فتاتي فائضاً عن حاجة القلوب ليروي عطش أرض مشاعري. . .

سأظل أنا يا وفاء أنتظركِ . . . لن تسحبني الأيام معها . . . ولن تغادر نظرتي دمعتي . . .

قد تتعبكِ الحياة وتعودين إلي . . . إلى المكان نفسه الذي ضم لقاءنا الأول ولم يشبع من همساتنا وحيائنا لتعطيه الأيام لقاء فراقنا!!! . . .

وقد لا أكون أنا هناك!!! . . .

ستلتفتين يميناً وشمالاً . . . تبحثين عن الحب الصادق الذي بقي رغم قسوة خطوات الأيام فوق جسده . . .

حينها يا وفاء لن تجديني!!! . . .

لا ترهقي عينيكِ الجميلتين بالبحث عني . . .

فأنا هناك . . . أنتظرك . . . خلف أسوار لا تضم بنياناً . . . تعالي إلي . . . ولن تخطئي مكاني . . .

ستجدينني . . . وستعرفين مكاني . . . فهو المكان الوحيد الذي ستجدينه رطباً . . . طيناً . . .

اقتربي مني . . . إحني قامتكِ إليه . . . أذرفي دمعة واحدة تكن كافية لأن أشعر بكِ . . .

واكتبي على رطوبة الأرض بأناملك الناعمة . . .

(. . . لقد مات الحبيب المخلص . . . لقد مات وفي نفسه شيء . . .).

لقد خرجت من معركتي مهزوماً!!!

[. . . من هنا. . . حيث يكون جسدكِ تبدأ المراحل الأولى من تكويني!!!. . .].

وفاء. . . قبل أن أعرفك وأستر عري مشاعري بدثار حبكِ وأرصف طرق حياتي بآمال وأمنيات كونتها بداخلي بتفاصيل دقيقة عجزت أن أجسدها واقعاً في خريطة مدينة إحساسي، كنت أصحو من نومي في الساعة السابعة صباحاً لأجد نور الصباح قد بدأ عمله اليومي بكنس ظلام الليل من ساحة الوجود وأتى لامعاً لا يحمل من آثار النوم أي أثر في ضيائه، أزيح لحافي جانباً على سريري، ليتدلى بعضه ويلامس أرض غرفتي فوق قطعة سجادة صينية مطرزة الجوانب وفي وسطها صورة لتنين عظيم فاغر فاه ومدلٍ لسانه، ويبقى بعض لحافي منطوياً على سطح السرير، أنهض من السرير وبخطى بطيئة أدلف من باب الحمام، أنتزع كل ملابسي بكسل، وأفتح صنبور

الماء الحار ذا العلامة الحمراء حتى أرى تطاير بخاره ومن ثم أفتح صنبور الماء البارد ذا العلامة الزرقاء أوازن بينهما، وحينما تستطيب لجسدي حرارة الماء أرفع مقبضاً صغيراً ليتساقط الماء من الدش المعلق على جدار الحمام المزخرف بسيراميك أسباني عشبي اللون، وأستسلم لخدر لذيذ تحت شلال الماء الدفئ، أسحب نفسي بقوة من ذلك الخدر اللذيذ وأسحب منشفتي وأطارد كل قطرات الماء الملتصقة بجسدي لأحيلها إلى الجفاف، ومن ثم أتجه إلى المرآة المحاطة بأعمدة من رخام على جانبيها الأيمن والأيسر بعدما أستر عورتي بتلك المنشفة بطريقة تشبه إلى حد كبير زي إخواننا اليمنيين، أتعطر بعطر الليمون من الزجاجة الصفراء التي ابتعتها تواً من محل (ذي بدي شوب) وهي موضوعة فوق قطعة من زجاج تسندها قطعة رخام تحت المرآة. بعد أن أفرغ من حلق ذقني، ألبس ملابسي وأخرج من الحمام إلى الغرفة وأغنية قديمة لا أعرف مغنيها تتساقط من لساني بلحن عذب، ألبس ثوبي وأنزل على الدرج إلى الطابق الأرضي، وأنحرف يميناً في زاوية الصالة لأجد على طاولة الطعام فطوري الذي أعدته العاملة الفلبينية ذات الجسد الأبيض الصغير، أتناول فطوري بصمت، أتصفح جريدة الحياة التي يبتاعها السائق كل صباح مع جريدة الرياض، على طاولة الطعام تجلس أختي نورة في بعض الأحيان إذا كانت لديها محاضرة الساعة التاسعة صباحاً وبعض الأحيان تكون نورة قد ذهبت إلى الجامعة قبل إفاقتي وأجد أمي أو أخي الذي يكبرني بعامين معي أثناء تناول الفطور، وحينما أنتهي من

فطوري، أجلس على الكنبة البيضاء المرصوصة بجانب أخواتها في الركن الأيسر وأحمل دائماً معي كأس الشاي بعدما أملؤه وأضعه على الطاولة الجانبية لأبدأ في تصفح جريدة الرياض ومن ثم أغادر الدار إلى مكتبي.

وبعدما وجدت قلبي قد نسي كل الأسماء التي عاشرها وصدح باسمكِ، وغرقت في مياه عواطفي الصائبة نحوكِ تغير كل شيء في حياتي، فالصباح لا يحمل مفاجأته حينما يأتي، والجرائد تقع بهدوء عن طاولة فطوري دون انتباه مني تحت نظرات الدهشة من أهلي، أحمل في جيبي ديوان نزار قباني الأسود الموسوم بعنوان «أنا رجل وأنتِ قبيلة من النساء» بعدما عجزت يا وفاء أن أفتحه في ظلام المساءات الماضية الذي غم على نظراتي وتخلل لباسي ليلتصق بجسدي، أغادر الدار وفي طريقي إلى المكتب أجدني نسيت أن أحلق ذقني!!!...

أردد في صمت سيارتي قصيدة نزار، وكأني أصرخ بكِ...

«كيف يمكنني أن أربح المعركة؟!...

وأنا رجل واحد...

وأنتِ قبيلة من النساء!!!...».

أعض على شفتي حينما لا تظهرين العقدة بين حاجبيكِ وأدرك أن الوهم قد تسلل إلى حياتي...

وأعود إلى نزار وديوانه الموضوع على المرتبة التي بجانبي وأهمس له:ـ

«نزار . . . . حتى لو كنت أنا قبيلة من الرجال وهي امرأة واحدة فلن أربح المعركة!!!»

حينها يتبادر لي وجه نزار قباني الذي رأيته يوماً على الشاشة أمام جمهور غفير وهو يبتسم وأحسست في ابتسامة شيئاً من الألم!!!. . . .

«كيف بالله عليك يا نزار أن أزيح ما هو غير موجود أصلاً وأربح المعركة وليس أمامي سوى فراغ غيابها، وأنا يا نزار لا أرضى أن أربح من فراغ!!!».

ـ قبل أن أنحرف يساراً لأدخل إلى شارع الأمير متعب بن عبد العزيز ألمح عن يميني ملاهي الربوة وقد صمتت عن قول أهازيج البارحةـ.

وأعود بعد لمحتي إلى نزار الغائب وأحادثه بعقلي:ـ

«لو كنت أنا بالفعل قبيلة من الرجال فسأجمع كل أحاسيسهم وأقدمها نتفاً إلى تلك الفتاة التي سمعت كلمة «أحبكِ»ورحلت يا نزار وأنثرها تحت قدمي ذكراها!!!. . . .

أوقف سيارة في قبو مقر عملي وأتجه عبر الدرج الرخامي الذي يصعدني إلى الدور الأرضي ومن ثم أدخل إلى أول مكتب عن

يساري، أجلس خلف مكتبي، أفتح جهاز الحاسب الآلي، وأضع الرقم السري لمحادثة الماسنجر لم يكن هناك أي اتصال من أحد، ضغطت على تسجيل الخروج وأقفلت الماسنجر، منذ رحيلك يا وفاء لا يطيب لي الحديث مع الآخرين المضافين لدي في الماسنجر.

هذا الصباح لا يختلف عن كل صباح ماض، الروتين اليومي نفسه، الألم نفسه، ووجهك نفسه الذي علق أمام الجدار الذي أمامي في مكتبي، كل صباح أحمل قصيدة معي وأنشدها بيني وبين نفسي وأعاتب شاعرها وأرسم وجهكِ بين أبياتها!!!...

وفاء... لقد خسرت المعركة...

أغلى وأعز معركة في حياتي خرجت منها مهزوماً...

متخاذلاً أمام قلبي...وضائعاً في نفسي!!!...

عشتُ من بعدكِ يا وفاء لا أعرف لنفسي مستقراً، أبكي بين أبيات الشعر حينما أكون وحدي،

وأبحث عمن يعوضني عن عدم قدرتي على كتابة الشعر...

نزار قباني يقول:ـ

«فالعاشق الكبير... هو الذي يرمي نفسه في بحر العشق

.... بلا بوصلة ....

. . . . بلا خريطة . . . .

. . . . بلا شهادة تأمين . . . .

وأنا يا وفاء أستمد من كلمات نزار ما عجزت الحروف أن تقوله، ولكني بقول نزار قباني أصبحت أنا عاشقاً كبيراً، حينما رميتُ قلبي بين يديكِ، فهل يا ترى يا وفاء سأكون في نظركِ عاشقاً كبيراً؟!!!.

ليتني أستطيع يا وفاء أن أجمع كل الكلمات التي كتبتها والتي لم أكتبها وكل الكلمات التي سأكتبها والتي لن أكتبها وأخبئها بين شفتيكِ لعلها تصنع لها ابتسامة وتأتين بروح وعبير تلك الابتسامة محملة بنشوتها لترميها في شفتي . . . .

وفاء . . .

كل الكلمات التي قالها الشعراء في النساء لا أجدها تناسبني بتاتاً، أشعر بصغرها ورغم ذلك أبحث عنها بعدما فقدت النطق في حبكِ، وأصبح وصولي إليكِ صعباً رغم أنكِ تعيشين في قلبي وعقلي!!!.

لذا يا وفاء . . . سأصرخ في كل الكلمات التي تعشقُ النساء وأنتظر لعل هذا الصباح يزفني إلى مسائي محملاً بصوتكِ، فأنا يا من أثارت فيّ رغبة الدفء، ويا من كان قولها صدقاً في حديث اللهو، ويا من تركتني عارياً، بقايا إنسان يصدح به الهواء من كل جانب، يا

من سرقت قلبي ومشاعري وأحاسيسي، يا من أخذت كل شيء برضاي ورحلت. . .

أحادثكِ يا وفاء. . .

هذه هي حروفي التي لم يمسسها الظلام، خرجت من لهيب قلبي لسياحة أوراقي التي لا تعرفين لونها!!!.

وليس لدي الآن ما أفعله سوى أن أضع وجهي بين هذه الأوراق الماكثة فوق مكتبي بعدما قلت لكِ يا وفاء شيئاً مما يجول بخاطري هذا الصباح، أشعر براحة عميقة حينما أكتب وأعلم جيداً أن أحرفي ولأول مرة سوف يكون مصيرها النسيان يا وفاء!!!. . .

الحذر... يا وفاء... من الفقير إذا اغتنى

كل شيء توقعته... عدا أن تكون كل كتاباتي تحمل رائحة قلبي!!!...

لقد عشتُ يا وفاء أحزاناً كثيرة لا تعرف جسدي... عاشت في أجساد غيري...

ونامت على صفحات أوراقي... أعاني فيها الألم نفسه... وأبكي الدمعة نفسها!!!...

كنتُ قبلكِ يا وفاء... أتنفس جروح الآخريين... وأتوسد سوادهم...

لم يكن قلبي خالياً... فهناك من أغدق علي الهموم والأوجاع... يحمل اسمي... وينكر دمي!!!...

لا أريد أن أتذكره... فدائماً اسمه يأتي لي متلبساً رداء وجهه ويقاسمني المساء!!!...

هربت منه. . . كل الطرق التي تؤدي للهروب تشبهه تماماً. . .

اشتكيت في مسامع البشر فابتاع هو كل المسامع!!!. . .

لا يجد في اسمي أو وجهي سوى مساحة حرة يلعب فيها الحزن كيفما رسمه في خيالي. . .

كرهته يا وفاء. . . كرهته جداً. . . ولأول مرة أشعر أن في قلبي كرهاً لبشر. . .

هو يا وفاء لم يعلمني بعد وفاة أبي سوى كيف أكرهه فقط!!!. . .

صديق أبي قال لي بعد وفاته:ـ

«ارحل عن دربه واتركه لنفسه، فبعد جوع بطنه انهال عليه الطعام من كل صوب، فتملكه الشبع وأصبح شبع جوعه فوق نطاق تفكيره المحدود!!!. . .»

أما إمام المسجد فقال لي عندما قرأ حزني لما فعلته يد عمي :ـ

«لم يفهم درس مشيبه، ولم يدرك أن للأيام طرقاً كثيرة ستعود به إن كان له بقاء كما كان لا يدرك فضلاته ولا يميز وقع الكلمات، ستأخذه الأيام إلى سكون جسده وتراقص نظراته يميناً وشمالاً قبل أن تلهث نظراته إلى الانطفاء وحينها ـ صمت قليلاً ثم أكمل ـ سيتمنى في بقاء ظلمة ترابه كلمات كثيرة لن يصل منها سوى القليل، لحظتها يا بني ـ ومد يده يربت على كتفي ـ سيتمنى أن يعود ليمسح سواده

الذي تركه خلفه لعله يرى شيئاً من بياض يوم لا ينفع مال ولا بنون».

لقد تمادى عمي يا وفاء في ظلمي . . . وتوضأ بدمعي . . . وخرج للصلاة في المسجد أمام وجوه البشر.

كنتِ تقولين لي بأن عمكِ يقتات من حنان أبيكِ الكثير . . . وأن هناك شبهاً دقيقاً بين قلب أبيكِ وقلب عمكِ . . .

وأحسدك أنا على ما تقولين . . .

أما أنا يا وفاء . . . فلم أقل لعمي كلمة واحدة . . . تركته يهذي بكل كلماته . . .

واتجهت إلى مكتبي أكتب هذياني أنا!!!! . . .

هو له القول والفعل . . . يراني كطفل صغير يلعق حلاوته . . . وعمي يعشق بجنون الحلوى!!!.

لا أعلم لماذا في صراعي مع غيابكِ أكتب لكِ عنه . . .

لن أنسى مقولتكِ تلك عنه . . . «إنك تكبره بكلماتك»

لقد صدقتِ يا وفاء . . . فهو صغير جداً . . . جداً . . . بسواده وظلمه!!!! . . .

دعيني أرحل عنه . . . وأسافر عن أرضه . . . ولن ألومه في ذلك!!!! . . .

فأبي يا وفاء قد أعطاه الكثير والكثير . . .

فالحذر الحذر يا وفاء . . . من الفقير إذا اغتنى!!! . . .

واللطف . . . اللطف . . . بعقل لا يعرف العد . . . وتعلم فجأة عد الملايين!!! . . .

لن تتجذر قدمه في الأرض . . . فكل نفس ذائقة الموت . . .

سيموت . . . وسأموت أنا . . . ولكن . . .

إذا مات عمي قبلي . . . سأحضر تكفينه . . . وأمد يدي وأصافح أيدي المعزين . . .

ولكن لن أبكي عليه أبداً!!! . . .

فلا أعتقد أن هناك من يبكي على موت ظالمه!!! . . .

سأتنفس بعدما يوارى جسده في التراب . . .

وسأرى اللون الأبيض الذي لم يعلمني إياه عمي!!! . . .

وفاء . . .

للظلم معي قصة طويلة . . . كتبتُ منها القليل وبقي لدي الكثير . . .

حتى لو مات عمي فلن أنسى أبداً ظلم يده . . .

حين مدها لوجهي وصفعني . . .

لم أغضبه . . . لم أطلب من وجهه ما يدعوه لصفعي . . .

ولكنه الظلم يا وفاء... أشربت نفس عمي منه حتى الكفاية...

لم يجع قلبه من الظلم... ولم يعطش من الافتراء...

وها أنا يا وفاء... قد أتيتُ إليكِ من عمي... أحمل قلبي الضعيف...

فلا تضعفي قلبي... ولا تمدي يدك لفمي وتجرعيني عذاب حبك...

فقبلكِ قد مدها لفمي عمي!!!...

لقد ضاقت على قلبي الدنيا... وأتى غيابك يحمل ضيقاً جديداً...

أجوب به طرقات الحياة وأبكي وجوده في زوايا نفسي التي أظلمت من صنع يديه...

كل المساءات الماضية كنت بها أحمل ظلم عمي....

وكل المساءات الحالية أحمل بها وجع غيابك...

فمتى ترتاح المساءات في داري ونفسي؟!!!...

ليبقَ هذا السؤال جامداً بلا إجابة...

ولتبقَ إجابته جامدة في غيابك!!!...

وفاء... ربما نحب... نعشق... نختنق في عنق زجاجة

أسموها يوماً ما زجاجة الفرح، وربما أيضاً نموت والحياة لا تزال تدب في أجسادنا!!!...

ربما وربما... احتمالات كثيرة نرسمها فوق سطح الأيام وتأخذنا إلى هوةٍ سحيقة لنسقط دون أن تستقر بنا سقطتنا على الأرض، فنظل معلقين بين ذرات هواء حار يحرق أجسادنا لنتحول إلى حفنة من رماد تواصل ذراتها اللعب في الهواء...

يرى الآخرون خطواتنا ولا نرى نحن أقدامنا!!!...

وبهذا يا وفاء ما زلت أمارس هروب قلبكِ، أطارده بكل ما وهبني الله من نعمة جسدية وفوق تصور خيالك حينما يجنح لتصوير عاشق يبحث عن عشيقته.

أحبكِ... كلمة رطبة في ذاكرتي، أدسها كل مساء في ثنايا ذاكرتي خوفاً من جفاف أفكار اليأس...

أريد أن أستقيظ صباحاً وأجدها تحت وسادتي لم يطلها الظلام، أخرجها وأضعها على لساني وأسرح بعيداً قبل أن أسحب لحافي عن جسدي، أسرح بتفاصيل ذلك الحلم الذي بحث عنكِ وحينما لم يجدكِ اقتحم منامي...

أتى بعدما رسمني عجوزاً يخطو خطوات بطيئة في طرف الحارة، ويتحلق حولي الأطفال، بيدي اليمنى أمسكُ عكازي وباليسرى أمسكُ مسبحتي ولا أعرف إلى أين أتجه سوى إنني عشقت

أن أزف جسدي كل مساء إلى جهة الشمال، أجلس على حافة الرصيف حينما يأتي الأطفال إلي، أوسد عكازي الأرض وأضع مسبحتي في حضني وأسل يدي من جيبي وأخرج الحلوى التي ملأت بها جيبي كجدتي تماماً، أحتضن الأطفال بحنو، وأوزع عليهم الحلوى ثم أصفهم أمامي وأقرأ عليهم حكاياتكِ، ومن يستوعبكِ جيداً أمد له قلماً ليخطكِ فوق تجاعيد جبيني.

ليتني أعيش أحلامي وأزهو بها أمام الواقع، وأبتعد بضحكة عالية كالمجنون عن هذا الواقع الذي لا أجدكِ فيه.

في أحلامي يا وفاء لا أجد الحزن، يخاف أن يندس في نومي، أعتقد أنه يشبهني تماماً هذا الحزن فهو ينام حينما أنام أو ربما يغفو ليترك الحلم الذي يحملكِ يتسرب من ثنايا عينيه المغمضتين، أحتفل بكِ في أحلامي بنقاء وبياض، أرسمكِ بالنجوم التي لا تغيب عن صفحة السماء، وألونكِ بقوس قزح، أطلق كل بالوناتي الملونة في السماء حتى تصطدم بالنجوم حينها ألتفتُ نحو اليمين وأعلق نظري بالقمر الذي أراه يبتسم لبالوناتي وأصرخ به كالطفل أحبكِ. . . أحبكِ. .

لا أملك الآن يا وفاء سوى بقايا وجه عمي الذي يعتقد دائماً أن لون السواد هو لوني المفضل ليصبغ كل شيء بالسواد حين يراني حتى وجهه، وأنا يا وفاء كنت أتمنى أن تنتشليني من سواد عمي إلى بياض قلبكِ الذي لا يشبه بتاتاً قلب عمي. . .

أتمنى أن ألقاكِ وأمسك بيدكِ وأحلق بعيداً بعيداً ولكن هو الواقع الذي يلتهم كل أمنياتي. . .

أيشبهكِ هذا الواقع يا وفاء؟!!!. . .

قولي بربكِ يا طفلة السماء بعد كل هذا كيف أنساكِ؟

وأين أجد وصفة دواء نسيانكِ؟

الواقع المر. . . ووجه عمي. . . وغيابكِ. . . ثالوث لا أستطيع أن أتحمله وحدي. . .

فافصلي بين أضلاع الثالوث يا وفاء. . . حتى أستطيع أن أبتسم في ساحة حبكِ. . .

ـ ١

سيرة يوم من أيامي

كما هو الليل يستدل عليه من الظلام...

وكما هو النهار يستمد نوره من الشمس...

كذلك يا وفاء... كنت أنا وحبكِ...

تائه بين النور والظلام...

لا أعرف أيهما يفاجئني أولاً... النهار أم الليل!!!...

رغماً عني يا وفاء... أستكين أنا للنهار خوفاً من هواجس الليل...

ورغماً عني أهرب إلى الليل خوفاً من فضيحة النهار...

أطرق بفكري دائماً عند حدودكِ... أسجن نفسي في الصحراء التي ليس لها نهاية...

أجلس وحيداً... مرة أرسم وجهكِ على تراب الصحراء... ومن ثم أمسحه بدمعي!!!

وأخرى أحضن التراب بين كفي وأقربه من عيني ليمسح هو دمعتي حينما لم أجد من يمسحها.

ومرة تنتابني فكرة مجنونة أن أحصي ذرات التراب وأبتسم . . .

فعدد ذرات التراب أقل بكثير يا وفاء من عدد ذرات حبي لكِ!!! . . .

أجلس على بساط لم يفارق سيارتي منذ أن جلسنا سوياً عليه ذات وقت في هذا المكان المنزوي عن عيون الصحراء التي تحتضننا!!! . . .

في هذا المكان البعيد اندثرت مشاعرنا على هذا البساط ، ليس لنا سوى الأرض والسماء ووجهك الذي يغذي وجهي بالابتسامة، هنا يا وفاء . . . أرسمك بعيني الآن، التنورة الجينز نفسها ذات اللون الأزرق الفاتح التي تحوي على يمينها تخريمات بيضاء وأبليكات على شكل أزهار ، وذلك القميص الأبيض الربيعي الذي يظهر الجزء العلوي من تماسك صدرك ، وحذاؤك الأبيض البوت الذي لفت نظري كثيراً، أتخيلك وأمد يدي لك، أبحث عن أنفاسك . . . هنا يا وفاء في هذا الطرف من البساط ذرفتِ دمعتك حينما أوشكت الشمس أن تحمل ضياءها وترحل، مسحت دمعتكِ بيدي وقبلت يدي!!! . . .

لا أستطيع أن أعيش في هذا المكان دونك يا وفاء . . . لم أستطع أن أجد روعته التي وجدناها سوياً . .

ليتكِ معي الآن، فما بقلبي ستتعاقب عليه شموس كثيرة قبل أن ينتهي. . . ولا أعتقد أنه سينتهي!!!. . .

أشعر بأني تائهٌ لا أعرف من أين أتيت ولا إلى أين سأذهب. . . أتقلب على البساط وحيداً وأبحث عن جسدك، ويأتيني العطش. . . ولا أجد معي من يردعه. . . يقترب من شفتي. . . يسبغ عليها البياض. . . أنظر إليه نظرة العاجز. . . أتركه ينعم بجسدي ولا أحرك منه ساكناً. . . يتمادى باقترابه. . . وكرهت منه تماديه. . . لا أريده أن يريحني من وحدة تفكيري فيكِ. . . أمررت لساني على شفتي. . . ترطبت شفتي. . . تذكرتكِ. . . كررت مرور لساني على شفتي. . . وعشتُ خيالاً جميلاً بكِ. . . ومات إحساسي في تمادي العطش بالاقتراب!!!. . .

يجلس بجانبي الليل حينما ينسحب النهار بهدوء لم أشعر به. . . لا ألتفتُ إليهب فسواده لا يخيفني

لا يمل عدم مبالاتي به. . . يجلس على بساطي. . . هادئ هذا الليل يا وفاء في هذا المكان. . . لا يشبه النهار الغارق بضجيج السيارات والأصوات. . . وديعٌ. . . كطفل أكمل رضعته ونام!!!. . .

يساعدني الليل كثيراً يا وفاء في ذكرياتي. . . هذا الليل يختلف عن ليل غرفتي. . . منذ الأزل لا يفارق وقته هنا. . . ملّ مكانه هنا. . . وجدني أحمل الملل نفسه. . . جلس بجانبي. . . وحكي لي كل حكاياتكِ التي شهدها ليلٌ يختلف عنه كثيراً!!!. . .

أنصتُ له كثيراً . . . سمعتُ منه كل تفاصيل الماضي . . . شد على دمعتي لتزلَ بهدوء . . . واحتضن عبوس وجهي

لم يمسح دمعتي . . . تركها كما هي . . . فالليل يا وفاء يعلم أن دموع المعذبين لا تستطيع يد أن تمسحها . . . لن تعجزه دمعتي لو مسحها . . . فلدي من الدموع مالا يستطيع أن يمسحها يا وفاء!!!

استأنست به كثيراً وعقدتُ معه مواعيد عدة قبل أن أغادره . . .

ركبتُ سيارتي وغادرته . . . تركته يمارس ملله وحيداً . . . خفتُ يا وفاء أن يزرع تأخري هذا وجعاً في قلب أمي!.

ذهبتُ إلى أمي . . . ولم أترك شيئاً عند الليل يلهيه عن ضياعه في الصحراء!!!. . .

في طريقي إلى الدار كانت الساعة تشير إلى الثانية والنصف فجراً . . . عكفتُ بسيارتي نحو الحي الذي يعبق برائحتك، والذي هجرته أنفاسك ورميتُ دمعة باقية في عيني في يد الليل القابع وحيداً في حارتكم وأكملتُ طريقي . . .

كانت أمي خلف أسوار دارنا الداخلية . . . يلعب بها الظن كيفما أراد الشيطان، أدرت مقبض الباب وصدمت نظرتي وجهها الخائف . . . قالت لي:-

﹡ أين كنت حتى هذا الوقت . . .

كذبتُ عليها . . . ـ فبعدكِ يا وفاء تعلمت أن أواجه كل الأسئلة التي ترد لي من أفواه الآخرين بالكذب ـ

٣١٣

* عند صديقي . .

* حتى هذا الوقت؟!!! . . .

* لم أشعر بالوقت معه . . . فقد كانت جلسته ممتعة . . .

* هداك الله يا بني . . . اتصل . . . طمئني إليك . . . واسهر كما تشاء . . .

وقبل أن تغادرني قالت :ـ

* حتى هاتفك مغلق، اتصلت بك مراراً . . . لقد أشغلت بالي يا بني . . .

تداركت قلقها وبكلمات حاولت أن تكون عفوية قلت لها :ـ

* لا يوجد إرسال قوي في دار صديقي . . .

نظرت إلي نظرة عتب وقالت :ـ

* الله يهديك يا بني . . .

حينها عرفت أن كلماتي لم تمسس العفوية في قلبها!!! . . .

وقبل أن توليني ظهرها قالت :ـ

* ستتزوج يا بني وتنجب أطفالاً وستعرف حينها سبب خوفي هذا عليك . . .

ابتسمت لكلمتها الأخيرة دون أن تراها . . . وقلت في نفسي :ـ

*** الزواج يا أماه مشروعٌ صُمِّم في عقلي وهدمته وفاء!!!. . .**

دخلت غرفتي لا يصحبني سوى صورتكِ. . . انسللت من ثوبي، وبحركة لا إرادية دسست يدي في جيب ثوبي وأخرجت هاتفي النقال الذي وجدته مغلقاً، حينها تهادى إلي وجه أمي الغارق بالقلق!!!. . .

أرخيت جسدي على السرير وبعدما التحفت لحافي رأيتكُ. . . رميت على خيالكِ في ظلام غرفتي قبلة. . . وأغمضتُ عيني فرحاً بخيالي!!!. . .

إليها فقط!!!...

[... إلى تلك الفتاة التي أغدقت عليها الحب... وقالت لي كل شيء... عدا كلمة واحدة!!!].

لأنك فتاة تختلفين عن كل الفتيات... ولأني رجل أخذتك إلى قلبي وحيدة، وعشتك خيالاً وواقعاً رسمتك بأحرفي على صفحات حياتي...

فأطعميني من نظراتك ما يشبع جوع مشاعري وارويني من شفتيك ما يبلل جفاف حبي...

لن أطلب المستحيل... فالمستحيل أن ينبض فؤادي دون مضخة دماء قلبك...

اسكني... في خيالي حينما يغطيني ظلام الليل...

واسكني... في واقعي حينما ترفض عيني نظرات النساء...

فأنا لست سوى عاشق فقير . . . مد يده لطلب عون مشاعرك فلا تغلي يدك . . .

وأنت بحر من المشاعر تتماوج موجاته جفافاً على شاطئ قلبي . . .

أعيديني إلى الحياة التي خرجت منها مغبوناً . . .

دمعة الفراق التي ذرفتها ليلة فقدت فيها صوتكِ لم تجف من عيني حتى الآن، ولم تستطع يدٌ أن تمسحها، تلك الليلة التي تمادت في الطول، تلك الليلة التي عاشت سنين عديدة من عمر انتظاري .

آهٍ يا وفاء . . . احتسبي لوجه الله على فتى لم يقل الحب للناس وعاشه وحيداً في غرفته . . .

لست أعلم أن للحب هذا الكيان في قلبي . . .

كنت ألعبُ في معلبكِ . . . يأتيني يوماً ويرحل عني يوماً آخر . . .

ألهو مع كلماتك وأقفز فوق ضحكاتك . . .

ولم تفطر عيني دمعة واحدة !

لم يحتل التفكير كل مساحات قلبي . . .

كنت أبعث في نفسي الراحة لنغمات صوتك . . .

اعتدتكِ . . . وركضت مع تناسي الأيام . . . حتى أفاق قلبي في مساء لم يكن لي . . .

وجلست أنتظر هاتفك تتناغم نغماته مع سكون الألسن من حولي . . .

لتصبح كلماتك قطرات من ندى ترطب جفاف الأمس في إفاقة فجر حبك في قلبي . . .

أقتات من ذاكرتي كل صورك الماضية . . .

وأشرب من نهل هوائك كل الحياة . . .

ورحلتِ . . . لأصبح وحيداً بين تزاحم الوجوه في مساحات حياتي . . .

لم يكن رحيلك سوى اختلاف صغير . . . لا أعرف له سبباً ولكني وضعته لأرضي به إلحاح سؤال قلبي . . .

فهل تستطيع أوقات الابتسامة أن تعيدك إليّ؟!!!

هل تستطيع شكواك الماضية حينما تلامست أصابعك مع أصابعي وبكت عيناك في عيني أن تعيدك؟!!!

وهل لغيمة حياتك أن تمطر على أرض قلبي؟!!!

أم سأظل بقية عمري مقفر الفرح والانسجام مع الآخرين؟!!!

تعبت يا فتاتي من كل شيء . . . فكرت في الموت كثيراً . . . واستغفرت الله كثيراً . . .

رحلتُ إلى أوراقي العطشى من جفاف إلهامك . . . كتبتُ كل ما

أملك من أحرفٍ. . . كتبت أوراقاً كثيرة قرأتها على نفسي على ضوء الشمعة التي أعجبكِ لـونها وأهديتها إليّ لأجد صـورتي في اشتعالها. . . وأدركت أن الأوراق تضيق بمعاني قلبي. . .

كتبت فيك ألف حكاية وحكاية. . .

قرأت كل أشعار رثاء الفراق. . .

بكيت في أحرفها كثيراً. . . ووجدت نفسي في كلمات الشعراء مفضوحاً!!!

جمعت دموعي وكتبت قصيدة رثاء فيك. . . كتبتها بأحرف ودموع لم يكتبها شاعر من قبل. . . قرأتها وحيداً. . . كنت أتخيلك بجانبي وأنا أتنفس كل كلمة . . ألتفت إلى الجدار الذي يخفي حزني عن الآخرين وأنطق بحروف اسمك التي لم أكتبها في قصيدتي. . . قرأتها غير مرة في سكون الليل . . وحينما نظر إليّ الفجر من نافذة غرفتي مزقتها حفاظاً على مشاعرك الغائبة. . .

لم أستطع أن أحفظها فكلماتها تجرح قلبي. . . تسحب من عيني الدموع. . . حاولت أن أنساها مثلما نسيت حبي. . . فوجدت نسخة أخرى مطبوعة في قلبي!!!. . .

رسمتُ وجهك في دمعتي. . . حتى لا يفارقني!!!. . .

وتهجيت كلماتك. . . فجف كل شيء فيَّ عدا لساني!!!. . .

ما حييت يا فتاتي. . . سيظل عنواني مقروناً باسمك. . . يستدل

به التائهون عن وجهي . . . ويقرؤه من أراد أن يفجر في عينه جمود دمعته . . .

الظمآن يا فتاتي . . . يبحث عن الماء ليرتوي . . . وحينما يرتوي لا ينظر إلى بقايا الماء . . .

وظمآن الحب مهما تدفقت من حنانه ينابيع الوفاء لن يرتوي . . . سيظل عطشان مهما شرب . . .

فالنهر يا عزيزتي لن يرتوي من مائه!!! . . .

لقد تركت خلفي مواعيد كثيرة . . . ورحيلاً طويلاً . . . ووجوهاً تنتظر يدي!!! . .

تركت ظلمي الذي أهداه لي يوماً من الأيام من كنت أعتقد أنني سأتعلم العدل منه!!! . . .

تركت ابتسامتي معلقة على جدران الذكرى . . .

تركت هدوئي بين جنبات الدموع واشتعال الفكر . . .

لن أبتعد عنك . . . ولن يجبرني أحد على ذلك . . .

ولن أتقدم إليك . . . فما يحمله قلبي أعتقد أنه كافٍ لملء قلوب البشر جميعاً!!! . . .

يدك تلك التي ضمت يدي في مساء مسروق من عيون البشر . . . بنت في داخلي صرحاً شامخاً من الأحلام، كنت عاشقاً

لكل شيء فيك. . . سكنت صرحك. . . وتنفست أنفاسك. . . ليرحل النهار عن صرحك ويسكن معي الليل العملاق، علقت صورتك التي وقعت واسمك عليها على جدار الصرح أمامي، أنظر إليها كثيراً وأتخذ معها كل الحروف التي لم أقلها لك، لقد كان صرحك شامخاً يفوق قامتي، كل يوم تتغير ألوان حيطانه وأحلامه، لم يكن عطاؤك محدوداً معي، كان وجودك يرفع سقف الصرح عالياً، وحينما أخذت خطواتك ممراً بعيداً عن الصرح تهاوى سقفه على أحلامي وتصدعت جدرانه ولم أخرج منه. . . فصورتك المعلقة بقيت بعنادٍ أبدي على الحائط، لم يقترب منها التصدع، فعجبتُ من سقوط الصرح تحت صورتك!!!

قد انهار ما بنيت يا فتاتي. . . وبقيتُ أنا وصورتك في انتظار أنفاسك أن تنتشلنا من الموت!!!

أين أنتِ؟!!! لقد مللت تكرار الحرف وشكوى الفؤاد. . .

مللت ملابسي الجديدة التي ابتعتها كما يبتاع البشر ملابس العيد، مللتها لأنها مقفرة من نظراتك وإعجابك. . .

نظراتك يا سيدتي تكبرني وتجعلني عملاقاً أنظر إلى البشر وأجدهم تحت تظري. . .

ونظرات الآخرين تصغرني مهما كانت مدلولاتها. . . تجعلني أبدو قزماً. . . وعندما ينظرون إليّ تتدلى رؤوسهم على صدورهم!!!. . .

أريدك . . . بصدق أحرفي . . . وبجرأة معاني قلبي . . . أريدك
قبل أن يريدني الموت . . .

لن أقسم لك بحبي . . . ولن أكفر بالله خالقي . .

لن أغتصب الموت لنفسي ولن أرضى بالحياة بدونك . . . .

فلا أحد قد تصفح كتاب حياتي سواك . . .

أنت الوحيدة التي قرأت سطور أحزاني . . .

فهل يا ترى سحبت سطوري تلك غسيل عينيك؟!!!

أم أن تقليبك لأوراقي أشغلك عن قراءة أسطرها؟!!!

يسألني دائماً أصدقائي عن ملامح الحزن في قلبي . . .

وعن الدمعة التي أَبَت الرحيل عني . . .

وعن الآهةِ التي تتخلل كلماتي . . .

وعن إنصاتي الثقيل لأحرفهم . .

وعن عجز الكلمات في لساني . . .

فبماذا أجيبهم؟!!!

هل أقول لهم . . .

لقد دارت الأيام بقلبي وأصبحت عاشقاً للمستحيل . . .

هل أقول لهم إن هناك فتاة قلبت موازين حياتي واحتلت كل
نظراتي . . .

أم أشهد لهم بأنه لا نساء يستطعن الوصول لحياتي من بعدك . . .

وأنهن أصبحن مفقودات في قلبي . . .

هل أتكلم عن أنوثتك الخصبة . . . وعن ضحكاتك العجلى . . . وعن تقاسيم الحب في أوتار قلبي . . .

أم أقول لهم . . .

إن الفتاة الوحيدة التي أشرقت صورتها في ظلام قلبي قد عبرت لقلب غيري . . .

أسألك بالله . . . أن ترحمي ضعفي . . . فلست أقوى على خلجات فؤادي وحدي . . .

لن أطلب المستحيل . . . ولكنها كلمات سهرت ليلة البارحة معي حينما رفض الآخرون حزني ومل الكل كلماتي المكررة . . . رحلوا عن حروف اسمك وفي شفاههم كلمات كثيرة . . .

عاهدت نفسي في النهار ألا أبكيك في المساء . . .

وجلست في غرفتي بعدما أغلقت النوافذ وأرخيت ستائرها . . . ليأتي الظلام منتصراً على الشمس يحوي كل أشيائي حتى عيني وأوراقي . . . ولم تدمع عيني رغم تساقط بسمتك ودمعتك .

وضحكت على عيني . . . بقيت صامتاً أمام دموعي المسجونة بين أهدابي . . . بقيت ساكناً ليتهادى إلى مسمعي بكاء طفل جائع من صدري . . . !!!

لقد قال لي الليل كلمات كثيرة عنك... قال بأنكِ لن تعودي... وأن طريقك أضحى بعيداً عن طريقي... لامني كثيراً على مجالسته وحيداً... ولأول مرة يا فتاتي أكره الليل!!!...

لن أغير من أحزاني شيئاً... ولن أعيش النهار حتى لا يحكي أوقات الليل... ولن أعود الليل حتى لا توجعني كلماته... فقط سأنتظرك... سأنتظرك ما بين النهار والليل... وستصبح أوقات الأيام القادمة في داخلي كلها ما بين النهار والليل...

أحبك... تلك هي كلمتي الأخيرة... اجمعي أحرفها وتمعني في معانيها... وسأنتظر أنا... ما قرأتِه وما تمعنت فيه!!!...

كفاك يا وفاء أنا

وفاء . . .

أمـازلـت تذكريننـي؟! أم أن لسـانكِ فقد تجميـع حـروف اسمي؟!!!! . . .

أنا أشدو دوماً وفي كل الأوقات بأحرف اسمكِ، وأسأل عنكِ هذا الظلام الذي لازمني منذ أن قالت عيناكِ الفراق لم يتركني أغادر عباءته، ضمني بشوق، وأخفى عن الآخرين ضعفي !

وفاء . . . إنني أتعذب حينما أشعر أنكِ بعيدة، يؤرقني عناء البحث عن أحرف أسطرها لكِ لتعبر عن شوقي إليكِ

إنني أخاف من تلك المشاعر التي تختلج في فؤادي فتخفي ملامح البسمة والفرحة قبل أن تشرق في سماء شفتي ،

لا شيء يعيد الأمور إلى نصابها والثقة إلى نفسي سوى رؤيتك

والتحدث إليكِ، حينها سوف أشعر بمرسى الأمان في أعماقي وأعبر بكل ثقة مع العابرين من باب الحياة إلى الأمل المشرق . . .

منذ فراقكِ وفؤادي يحترق، لقد أصبحتُ من بعدكِ كومة من الحطام لا ينظر إليها أحد، لا أقوى على الشكوى . . . ولا أستطيع أن أحبس شكواي في صدري!!! . . .

كل مساء يا وفاء أعلقكِ على سقف غرفتي، أهذي كالمجنون بكلمات لم تسمعيها، أسمع قلبكِ يناديني، ولكن شفتيكِ مازالتا صامتتين، ترفضان الاعتراف مثلما ترفضان الإقرار، فبدونكِ أنا إنسان غطته ملامح القلق والخوف، من دونكِ أنا جدار آيل للسقوط في كل لحظة .

فكيف بالله أستعيد الثقة بنفسي وأنا أشاهد أحلامي تغتال أمام ناظري؟!!! . . .

كيف أنسى جراحكِ وهي لا تزال تنزف دون انقطاع؟!!! . . .

سألملم بقايا نفسي، وأحوي بيدي دموعي، وأقف أمام جدار ذكراكِ لعل الليل يبتسم لي وأراكِ، فالماضي الذي يعيشني ممتعٌ جداً مهما داسته أقدام الأيام . . .

حبكِ يا وفاء هو مفتاح الحياة الذي ضاع مني . . .

بحثت عنه في قلوب كل النساء وفشلت أن أفتح باب الحياة من دونكِ، وعدت خائباً، أجر خلفي ذكرياتكِ التي لم تسافر عن سماء

خيالي، عدت إلى مأواي، إلى ظلامي، إلى حزني الباقي بين أرجاء غرفتي، ضم الفراش جسدي ولم أستطع أن أضم صورتك في عيني من طفح غشاوة الدمع...

عظيمة أنتِ يا وفاء، عظيمة بما فعلتِه بي، عظيمة بأفكاري بك، بشوقي، بدمعي، بكل شيء حولي لأنكِ أضحيت أنتِ كل شيء!!!...

لقد سمعتُ صوتكِ يا وفاء، سمعته آتياً في ظلام غرفتي، في وحدتي في سكوني، آتياً من ثنايا ضلوعي، يناديني باسمي الذي كدت أن أنساه!!!...

صوتكِ كما هو، يتبعثر في مسمعي، يفصل بين نفسي وحزني، شعرت لحظتها بأن دقات قلبي توزعت في كل أنحاء جسدي...

كان صوتكِ حزيناً في مناداته، كصوت ناي قادمٍ من عمق الصحراء وقت مغيب...

بحثت عن مصدر الصوت ولم أجده، بكيت يا وفاء وكأن عيوني تعيش بداية البكاء الأولى...

وكالملدوغ أفقتُ من غفوتي، لقد كنتِ يا وفاء رؤية لم تصدق!!!...

كيف للوقت قدرة على تعذيبي؟!!!...

وكيف سمحتِ للوقت أن يستمتع بتعذيبي ويتقافز منتشياً تحت مطر عيني؟!!!

أخاف مـنكِ يا وفاء، أخاف مـن الـحياة أن تـمـسـح طريق عودتكِ. . .

أخاف أن يضـيع عـنواني، وصـوتي، ووجـهي من عـنوانكِ وصوتكِ ووجهكِ!!!. . .

أخاف أن يأخذ قلبكِ قلب عابث، يقبض عليه بقوة ولا تستطيعين الفكاك منه . .

حينها يا وفاء، يكون الحزن قد استقر بقلبي، وأن خطوط الحياة قد استطاب لها سواد وجهي

فلا تعبثي بقلبي، لا تصغي إلى إشراقة الصباح بعد حديث الليل من دوني. . .

لا تتركيني يا وفاء بعد كل هذا. . .

فالإنسان يا فتاتي ما هو إلا كتلة من المشاعر والأحاسيس وأخاف أن أصبح بلا مشاعر ولا أحاسيس!!!. . . حينها ماذا أكون أنا؟!!!. . .

ترهقني الغربة يا وفاء، غربة رحيلكِ. . .
ويتعبني إحساسي بأني وحيدٌ. . .

فما أصعب على الرجل أن يذرف دمعته يا وفاء، وأنا اقتحمت صعاب الرجالِ لأجلكِ!!!

ما أقسى بعدكِ، فلم أفطن يوماً من الأيام أن قلبكِ الذي عشقته قد أتخم بالقسوة!!!. . .

كفاكِ يا وفاء تعذيباً، وكفاكِ يا وفاء أنا!!!. . .

هذا الليل يا وفاء أعرف تفاصيله جيداً، ليس فيه غير الظلام كما يراه الآخرون، ولكني اكتشفت من معاشرتي له أن له أشياء وتفاصيل أخرى أعتقد أن لا أحد يعرفها غيري!

لقد عشته بوجعه وقساوته واعترضت عليه كثيراً بحزني!.

صرخت به وبكيت على صدر ظلامه وقلت له كل شيء قد أخفيته عن وجه النهار ومن يعيشون فيه، وأجابني صمتاً، وقرأت احتجاجه الثقيل على قلبي، قلت له عن كل تفاصيل ملامحكِ، صنعتكِ أمامه، تركتكِ في ظلامه، تمعن ظلامه فيكِ جيداً وبكى. . .

لقد بكى الليل بدموع ظلامه عليكِ، مزج دموعي بدموعه، وأمسك بيدي بصمت لنبحث عنكِ يا وفاء!!!. . .

وأصبح يأتي إلي كل مساء مبكراً، يسألني عنكِ ويجدكِ في دموعي وتفكيري وفي تلك الأوراق الكثيرة التي حاولت في النهار أن أرسم ملامحكِ عليها، يقارن بين حديثي عنك وبين تلك الرسوم ومن ثم يمسد شعر رأسي وكأني طفل صغير ويقول «حاول مرة أخرى»

انظر إلى هذه الرسوم وأبكي، ويقف بجبروته فوق رأسي شامخاً، ثقيلاً، لا أنظر إليه ولكني أسمع نحيب ظلامه في دمعي!.

وفاء. . . أتعلمين أنه لم يبق لي سوى القلم. . . أكتب به ويكتبني!!!. . .

فلا أحد استطاع أن يسكن حزني!!!. . .

ولا أحد استوعب تداخل الأوقات فيما بينها في وقتي. . .

لقد سكن النهار في ليلي. . . وغدا نهاري بلا نهار!!!. . .

لقد أصبحتُ يا وفاء برحيلكِ إنساناً آخر. . . أو بقايا إنسان لم يلتصق بجلدي!!!. . .

حتى لو رأيتُ وجهي في المرآة فلن أعرف وجهي!!!. . .

لقد تساقطت على ملامحي السنون دفعة واحدة. . . عشتُ في شبابي كل نهارات المشيب!!!. . .

يئستُ من كل شيء. . . وانحاز تفكيري بعيداً عن أحلامي. . . لقد قال لي وقتي حينما لم يجدكِ فيه أشياء كثيرة. . . فتح رأسي وأغدق عليه من الصداع ما تعجز المسكنات أن تزيله!!!. . .

لقد قال لي يا وفاء. . . أنكِ أصبحتِ قمراً عالقاً في السماء تنظرين من علو إلى ظلام الحياة وتعيشين نور القمر. . .

وأصبحتُ أنا شمساً تشرق في نهارٍ لا وجود للقمر فيه. . .

فهل تكذبين وقتي. . . وتقولين المستحيل. . . بأن الشمس من الممكن أن تلتقي بالقمر؟!!!. . .

وهل ستجبرين وقتي أن يرى الأمس يصافح الغد؟!!!!. . .

آه يا وفاء. . . بعدكِ أصبحت الفرحة في تقاسيم وقتي نغمة حزن!!!!. . .

ولم يبقَ لي من الحياة سوى أن أبكيكِ يا وفاء. . .

وها أنا أبكيكِ الآن. . . دون مساعدة أحد!!!. . .

وسأبقى ببكائي هذا عاشقاً تُنْسَج من أوقاته أثواب العبرة للأزمان القادمة. . .

ولن أقول عنكِ ما حييت أنكِ كذبة سقطت في تصور قلبي حنيناً!!!. . .

سأنطق بكِ صدقاً. . . فقد رأيتكِ يوماً من الأيام صدقاً!!!. . .

وسأعيش على بقاء ذاكرتي بكِ. . . وسأقتات من جروحي جروحاً. . .

ولن أرحل عن وجهكِ العالق في عيني. . .

سأعيش بكِ يا وفاء. . . وسأجعل الآخرين يشاهدون ضحكتي ويترجمونها فرحاً وسأخفي عنهم قهر ضحكتي!!!

وبذلك يا وفاء. . . لن أشاهد غيركِ ولن أدع جسدي لغيركِ. . . سأظل بكِ ولأجلكِ. . .

فرماد الجمر أبداً لا يشتعل!!!. . .

في غيابكِ المفاجئ يا وفاء. . . أخذتِ معكِ كل وجوه النساء. . .

وأبقيتِ خلفكِ حروفاً كثيرة من معاني الحب لا يجيد بها لسان امرأة قولاً!!!. . .

لم يبقَ في نظري سوى أشباهي . . .

فمن غمس رغيفه في وعاء عسل والتهمه . . . لن يرضى أن
يغمس رغيفه في وعاء الماء ويلتهمه

فرحاً دون أن يتذوق طعم العسل الماضي في لسانه!!! . . .

امرأة أعجوبة أنتِ . . .

لم تسمعي مني «أحبك» . . . وجعلتني أعيش تلك الكلمة
خلفكِ!!! . . .

هل طفح بكِ الغرور على صمت تلك الكلمة؟!!! . . .

أم أن من يقع في أرضكِ تتركينه وتبحثين عن أقدام لا تعرف
السقوط خلف سقوطه . . .

تمارسين الحديث والمشاعر حتى يقع وبعدها . . . تتركين
أرضكِ محشورة بأجساد ضحايا كلمة لم تسمعيها!!! . . .

امرأة غريبة أنتِ . . .

تقبلين كل شيء وحينما تمتلئ كفوف من تقبلين منه كل شيء
ترفضينه!!! . . .

فماذا يعجبكِ يا وفاء؟!!! . . .

أي المشاعر التي تعتقدين أنها تناسبكِ؟!!! . . .

وأي حب يكفيكِ عن الحب؟!!! . . .

أسقوط جسدي خلف جسدكِ لم يرضِ غروركِ؟!!! . . .

وماذا يرضي غروركِ يا وفاء؟!!! . . .

بسطت الصعاب لأجلكِ . . . قلت لكِ في أحاديث الهاتف كل الكلمات التي أحفظها حتى الكلمات الغريبة عن لساني نطقتها لكِ ولم ترضكِ!!! . . .

فماذا أفعل؟!!! . . .

أعترف لكِ أنكِ أنتِ المرأة الوحيدة التي أسقطتني!!! . . .

وأنكِ المرأة الوحيدة التي سمعت كلمات الحب من لساني!!! . . .

ليتني أستطيع أن أملك نفسي . . . وأقوى على قلبي . . .

ليتني أستطيع أن أكون ظالماً وأسجن دمعتي . . .

ليتني أستطيع أن أحد من مشاعري . . . وأن أقول لقلبي لا!!! . . .

حينها يا سيدتي . . .

سأضع نفسي بين يديكِ . . .

وأضعف قلبي أمام بسمتكِ . . .

وأذرف دمعتي على ثواني بعدكِ . . .

وأكسر كل حدود مشاعري لتنطلق إليك دون خيفة أو رهبة . . . .

وأن أقول لقلبي لا . . . لا . . . لا تدع مساحتك خالية من ذكراها!!! . . .

أحبك يا وفاء بكل ما تملكين من بعد عني . . .

أحبك يا وفاء بكل ما تحملين من قسوة علي. . .

أحبك يا وفاء وكفى بالله شهيداً. . .

وفاء. . .

كيف للمطر أن يلثم أرضاً لا تحويكِ؟!!!. . .

فأنتِ الحياة، يأتي صوتكِ إلى مسمعي مع نسمات الفجر مغرداً تزفه العصافير. . .

ترقص على نغماته الفراشات. . .

يحتفل سمعي به. . .

أفتش عنكِ بين الأزهار. . .

وفي حبات الندى علّ قطرة منها أحاطت جسدكِ وأسقطتكِ على خد وردة لينة لتصافح أطهر الأجساد وأبهاها. . .

لكن يا وفاء لا أجد سوى الخواء. . .

سوى مكان فارغ وعلامات استفهام تبحث عن إجاباتها ولا يملك الإجابة سواك. . .

بالله عليكِ يا وفاء خبريني أي أرض تقل جسدكِ الآن؟!!!. . .

من يصبرني على موتي من دونكِ؟!!!. . .

ومن يطفىء اشتعال قلبي الذي أحبكِ وألغى نساء الأرض عداكِ؟!!!. . .

حتى الريح اتخذتها وتراً أغني كل يوم اسمكِ علها توصل غنائي إليكِ. . .

بح صوتي وأنا أناديكِ فأين أنتِ؟!!!!. . .

خارت قواي وأنا أمشط الطرق بحثاً عنكِ. . .

وفاء كم أحتاج وجودكِ. . .

هيا أقبلي وعطري حياتي ببخور بوحكِ. . .

قولي أحبك لأحلق في سرب العشاق. . .

وأحط في مدنكِ وأغرز قدمي في رمال شطآنكِ. . .

فأنتِ الأنثى الوحيدة التي سرت في دمي. . .

وفي غمضة عين رحلت وتركتني بقلب مذبوح. . .

وأنا الذي لم يمل التحديق في طيفكِ. . .

وفاء . . .

من أعلى قمم الوفاء أتيت أطرق أبوابكِ. . .

وأمد لكِ كفي. . .

فلا تشيدي أسواركِ دوني. . .

أنتِ لا سواكِ بوصلة حياتي. . .

لا تعنيني أي أنثى عداكِ. . .

ولا أرغب غيركِ. . . وسأنتظركِ تأتين . . . .

مِنها... إليّ... بقلمي...

وفاء . . .

ربما لن تصدقيني إن قلت لك إني في ليالي البؤس والأسى . . .

وفي قمة الألم أصحو من فراشي . . .

أمسك قلماً وورقة وأبدأ في رسم سطور حب منكِ إلي . . .

أكتب لنفسي وأتخيل أنكِ أنت التي تكتبين إليّ . . .

بـين يـدي الآن قصـاصـات كـثيـرة نـزفـهـا حبـري مـحـاولاً
مواساتي . . .

حتى الحبر أشفق عليَّ من الحزن الذي يتلبسني . . .

أحاول خداع نفسي . . .

أحاول أن أخلق من الوهم حروف أملٍ تسليني في وحدتي . . .

أحاول أن أغسـل نفسي من وجعي تماماً كأطفالٍ يغمسون

٣٣٦

أرجلهم وأيديهم في الطين ثم يتجهون إلى بركة الماء التي تتوسط حارتهم ليغسلوا فيها أرجلهم وأيديهم . . .

جعلت من الحروف التي أكتبها إليّ على لسانك ممحاة مؤقتةً تمحو ألم غيابك المفاجئ من ذاكرتي . . .

كتبتُ إليَّ ذات وجع على بياض الأوراق بيمينكِ كثيراً من أبجديات الحب والتفاؤل والأمل . . .

اقرئيها يا وفاء . . .

تحسسيها بقلبك . . .

(١)

حبيبي . . .

حياتي ناقصة بدونك . . .

ثق بأني سأعود . . .

ربما غداً . . .

نم يا حبيبي واحلم بي . . .

(وفاء)

(٢)

بقلبي تسكن . . .

لايزال اسمك هو الوحيد الذي يحتفل به سمعي كلما عانقه . . .

كل الحب والشوق . . .

(وفاء)

(٣)

أنتَ سبورتي التي أرسم عليها بطباشيري الملونة كل صباح . . .

أحبك . . أحبك . . أحبك . .

(وفاء)

(٤)

تتسلل أصابع عشقك إليّ كل ليلة . . .

تستقر على صدري . . .

وترسم على بياضه قصائد شوق . . .

أشتاق إليك

(وفاء)

(٥)

أحبك . . .

لم أرضعها من ثدي أمي . . .

ولم أتعلمها على يد معلماتي . . .

إنما هي هالة نور أضاءت حياتي مذ عانقت حرفك . . .

(وفا)

وغيرها الكثير يا وفاء . . .

أرأيت كيف أسرق يدك بين الحين والآخر . . .

أرأيت كيف هي حياتي؟!! . . .

خداع في خداع !! . . .

مجرد سرابٍ يَجْبر كسر رحيلك . . .

أواسي نفسي بنفسي ولا أحد يشعر بكبر الحزن الذي يحاصرني . . .

لم يكلف أحدٌ نفسه أن يغمس يديه في ألمي ليرى العمق الذي أحدثه غيابك في حياتي . . .

فجوة كبيرة . . .

حفرة ما زالت تمتد لتنخر جسدي السقيم بَعْدَك . . .

وفاء . . .

من الصعب جداً أن يصل المرء منا إلى حالة الخداع هذه . . .

أحتاجك ياوفاء . . .

تصوري !!. . .

ذات يوم كنت أتجول بسيارتي لا أعلم ما الذي دفعني إلى ارتياد مزرعة صديقي. . .

كنت أود رؤية فصيل الناقة الصغير الذي وضعته منذ شهرين. . .

لاأعلم لماذا أنا متعلق به. . .

وحين حطت عجلات مركبتي في مزرعته سمعت صوتاً غريباً. . .

أوقفت سيارتي وترجلتُ عند مصدر الصوت. . .

وجدت صديقي وصافحته. . .

أتعلمين ياوفاء من أين جاء ذاك الصوت الحزين؟!!. . .

هو صوت ناقة أبعدوا عنها فصيلها الذي قطعت المسافة لرؤيته ليبيعوه. . .

كلاهما ينوح هي وفصيلها. . .

عرفت عندها مرارة الفراق. . .

توسلت إلى صديقي أن يعيده إليها. . .

سخر مني وقال:

الحيوانات لا تحس، هي أيام وتنسى. . .

آه يا وفاء. . .

ما أقسى قلوب البشر!...

وفي زحمة الأصوات...

جئتني يا وفاء...

لأسمعك في حنّةِ البكرة الولوع بأمها...

وأحن إليك كحنين الناقة لفصيلها الذي أبعدوه عنها...

لاأعلم لماذا يسكب الألم على جسدي جراحه أنّى اتجهت...

هي الحياة منذ أن كنت صغيراً وهي تلسعني بنار قسوتها...

لم يبق جزء مني لم يحترق...

وجئت أنت ياوفاء لتكملي مسيرة الحياة وتجعليني رجلاً من رماد...

حتى التلفاز لم يأل جهداً في إيلامي...

ربما عالم البحار الذي وقعت عليه عيني يوماً لم يحرك ساكناً لمخلوق شاهده...

إلا أنا ياوفاء...

رأيت أسماكاً صغيرة خلقها الله لتنظف البحر...

تصطف جماعات بتعاون جميل...

تتعب...

لتأتي أسماك القرش وتلوكها بين أسنانها. . .

هنا يا وفاء كنت أنا السمكة الصغيرة التي التهمها قرش غيابك. . .

وفاء كل الأشياء تذكرني بك. . .

أحاول أن أنساك ولو للحظات بسيطة فلا أستطيع. . .

حياتي بدونك سواد في سواد. . .

كقطنٍ غُمِس في حبرٍ أسود. . .

وفاء. . .

مهما كتبت لن أستطيع أن أصف حالتي والألم الذي يقض مضجع راحتي. . .

عودي فالجنون بدأ يقترب مني. .

كل اللغات لا تستطيع أن تحكي!!!

هي كلمات سأكتبها هنا ولن تغادر «هنا»!!!...

ليمضي بها المساء جائعة كما مضى بها صباح هذا اليوم...

سيشدني المساء إلى الصباح وسيدفعني الصباح إلى المساء... ولا جديد يذكر...

الألم نفسه أحمله معي... لا يفارقني ولا أستطيع أن أفارقه لأنه هو الأثر الباقي لي منكِ!!!

يزعق بوجهي... يمارس كل طقوس سواده بوجهي... يخاف من وجوه غيري وينام قرير العين على ملامحي...

الأمنية نفسها التي خلقتها بقلبي وعاشت على قوت أعصابي أجدها تنظر إليّ نظرة استعطاف وهي مخنوقة بين يدي... لم تمت وكأنها ميتة...

تلك هي جزء من سيرة أيامي يا وفاء . . . !!!. . .

لا شيء يغير فيّ شيئاً سواكِ . . . تلك هي الحقيقة التي عجزت عن إقناع نفسي بها . . .

أحاول أن أهرب ولا أهرب!!!. . . فلست أعرف حتى الآن لماذا وإلى أين أهرب؟!!!. . .

يأتيني هاجس يلف عقلي كثيراً ولا يتركني . . . يصرخ بي في صمتي ووحدتي . . .

إنكِ تدركين كل شيء، تشعرين بوقع نفسي . . . تشعرين بي جيداً . . . وأعتقد أنكِ تعرفين سيول دموعي التي لم تستطع أن تغسل كل ذكرياتكِ!!!. . .

ستظلين يا وفاء تعيشين في داخلي حتى آخر رمق لي في الحياة
. . . .

تضعين بيني وبينكِ ألف عذر وسبب وترحلين بصمت عن أعذاركِ وأسبابكِ . . .

لقد تحدثت إليكِ كثيراً . . . صرخت بكِ . . . وبكيت أمامكِ . . . وتوسلت إليكِ . . .

ولم تسمعي حديثي . . . ولم تفهمي صراخي . . . ولم تقدري دمعي . . . ولا توسلي إليكِ . . .

لأنك ببساطة لم تكوني معي!!!. . .

وفاء . . . .

ليس لي قدرة على الصبر رغم أن كل شيء هنا يدفعني إلى الوقوف على حافات الأيام أنتظر إشراقة ما تحمله الأيام القادمة على وتيرة الساعة الرملية، أجلس وحيداً وأحادث نفسي وحيداً، لا أحد هنا يشعر بما في قلبي، أعيد تفاصيل حياتي التي عشتها قبل أن أراكِ، وأجدكِ تقفزين من بين التفاصيل إلى وجهي !

في كل مكان وزمان افترضته عيشاً أجدكِ فيه يا وفاء، أركض في ذاكرتي ولا أجد سوى المساحات الخالية من صوتكِ ووجهكِ !

وفاء . . . . هذا الليل البهيم يجلس بجانبي مرتدياً عباءته السوداء ويمنعني من النظر إلى نجومه العالقة في صدره، ليس لدي سوى صمته الثقيل، أسرق من ذاكرتي أبيات شعر لأبي فراس الحمداني وأنثر عبيرها على وجه الليل البهيم ليضرب عيني وتذرف دموعي تغسل كل أبيات الشعر. . .

أزَعَمْتَ أنّكَ صَابرٌ لِصدُودِهِ هيْهَاتَ صَبْرُ العَاشِقِينَ قَلِيْلُ

مَا لْلمُحِبِّ عَلَى الصُدُوْدِ جَلاَدَةُ مَا لِلْمَشُوقِ إلى العَزاءِ سَبيْلُ

فَدَعِ التعزُز إنْ عَزَمْتَ على الهَوَى إن العَزِيزَ إذا أحَبَ ذَلِيْلُ

وقد تركت يا وفاء كل شيء خلفي!!! . . .

لم أكابر بحبي وقد عشت تحت وطء دموعي لكِ وسؤالي عنكِ ولهفتي عليكِ وتفكيري بكِ وحزني منكِ ذليل

يا وفاء!!!. . . .

أرفع عيني إلى أعالي السماء، أشق الظلام وأتوسل إلى الله أن يرحمني، ويعيد لي ما كنت عليه بالأمس أو أن يعيدكِ إلي حاملة أقداح الحب والسعادة، لنرتشف سوياً من هذه الأقداح بعدما غطانا الظلام!!!. . . .

هي أحلام أتضرع بها إلى الله، بعدما سئمت العيش، وتكلفت بالحياة، وأصبحت لا أرى سوى بقايا من ملامحكِ لم يستطع الزمن أن يمحوها من ذاكرتي!!!. . . .

وفاء . . . . أليس من حقي أن أعيش سعيداً بكِ؟

أن يتدفق الحب من قلبي وألتمسه في همساتك حينما يأوي جميع أفراد أسرتك إلى النوم لنطرز أول خيوط الفجر بأحرفنا الهامسة. . . تبكين من نهار ما وأمسح دموعك برفق وأبكي أنا بكاءكِ وتمسحين دموعي برفق ومن ثم لا تتركين خلفكِ سواي. . . أيعقل هذا يا وفاء. . .

وأي قلب يا وفاء يستطيع أن يحمل كل هذا ويصمت؟. . . لا قلب يفعل ذلك سوى قلبي . . . .

هنا على هذه الطاولة التي يقع أمامها منامي أكتب لك كل أسراري. . . وأشواقي. . . وأحزاني. . .

أكتبها وأعلم جيداً أنّ دروب الحياة البعيدة كانت مأوى لكِ، وأن أحرفي هذه لن يقرأها غيري!!!. . .

ولكني عشقت الكتابة لكِ لأني أجدكِ في كل حرف أكتبه وأجد نفسي التائهة تستطيع من خلال تلك الحروف أن تقول لكِ شيئاً . . .

دعي أحرفي تقل ما تقول فما في القلب سيظل كما هو حتى لو دلقت عليه كل أحرف اللغة العربية وزدت عليها من اللغات ما لا تستطيع أن تعبر عن رحيلكِ وفقداني لكِ . . .

غريب جداً أنا يا وفاء . . . .

رزقني الله عينين لأرى بهما . . . فوجدت رؤيتي لا تمتد سوى إلى ملامحكِ!!! . . .

لقد أصبحتِ رؤيتي . . . وأنفاسي . . . وعلمي الذي أتعلمه من الحياة ومن الكتب!!! . . .

وحتى تعودي ـ ولا يزال الأمل باقياً في داخلي بذلك كبيراً، سأكتب عنكِ أبيات شعر كثيرة ترثي رحيلكِ ولكن بمداد أدمعي!!! . . .

وليكن يا وفاء ما أكتبه هو آخر نفس من قلمي . . .

وبعدها لتذرف عيني الدمعة بلا خوف . . .

وليقل قلبي كل ما يريد بلا وجع . . .

لن أنتظر الفجر الجديد . . . فهو في كل الأحوال لا يحمل وجهكِ . . .

ولتكن هذه هي حروفي الأخيرة في هذا المساء الطويل . . .

صوتٌ قادم من أعماق الحزن الممتد في كل أنحاء جسدي. . .

لن يسمعه غيركِ أنتِ. . . فليس لأسماع الآخرين صوتٌ في قلمي!!!. . .

مسافة كبيرة. . . كبيرة جداً بين حروف قلمي ودمعة عيني. . .

فالحرف يكتب كل شيء، وحينما يرى دمعتي يعترف بأنه لم يكتب شيئاً!!!

قطعة من ألم. . . هذه هي رسالتي إليكِ. . .

لها رطوبة الدمع. . . ورائحة شواء الجرح بصدري. . .

لن أقول إن حبكِ ولد في مكان ضيق ومظلم. . .

فصرخته الأولى يا وفاء لضيق مساحة الدنيا عليه، فهو كبير بمولده وعظيم بداخلي. . .

ترعرع في بلد قلبي، وعاش على هواء أنفاسي، ونام هنيئاً قرير العين بين رموشي. . .

وعشت أنا به وله، ترعرعت في مدينة وجهكِ، وأخاف كثيراً أن تعيش عيني في مدينة أخرى!.

فلا توجد مدينة يتقبل قلبي شهادة ميلادها. . .

جاهلة كل المدن الأخرى، كئيبة بها مشاعري، وغريبٌ دوماً قلبي في أراضيها. . .

لن يجني قلبي منها سوى شهادة وفاة. . .

أتشرد بشوارعها، أبحث عن انقضاء النهار، لأتسكع في ظلامها حتى يسقط على جفني النعاس، حينها أتوسد الرصيف وأنام حالماً بيوم آخر، وتشرد آخر، وظلام آخر، ورصيف آخر!!!...

لقد خانني الظلام حينما أتى الفجر إليه...

وتركتني حينما كشف ملامح الصباح الجديد...

تلك هي حياتي قبل أن أكتشف مدينتك يا وفاء!!!...

في المساء تبكي عيناي الشكوى، وفي النهار ترفضان الحقيقة العارية منكِ...

صرختي المكتومة بداخلي تهز كل أنحاء جسدي، ترسم لي ألف مشوار ومشوار من الضيق والحسرة...

كل أزهار حديقتي فقدت عبيرها، فهل يا وفاء يوجد عبيرٌ خلف عبيركِ؟!!!...

وفاء... هل سرقتِ من وقتكِ وقتاً، وجئتِ لرؤيتي...

ستجدينني أحمل ملامح كثيرة، أجساداً كثيرة، ستجدينني في لحظة واحدة

أكثر من إنسان!!!...

وفي انتظار مجيئك الذي لن يأتي، سأردد قصيدة الشاعر الصومالي محمد الأمين محمد الهادي

لعلها تخرج من أنفاسي وتطير عالياً في الظلام لترتطم بأحلامي وتسقط بين يديكِ!!

«أزيحي الفواصل ما بيننا

لأشعر بالدفء في الاغترابْ

وأشعر أن الزمان/ المكان

بعرف المحبين محض سرابْ»

فمتى يصبح غيابك وفراقك سراباً يا وفاء!!!. . .

تكشيرة زمن غيابك رسمت السواد حول عيني. . .

وغبار الأيام لا يزال عالقاً على جسدي. . .

أتقوقع على مقعدٍ لم يجلس عليه جسد. . .

وأحكي حكايات لم يروها الرواة من قبلي. . .

لقد فعل بي الليل الطويل كل ما يخطر بباله. . .

وكل الوجوه يا وفاء رحلت عن مكاني. . .

وأنا لا أملك سوى غطاءٍ من الصمت. . .

وغطاء من الظلام لا يستر برودة جسدي. . .

لم أسجل اسمي على قارعة الطرقات مع الأحياء، ولكني كتبت اسمكِ على كل الجدران!!!

الإطار الذهبي الذي يضم وجهكِ بلهفة والرابض فوق مكتبي لم
تمل يدي تغيير أماكنه

كثيراً ما نام معي وسمع كل نبضات قلبي...

أعتقد يا وفاء أن الزمن يضحك خلف إطار صورتك...

وحينما يشاهدني أنظر إليه ينعى بقايا الفرح بداخلي...

لأبكي فقدان من لم أشعر بحياته في حياتي!!!...

التفاف في ورقة صمت الغربة (١)

سافرت . . . ولم أغادر مدينتي!!! . . .

كثيرة هي أحرفي . . . وكثيرة هي أوراقي، ولكن . . . للوجع قدرة على الصمت!!! . . .

وكثيرة هي خطواتي بين رفوف الحزن، ولكن . . . للمساء قدرة على كتم شكواي . . .

يحترق فؤادي حينما أجدكِ في خيالي، لا تمارس قدماك الخطوات على أرضي . . .

ويفتح للصداع في رأسي ألف مدخل وحالة، فوجع القلب يا وفاء يخجل من شفتي . . .

ما زالت الحياة تواصل مشوار تمزيقي، من انتظار طويل، حملت بكائي، خنقت قلبي داخل تذكرة سفري . . .

جهزت حقيبتي التي تغص بحزني، ليزاحم ملابسي التي انزوت في ركن ضيقٍ من الحقيبة، قسوة الوجع ضيقت عليها، محاولةً خنقها لتستبد بالمكان، ربما جاء السفر كمحاولة للسلوِّ عن الألم، للبحث عن لحظة فرح صغيرة، كنت أظن أنني بسفري أستطيع أن أرتب نفسي، مبعثرٌ أنا بعدك ياوفاء، تماماً كمنزل مهجور تعصف فيه الرياح كل يوم ، أبحث عنك لترتبيني لكن لاأجد سوى الحزن يجمع بعثرتي...

وإلى مطار الملك خالد الدولي في الرياض وصلت متأخراً، أحمل حقيبتي الثقيلة وحقيبة صغيرة معلقة على كتفي لا تحوي سوى قلم ودفتر ورواية «تاء الخجل» للروائية الجزائرية فضيلة الفاروق وشيء من وجع لا تصدره ملامحي لمن لا يعرفني!!!...

دخلت الصالة المزدحمة بالوجوه وكأن أهل الرياض تواعدوا أن يلتقوا هنا ليرفعوا أيديهم سوياً توديعاً للرياض!!!...

عبرت جهاز الكشف على الحقائب بعدما دسست حقيبتي داخل الجهاز.

الجندي المتابع لشاشة الجهاز لم يبال بما تحتويه حقيبتي فقد كان مشغولاً بحديثه مع أحد موظفي الطيران الذي يبدو أنه حضر تواً إلى عمله حينما وجدته ينصت بابتسامة للجندي ويده تعدل من ياقته، اتجهت إلى موظف الخطوط، لم يكن أمامي سوى شخص واحد مع عائلته التي تبدو مسرورة بهذا السفر بأهازيج أطفالهم، على يميني

تبدو الطوابير مختلطة بعضها ببعض أمام موظفين فقط لخدمتهم، قدمت تذكرة سفري وجوازي للموظف، وأوقفت حقيبتي على الميزان الإلكتروني الذي أشار إلى ثمانية عشر كيلو هي زنة حقيبتي، كلمتان قالهما لي موظف الخطوط هما «إلى أين أنت مسافر» رغم أن التذكرة التي بيده تغنيه عن السؤال وكلمة أخرى «بالسلامة» بعدما استلمت منه التذكرة وجواز السفر وزاد عليهما بطاقة الصعود إلى الطائرة.

خرجت من المدخل نفسه الذي دخلت منه، لم يكن موظف الخطوط موجوداً، وجدت الجندي يتكلم عبر الهاتف الخلوي وعينه ترقب شاشة الجهاز الذي أمامه، انحرفت يميناً ووقفت في نهاية صف طويل من المسافرين، على يساري كان هناك صف آخر يزداد طولاً كما هو الصف الذي أقف فيه، وكالعادة لم يكن هناك سوى موظفين فقط من الجوازات، أما (الكاونترات) الأخرى فهي خالية من خدمة هذا الازدحام، سمعت الكلمات نفسها التي قالها موظف الخطوط قالها لي موظف الجوازات وكأنهما متفقان على ذلك، دسست جواز السفر في الجيب الخلفي لبنطلون الجنز، ما هي إلا خطوات حتى كان هناك تفتيش آخر ولكن أكثر دقة. . .

سحبت حقيبتي المعلقة على كتفي وأدخلتها في فم الجهاز ووضعت ساعتي ونظارتي على صندوق بلاستك شفاف وأودعته خلف حقيبتي . لم يصدر الجهاز صوتاً ولم يبال بي الجندي الذي

يقف خلف ممر الجهاز، حملت حقيبتي وأخذت أشيائي من الصندوق البلاستيكي الشفاف، رفعت بطاقة الصعود وقرأت رقم بوابة الخروج. . .

اتجهت إلى البوابة رقم (٣٣)، موعد الإقلاع الساعة الخامسة مساء والساعة بيدي تشير إلى الرابعة، انحرفت شمالاً متجهاً إلى صالة الدرجة الأولى، دخلت من بابها إلى الكاونتر الخاص باستقبال ركاب الدرجة الأولى، نظر إلى بطاقة الصعود وأشار بيده أن أدخل الصالة المزدحمة، مسحت بنظري كل المقاعد، كان هناك مقعد خالٍ، اتجهت إليه، ألقيت السلام على المسافرين وجلست بقرب أحدهم الغارق في قراءة جريدة عكاظ. . .

رجل يبدو عليه الوقار وآخر لا يختلف عنه يلبسان الثوب والشماغ كان يتحدثان بمرح مفضوح، ورجل آخر يبدو لي أنه من الجنسية المصرية أمامه مجلة أجنبية وضعها على المنضدة التي أمامه وثبت عينه عليها ولكنه لم يكن ينظر إليها، لعله الآن هناك في تلك الوجوه التي ستستقبله في مطار القاهرة الدولي. . .

أخرجت رواية فضيلة وبدأت أقرأ، ولم أقرأ حرفاً واحداً!!!. . .

بقيت عند الصفحة الرابعة ولم أغادرها، فقد تاه عقلي هناك، في أمسيات حبكِ!!!. . .

في صالة الانتظار يا وفاء . . .

دسست جسدي بين الأجساد . . .

ليس بيني وبين الوجوه ألفة . . .

تائه بك . . .

شارد معك . . .

أغمض عيني وأراك تندسين تحت جفني . . .

وتطلين من نافذة عيني . . .

وكلما رأيتك تطلين منها أطبقت جفني وأخفيتك جيداً عن تلك العيون التي تحاصرني . . .

وفاء حتى في قمة الزحام والضوضاء تأتين إلي . . . .

لتسكبي الهدوء على صدري وتأخذيني معك بعيداً عن الصخب والأصوات . . .

أحبك بصمت يا وفاء . . .

كزهرة صغيرة تسكن قمة جبل . . .

لتحكي قصة صمتها . . .

كمسمار يدق في عمق البحر . . .

متعب أنا يا وفاء . . .

كورق تركض عليه الحروف كل ليلة. . .

في صالة الانتظار ياوفاء نصبت خيمة وفائي لك. . .

زرعت لك في كل لحظة انتظار ألف شجرة من شوق. . .

وحفرت بجانبها بئراً عميقة لأسقيها كلما انبجست المياه. . .

غيابك جفف كل شيء ياوفاء. . .

يتيم أنا بعدك. . .

كحبة كرز منسية وسط صحراء. . .

تلاشيت ياوفاء من واقعي كقطعة سكر ذابت في كوب شاي. . .

لكنك هنا في قلبي تسكنين. . .

لازلت أراك. . .

كل الأشياء حولي تحمل اسمك وبصماتك. . .

أحبك ياوفاء أكثر من حزن الأرامل والأيتام وبؤساء البسيطة أجمع. . .

أحبك أكثر من ثواني الانتظار التي يقضيها كل المسافرين

الموظف الذي استقبلني حينما دخلت صالة الدرجة الأولى استقام ونادى :ـ

القاهرة. . . القاهرة. . .

سحبني من عالم ما زلت أشم رائحته رغم تقافزه في ساحات الخيال، أغلقت كتاب فضيلة ودسسته في حقيبتي التي علقتها على كتفي وخرجت متجهاً إلى البوابة رقم (٣٣)، اتجهت إلى موظف الخطوط ومددت له بطاقة الصعود، قطع الجزء الأيمن ومد لي جزءاً صغيراً، غادرته إلى جندي كان يقف عند باب الدخول، سلمته جواز سفري وبعدما تأكد من ختم الخروج أعطاني إياه، وسرت في ممر طويل كغار لجوف الطائرة، الممر يمتد ولكني انحرفت يساراً تحت اللوحة المعلقة التي تشير إلى ركاب الدرجة الأولى والأفق، وصلت إلى باب الطائرة، قابلتني المضيفة بابتسامة رقيقة ثم قرأت الورقة الصغيرة وأشارت إلى مقعدي على اليمين وبجانب النافذة، توجهت له، جلست وربطت حزام الأمان، لم أكن أنا آخر من ركب الطائرة، فقد كان هناك بعض المسافرين يتوالون بشكل منقطع النظير، لم يكن هناك أحد قد جلس على المقعد الذي على يميني، مسحت كل المقاعد فكان هناك ما يقارب ستة مقاعد أو أكثر بقليل خالية، المضيفة التي قدمت لي كأس العصير لم تكن هي نفسها من أرشدتني إلى مقعدي، أخذت كأس العصير ورشفت منها رشفة ثم تركتها جانباً لأنها لم تكن باردة، وكنت أنتظر بفارغ الصبر حبات التمر مع فنجان القهوة، أقلعت بنا الطائرة وقدمت المضيفة لي الصحف التي اخترت منها صحيفة الشرق الأوسط رغم أني قرأتها هذا الصباح، ومن ثم جاءت القهوة وحبيبات التمر. . .

استمعت جيداً لحديث دعاء السفر ورددت مع قائله، في الطائرة نسيت كل شيء عداك يا حبيبتي، كنت تخرجين لي بين الغيوم، تنادينني، كان صوتك عذباً شهياً حلواً، تماماً كحلاوة صوت طفلةٍ تهمس في أذن أمها:

((أحبك يا ماما)) . . .

ومع صوتك وصورتك وبياضك الذي له لون الغيم، كنت معك، وكانت عيناي لا ترمشان من التحديق بك، وسمعي يحتفل بصوتك، لا أعلم يا وفاء لماذا كلما رأيتك أو سمعتك أشعر أن بداخلي حفلة؟!! . . .

بداخلي فراشات ملونة، طيور محلقة، بساتين، أطفال يمرحون، لكن الواقع دائما يقف ضدي، يسرق مني فرحتي ويسجنني خلف قضبانه بتهمة ممارسة الحلم، لم تكن روحي معي ياوفاء، تركتها معكِ، ورحلت وليس بقلبي سواكِ!!! . . .

أعلن كابتن الطائرة الاستعداد للهبوط في مطار القاهرة، أشعر بفراغ في جوفي فالوجبة التي قدمتها المضيفة اعتذرت عنها وطلبت بدلاً منها كأساً من الشاي، قرأت قليلاً من رواية فضيلة الفاروق (تاء الخجل)، وعبرني الوقت دون أن أشعر به، حزام الأمان منذ بداية الرحلة كان ملتفاً حول جسدي، أغلقت الكتاب ووضعته في حقيبتي، وتأكدت من وجود الجواز داخلها.

هبطت الطائرة في مطار القاهرة، بعدما شملت القاهرة من

تحت، كبيرة يا وفاء القاهرة.

فتحت الأبواب وترجلت من مكاني وتعديت المقاعد لألج باب الطائرة بعدما لمحت وجوهاً كثيرة تنظر إلي من خلف الستارة وكأنني مسجون أنتظر لحظة الإفراج، تلك الوجوه يا وفاء هي التي قضت مدة الرحلة على الدرجة السياحية، على شمالي السوق الحرة، واصلت سيري حتى وقفت عند مكتب الجوازات، لم يكن أمامي سوى شخصين ملامحهما رأيتها في الدرجة الأولى، وقبل أن أصل إلى مكتب الجوازت كانت الصالة مغرقة بالوجوه التي تبحث عن الساحة خلف هذا المبنى الكبير، ختم على جوازي ضابط برتبة رائد، ومن ثم سلمه لفتاة مسجونة في مكتب صغير أمامها شاشة الكمبيوتر وكأنها في قفص، دقائق ثم سلمني جوازي، واتجهت على الفور إلى سير الحقائب، حملت حقيبتي وأودعتها العربة ومن ثم توجهت إلى تفتيش الجمارك، قدمت للمفتش الجواز، وقال لي:ـ

*** ماذا في حقيبتك؟**

رددت عليه ليس فيها سوى ملابسي ـ همست لنفسي. . . ليس فيها سوى حفنة وجع وبعض ثياب تبحث عن مخرجٍ لها، بعيداً عن جسدي البائس الذي تستر بها عريه، وكأني بها تتوسل إلى رجل الأمن ليخرجها من بين حيطان السواد ويرمي بها بعيداً في امتداد الأفق، لتطير وتصافح البياض الذي رفعها ليتأكد من ثقلها ومن ثم فسح لي المجال بالخروج دون أن يفتحها وكأن ثقل الحقيبة يدل

عنده على مكنوناتها، فسح لي المجال للعبور، وبدأت أخطو نحو بوابة الخروج، رسَمَتْ قدماي على أرصفة الغربة بعض وجعي، هناك عانقتني الوحدة، وإحساس ينهشني بالغربة، وَخوف من الزمن، من المجهول، يشنقني الوجع يا وفاء، يصلب فرحتي ويعلقها على شجرة كبيرة، ثم يترك للريح متعة مراقصة سعادتي النازفة ،أمام بوابة الخروج كانت هناك وجوه كثيرة تتزاحم لاختلاس النظر إلى ما تلفظه هذه البوابة من الأهل والأحباب والسياح، أوقفني رجل يرتدي قميصاً سماوياً وبنطلوناً أسود، يبدو عليه الفقر. . .

وسألني :ـ

*** تاكسي يا بيه. . .**

أشرت له بالإيجاب، دفع العربة أمامي وقبل أن نخرج من المطار سألني إلى أين، قلت له إلى فندق (الفور سيزون) توجهنا إلى سيارته البيجو المطلية باللونين الأسود والأبيض، أودع حقيبتي بالخلف وركبت في المقعد الأمامي. . .

وفاء لقد لمحت وجهك بين الأجساد التي تتزاحم هناك، ركبت سيارة الأجرة ثرثر معي السائق بحكايات كثيرة كنت أهز رأسي حينها وأنا لا أفقه من كلماته شيئاً، أنا جسد فقط أما العقل فهو معلق بين السماء والأرض، يبحث عن امرأة لايدرك من أبجديات النساء سواها، توقف السائق أمام الفندق، لم أشعر إلا بلكزة إصبعه على فخذي وهو يقول:ـ

*** يا بيه لقد وصلنا. . .**

هززت رأسي، وابتسمت بشحوب، مددت إليه بورقة خمسين جنيهاً ودخلت الفندق، وتوجهت مباشرة إلى مكتب الاستقبال فقد كان كل شيء جاهزاً من مكتب السفر والسياحة بالرياض، صعدت المصعد مع العامل الذي يحمل حقيبتي وقد ملأ المصعد بكلمة «نورت مصر يا بيه» وقبل أن أفتح باب غرفتي تمنيت أن أفتحه وأراك تندسين خلفه وتشرعين حضنك لأرتمي فيه، متعب أنا يا وفاء، هو تعب السفر وتعب الفقد، و تعب غيابك، أسقطت دمعتين وولجت غرفتي، وضع حقيبتي في المكان المعتاد ولم تنطفئ ابتسامته ويولي خارجاً إلا بعدما دسست بيده ورقة الخمسة جنيهات، خلعت حذائي، رميت بجسدي المرهق على السرير، هنا يا وفاء لم أجد سوى فحيح الألم. رأيت ملامحك على السقف، الغريب أنها لم تكن مجتمعة، كانت مفككة، هنا شفتاك وهناك عيناك وفي الزاوية اليمنى يظهر أنفك، ومن المنتصف يتدلى شعرك، لأول مرة أراك مفككة ياوفاء، ربما الألم يلتهم الملامح، أوربما الغربة تسرق بعض مكونات أجسادنا، سلّتني أكف النوم كخيط حريرٍ لأستسلم لها بلا جدال، وحين استيقظت كانت بي رغبة ملحة للخروج إلى النيل، خيل لي أن زرقة الماء ستنعكس على نفسي المترعة بالفقد، رغم ولعي لأرصفة هذه المدينة ولخطوات البشر فيها، هذه المدينة التي أعشقها ببساطتها وطيبتها وروح أهلها، سكنت أنا قريباً من هموم مساحتي. . . أنشد ما يلهث خلفه الآخرون ولا أعرفه !!.

حينما وصلتُ إلى مطار القاهرة وحتى دخولي لتلك الغرفة رأيتك ألف مرة ومرة!!!

حسدت تلك الوجوه التي اصطدمت بنظري خلسة حسدت تسابق الابتسامات المصطنعة، حسدت كل شيء عدا نفسي!!! دقائق مرت وأنا مستلقٍ على السرير أهيم بك... بعدها رفعتُ ظهري... مددتُ يدي إلى سماعة الهاتف وأدرت رقم خدمة الغرف، نفسي لا تستطيع أن تتحمل التصاق لحمي بعظمي... أحاول أن أهرب منكِ وأجدك أمامي. خرجتُ إلى الشرفة... مسحتُ بنظري النهر الجاري... وجلستُ على المقعد الخشبي في شرفة الغرفة... أمامي فنجان القهوة التركية المسبوقة بيد حاملها بابتسامة مصطنعة تمنيتها على شفتي لتخفي أشياء لا تعرف الخفاء في ملامحي...

رشفتُ رشفة واحدة من قهوتي... وكالملدوغ قفزت من مقعدي إلى داخل الغرفة أمسكت بحقيبتي، وسدتها السرير وفتحتها... ولاحت على وجهي ابتسامة حينما اطمأننت إلى وجود ملابسي!!!

لقد استطاع يا وفاء حبكِ أن ينسيني ملابسي!!!...

بهذه المدينة البعيدة عن مدينتي... لم تغادرني مدينتي!!!...

لم يتغير طعم ملح ماء عيني...

ولم تستطع همومي أن تخرج خارج قلبي خوفاً من الطرقات

الجديدة. . .

سافرتُ يا وفاء. . . لعل نفسي تحتضن شيئاً من الركود
والراحة. . . ونسيت أني ما زلت أحمل في جسدي قلبي!!!. . .

خرجت من غرفتي واتجهت إلى النيل، تنفست هواءه النقي
بعمق، لا أعلم لم وقعت يدي على ذلك الكسر الذي يعتلي جسد
الجسر المحيط به، أحسست بخشونة الكسر، كانت أناملي تتحسسه
وكأنها تتحسس قلبي، هو مكسر كقلبي تماماً، حاولت أن أربت على
ألمه ربما ينجبر كسر قلبي برؤيتك يا وفاء. . .

كل الأشياء تذكرني بك، تساءلت لماذا تقودني خطواتي دائماً
إلى مواطن الوجع؟!!، لم قادتني إلى هذا الجزء المكسور من
الجسر؟!!. . .

لماذا لم تقدني إلى جزء سليم؟!!. . .

أتراها الحياة تتلذذ بألمي؟!!. . .

رقصت علامات الاستفهام أمام عيني بسخرية، وشاركتها الرقص
علامات التعجب التي بدت واضحة على ملامحي

اختبأت كل الإجابات خلف خمار الحزن الأسود الذي يدثرني،
وعلى امتداد النيل أرسلت بصري، سفينة تقل مجموعة من طلاب
المدرسة، خرجوا في رحلة، يعلو صراخهم، غناؤهم، يمرحون
داخل جسد السفينة ويرقصون كم أغبطهم على هذه الحياة المرحة،

رأيتك يا وفاء تعتلين السفينة ذاتها، أشرعت قدماي للريح تجاوزت الجسر واتجهت نحوك، لأراك كالسراب تظهرين وتختفين، جذفتُ بقدمي في زرقة النيل، غسلت وجهي بمائه العذب البارد، محاولاً بفشل أن أخفف من اضطرام روحي لفقدك، على شاطئ النيل جلست، وبإصبعي نقشتك ياوفاء على التراب، رسمتك كما أشتهيك، ضحكات تعانق سمعي التفت فإذا بشاب وفتاة يجلسان متجاورين وهالة الفرح تحيط بهما، يتناولان الذرة المشوية، لا أعلم لماذا وقعت عيني على نظارة الشاب التي انكسر إطارها فجبره بقطعة شريط أحاطه بها، قلت في نفسي ربما تجبر وفاء كسر غيابها بعودة تزرع الحياة بين حناياي، كهذه النظارة حين التأمت بعد كسر، سمعتهما يتناقشان حول العفش والشقة وتكاليف الزواج، يختلفان، يتشاجران، لينتهي الخلاف بهما إلى اتفاق وضحكة مدوية تملأ المكان، تبين لي أنهما حديثا عهد بالخطبة، كم أغبطهما على سعادتهما حين توجا حبهما بالزواج، تمنيت أن نكون مكانهما يا وفاء، واثقة هي خطوات الحزن بنفسها، تعرف جيداً طريقها إلي، تهصر مشاعري تحت أقدامها الضخمة، وتنهش بأنيابها شفتيّ، ليضلا طريق الابتسامة، اعتدلت واقفاً نفضت التراب عن ملابسي وسرت مطأطئاً رأسي، ها هي القهوة التي اعتدت ارتيادها، أمامي تقف مكتظة بالأجساد، انزويت قرب طاولة قصية وطلبت كوباً من الشاي، وصلني الكوب أمسكته بيدي وأخذت أتأمل هذه الأرواح التي تحيط بي، قرأت البؤس في نظراتها، قرأت في ملابسها الرثة

المرقعة كل قصص الشقاء، وبلا شعور خانتني يدي فانسكب الشاي الحار على جسدي ليصيبني بحروق بسيطة، أرأيت يا وفاء أينما اتجهت صفعني الوقت والمكان، كل الأشياء لاتعرف معي سوى حروف الألم، حتى جسدي لم يسلم من غيابك، دفعت ثمن الشاي وخرجت، اصطدمت قدماي بعصا شيخ كبير، رسم الزمن على وجهه مدائن الفقر، اقتربت نحوه ومددت يدي مصافحاً، وفي يده دسست بعض نقود أعانني الله على دفعها، علا صوته بالدعاء لي، تلك اللحظة انفرجت أساريري، قلت له ياعم أرجوك ادع الله أن يرد إلي من أحببتها. . .

قال:ـ

يااارب رد إليه أحبابه. . .

اللهم لا تخيب رجاءه فيك. . .

قلت بصوت مدوٍ لم تسمعه سوى نفسي آمين آمين آمين. . .

التفاف في ورقة صمت الغربة (٢)

لا أستطيع أن أحيلكِ إلى ذكرى!!!

لايزال الفقد يغرس سكينه في خاصرتي. . .

أرتمي بين أحضان الحزن. . .

أتسولُ الفرحَ كلقيطٍ مشردٍ يقفُ على عتبة بابِ الليل يتسولُ
رغيفَ خبزٍ يابسٍ يسد به رمقه. . .

هنا في الغربة كل شيء مؤلم. . .

وحيدٌ أنا ياوفاء. . .

كإصبع صغيرةٍ بُتِرَتْ بمنشارٍ كهربائي. . .

كنبتة صحراء صغيرة تتضرع بخشوع طلباً للماء. . .

تدسني الوحدة في تابوت الوجع. . .

وتنثر فوقي رماد الأسى...

ثم تطبق عليَّ التابوت وتدق على جسده مسامير الوحشة...

أختنق...

ولا أحد حولي...

كل الطرقات مظلمة...

كل الوجوه مظلمة...

لا أرى الصباح...

فمساحات الضوء رحلت معك ياوفاء...

كل الأرواح حولي تهرب مني...

حتى الأزهار صرت أرى بتلاتها مخالبَ في غيابك...

لم أعد أجد من يستوعب ألمي سوى القلم وبعض ورقٍ أدس فيه وجعي بين الحين والآخر...

وحيداً أنا أتلاشى...

تماماً كقطعة شوكولاتة نسيها طفل داخل جيبه لتصهرها حرارة الشمس...

لم يبق لي منك سوى ورقة صغيرة لاتفارقني كبخيل لايفارقه صندوق ماله...

حيثما كنت تصحبني...

هي معي تشاركني الأكل من طبق الغربة. . .

ورقة كتبتِ عليها ذات لقاء جمعنا:

((حبيبي :

لم يخلق قلبي إلا ليحبك))

ثم فتحت يدي لتعطريها بها. . .

حينها قلت لي محذرةً بمشاكسةٍ طفوليّةٍ بريئة:

إن فتحتها الآن فسأشد شعرك. . .

عندها أمسكت يدك وقبلتها. . .

قبلت أناملك واحدة تلو الأخرى. . .

كأنك أهديتني العيد. . .

لم أفتحها إلا حين انتهى لقاؤنا ولم أجدك بجانبي. . .

كانت يدي ترتجف وهي تفض بكارة ورقتك. . .

وحين قرأتها أحسست بشعـور غريب وفرحة عارمة تعانق
صدري. . .

كفرحة الفراشات بالضوء. . .

خبأتها وكنت كل لحظة أقرؤها وكأنها حروف جديدة. . .

بنيت على ورقتك ياوفاء صروحاً من أحلام وردية. . .

ونثرت عليها أكاليل عشق لا ينتهي . . .

لم تكن ورقتك الصغيرة تفارقني . . .

في القاهرة كنت ألثم بها جيب بنطالي . . .

أدسها بحذر بجانب محفظتي . . .

وكلما تذكرتك أخرجتها من جيبي وبدأت أقرؤها . . .

أحياناً أترنم بها كأغنية . . .

أجزم ياوفاء أنها أجمل أغنية ترنمت بها . . .

ما زالت ذاكرتي مبللة بذلك الخوف الذي غرس سيفه في
قلبي . . .

حين تسللت يدُ طفلٍ صغيرٍ إلى جيبي وانتشلت محفظتي . . .

أحسست بها . . .

لم أفكر في ذلك الحين إلا في ورقتك . . .

أدخلت يدي في جيبي فلم أجدها . . .

لا أستطيع أن أصف لك تلك اللحظة كيف مرت . . .

مرت كعمرٍ من الحزن . . .

أطلقت قدمي للريح وبدأت أجري بجنون خلف ذاك الطفل
وأصرخ . . .

أمسكوا هذا اللص. . .

ولأن رحمة الله قريبة. . .

أمسكوه. . .

اتجهت نحوه كالمجنون ويده تكبل محفظتي والورقة. . .

فتحت يده بصعوبة. . .

لم أهتم آنذاك بالمحفظة ماكان يهمني هو الورقة الصغيرة. . .

كشعورك نفسه حين سرقت محفظتك التي كنتِ تخبئين فيها
صورتي. . .

حروفك ياوفاء هي الكنز بذاته. . .

هي قديمي وجديدي. . .

اطمأنت نفسي إلى الورقة. . .

صرخت بجنون. . .

قبلتها . .

ضممتها إلى صدري بحنو. . .

أما الطفل فقد هرب بالمحفظة. . .

تعالت صيحات من هم حولي ليتهموني بالجنون حينما غفلت
عن المحفظة واكتفيت بالورقة. . .

((بل أنتم المجانين، لو عرفتم وفاء لما قلتم ذلك)) هكذا قلت في نفسي .

لم أدرك لحظتها أني نسيت المحفظة في يده . .

فورقتك ياوفاء غيبت كل أحاسيسي إلا بها . . .

وبينما أنا أتجول . . .

أحسست بالعطش . . .

ذهبت لشراء الماء . . .

وحين مددت يدي إلى قارورة الماء تلمست جيبي بحثاً عن محفظتي فلم أجدها . . .

رسمت ذاكرتي أمامي ملامح ذلك الطفل . . .

تذكرت أني تركت المحفظة في يده . . .

ابتسمت . . .

وعرفت لماذا اتهمني الآخرون بالجنون آنذاك . . .

لم أهتم قط ياوفاء . . .

فأنت مائي وزادي . . .

أرأيت يا وفاء كم أحبك . . .

عودي يا وفاء . . .

أود أن أحلق في صدرك . . .

أن أغرق في دمك. . .

أن أرتدي حبك. . .

معك يا وفاء عرفت أن للانتظار سكاكين. . .

وللفرح خيانة. . .

وللراحة عدو يُدعى القلق. . .

وفاء. . .

في كل لحظة أستحضرك أمامي. . .

أكتبك. . .

وأرسمك. . .

وأذيل ورقتي بـ:

((كل ثانية وأنت حبيبتي يا وفاء)). . .

وفاء. . .

لا تخنقي قلبي كطير خنقه طفل داخل كيس ورمى به في سلة المهملات. . .

عودي إلي. . .

فأنا لا أستطيع أن أحيل اسمك المستيقظ بداخلي إلى ذكرى. . .

هذا المساء يا وفاء لم أطق البشر جميعاً، فبعدما احتسيت قهوتي

في بهو الفندق من يد فتاة أنيقة وجدت في جسدها شيئاً من جسدك، نظرت إليها ملياً ومن ثم غضضت الطرف عنها خوفاً أن أكون قد أخطأت بحقك، لا تزال كلماتكِ تقفز بوجهي كلما لمحت عيني فتاة ... «سأشبع عينكِ... ولكن حذار أن تجوع عينك دون أن تخبرني» والآن يا وفاء لا أحد يشبع نظري من بعدك، انتهيت من ارتشاف قهوتي وغادرت الفندق، أشعر بأن الهواء الذي يحيط بي لا يكفي صدري خصوصاً حينما رأيتُ من تشبه جسدكِ، أشار لي بواب الفندق إن كنت أريد سيارة أجرة، رفعتُ يدي له نافياً، عبرت الشارع الذي يفصل بين الفندق وكورنيش النيل، هناك وجدتُ مقعداً لا أحد عليه جلستُ بعدما قضيت دقائق أراقب جريان النهر، في جلستي هذه لا أستطيع أن أرى النهر بوضوح، وضعت ساقاً على ساق كان بيدي رواية فضيلة «تاء الخجل» التي تكاد أن تنتهي أوراقها التي سجلتها بذاكرتي، لم أفتح الرواية، فضجيج المركبات يعيق وصول أحرفها إلى عقلي، عمقت نظرتي نحو الأمام وكأني أرسم لوحة حياة القاهرة في عيني، لم يسحبني من لوحتي سوى طفلة صغيرة لفتت انتباهي لم يتجاوز عمرها أربع سنوات...

كان بيدها عروسة صغيرة جلست بجانبي مع أمها التي يبدو لي أنها قطعت أشواطاً كثيرة من الخطوات وجلست لتسترد نفسها وقوتها رغم أنها لم تكن كبيرة، عمرها لم يصل بعد إلى الأربعين عاماً ولكن ملامحها تحمل سنين من الوجع والملل، تابعتُ بعناية تلك

الطفلة وهي تمسك عروستها وتمارس معها أمومة بريئة قد يكون أنها استمدتها من حنان أمها التي تفصلني عن جلستها تلك الطفلة، بيدها الصغيرة تلم شعرها، كنت أرى السعادة تتلألأ في عينيها، رفعت رأسها ونظرت إلي، ابتسمتُ في وجهها فبادلتني الابتسامة ذاتها ببراءة متناهية ولأنك الطفولة الطاهرة ياوفاء لمحتك في وجهها!!!...

اقتربت مني، مدت إلي بجسد عروستها حينما أيقنت أن شعرها أصبح مرتباً...

وقالت بصوتها الطفولي الناعم «لقد انتهيت من ترتيبها، مددت يدي، تناولت عروستها، وقبلتها ومن ثم رفعتُ بكفي وجه الصغيرة وقبلتها، واحتضنتها بحنو، وقتها كنت أتخيل أني أحتضنك يا وفاء...

أهديت كتفها الغض بعض دموع لم أتمالك عن حبسها، نادتها أمها، اتجهت إليها، كان اسم تلك الطفلة حنان...

نعم هي حنان اسم على مسمى، ولكني تمنيت أن تناديها أمها باسم وفاء!!!...

همست لها أمها بكلمات استوحيت أنها تأنيب لأن الفتاة لم تبعد عينها عني، تركتني وذهبت لتواصل لعبها وجه الطفلة لم يغادرني، حفظته ذاكرتي حتى الآن لأني شعرت كأنها أنت يا وفاء...

بعدك يا

وفاء. . . أصبح صدري مساحات شاهقة لا تستوعب سوى بقائك.

أقفرت حياتي. . .

وتركت مكاني، شعرت بجوع شديد، لم أذهب إلى مطعمي المفضل (هابي دولفن) على طريق الملك سعود في حي المنيل بالقاهرة وجلسته التي تأخذني بعيداً عبر نهر النيل، اتجهت إلى الفندق وهناك طلبت ما أسد به رمقي، فالطعام يا وفاء لا أشعر سوى أنه لسدِّ جوعي فقط!!!. . .

وفاء. . . ليس لي من الجمل الآن سوى هذه الأسئلة

لماذا يذكرني حبك بفرحتي بأول نجمة رسمتها لي أستاذتي حين كنت صغيراً؟!!! . . . .

لماذا يذكرني بشهقتي حين اشترى لي والدي لعبة تمنيتها طويلاً؟!!!. . .

لماذا يذكرني بأول رحلة تشوقت فيها لرؤية البحر؟!!!. . .

لماذا يذكرني بسعادتي الغامرة حين قال لي أبي جاءت لك أخت؟!!!. . .

لماذا يذكرني بحلمي ليلة العيد بصباح أرتدي فيه ثوبي الجديد؟!!!. . .

لماذا يذكرني بقطع الحلوى المحشوة بفرحة النجاح؟!!!. . .

لماذا يذكرني بأول شهادة إشعار بنجاحي وانتقالي من الصف الأول إلى الصف الثاني؟!!!. . .

لماذا حين أكتب عنك تتحول الأوراق إلى غيوم والأقلام إلى أغصان ورد والحبر إلى مطر؟!!!. . .

لماذا حين أقرأ حرفك أحلق مع النوارس؟!!!. . .

لماذا حين ألمس يدك يستحيل دمي عطراً فواحاً؟!!!. . .

وأخيراً يا وفاء. . . لماذا أحمل أنا في قلبي كل هذا الحب لكِ؟!!!. . .

هل ستقبلين يدي؟!!!...

كعادتي كل صباح...

لا بد أن أقرأ عليك تحية الصباح التي نسجتها بأناملي ليلاً خوفاً من أن يحول شيء ما دون وصولها إليكِ...

قد يكون... النوم... ذلك الشيء الذي لم أتصالح معه بعد...

أو الظروف... التي لا أتوقع متى تأتي ومتى ترحل...

أو الموت... ذلك الشيء النهائي لكل شيء...

النوم والظروف يا وفاء يمكن أن أتخطاهما...

لكن الموت حينما يأتي لا أحد يقف دونه...

فكيف أوصل لك تحيتي حينما تنثر على جسدي ذرات التراب...

يتعبني ذلك يا وفاء ويستدر دمعي حينما يمر بخاطري في لحظة ألم. . .

أخشى أن تنسيني لذلك سأطلب من الذين سيرفعون جسدي على تلك الخشبة وقبل أن يخبئوني في تلك الحفرة خوفاً من أن تشاهدهم الحياة، أن يزرعوا فوق قبري زهرة وسأرسل عبيرها كل يوم كي يذكرك بأنه ثمة كائن كان ولم يعد كائناً مر من هنا وعشق فتاة ومات!!!. . .

وإن رفضوا أن يزرعوا تلك الزهرة فسأكتب ملايين التحيات صباحاً ومساءً وأطلب منهم أن يبعثوا لك كل صباح بواحدة منها. . .

وإن رفضوا فعل ذلك. . . لن أصمت وأترك تحية الصباح جافة في حلقي، سأدعو خالقي الذي صرت إليه أن يرسل ريحاً تحرك تراب قبري كل صباح وتحمل لك ذرة واحدة تعانق ورقتك البيضاء وتلثمك. . .

حينها أجزم بأن صغر حجمها الذي لن ينتبه إليه الآخرون سيلفتُ نظركِ لتحتضنيها بين كفيكِ. . .

وفاء . . . .

ليس ثمة شيء يستدرج حرفي وفكري سواك، حتى أنا لم أعد أغري حرفي بالكتابة، أنتِ فقط من يثيره ويغريه حد الانهمار بل حد الفيضان، أنت حرفي وكل قرائي!!!. . .

ليس لي سوى حروف رسائلك التي بعثتها ذات مساء عبر

الجهاز المحمول. . . أقرأها وأقنع نفسي أنكِ أرسلتها تواً. . . . . . .

«أقسم لك في ليالي الشتاء الذي رحل كنت أمر من سهر ضاجعني على إخواني الصغار وهم غارقون في النوم، أحتضنهم بهدوء مبالغ وأغطيهم بلحافهم حتى لا تجد البرودة منفذاً لأجسادهم الصغيرة وأعود إلى غرفتي أفكر فيك

يا ترى هل تشعر بالدفء الآن أم أنها تعاني قشعريرة البرودة؟!!!. . .

أرفع يدي يا وفاء عالياً لسقف غرفتي وأدعو الله العزيز الحكيم أن يمن عليك بالدفء والراحة، وأن تتوسد عيناك النوم بكل هدوء، ثم أتخيل أنني أمر باطن كفي على جسدك وأقرأ عليك آية الكرسي لتطرد عنكِ كل الشياطين وتبعد عنك الكوابيس لتنعمي بأحلام وردية تشبه قلبكِ. . .

أتأمل بعدها سقف غرفتي، أحلم بكِ وأنام بلا شعور، وأنسى أن أغطي جسدي الذي لدغته برودة الشتاء لانشغالي بكِ. . .

أرأيتِ يا سيدتي كيف أفكر فيكِ وأنسى نفسي. . . تلك هي حكايتي مع الأيام. . .

لن أنساكِ وأنتِ مدينتي. . .

فكيف ينسى المرء وطنه؟!!!. . .

ليتني أستطيع الآن أن أركض إليك وأهمس في أذنك: ـ أحبك. . . .

لم أشته في حياتي كلمةً من أنثى كاشتهائي لكلمة أحبك منكِ . . .

لن أجبرها أن تخرج من عنق زجاجة الأيام، فحتماً ستخرج حينما أكون أهلاً لها . . .

لكني وبكل مشاغبات طفولتي أشتهيها . . . أشتهيها إلى حد البكاء!!! . . .

أود أن أنقش اسمك على تلك الغيمة التي كانت في يوم من الأيام تطل عليّ من خلف ستارة غرفتي . . .

وأقول لها هذا اسمها . . . فأين اسمي؟!!! . . .

سأهديك يا غاليتي قلبي كمخطوطة للتدوين لا تستوعب سوى أبجدية . . . و . . . ف . . . . ا . . . ء

سيدة البياض . . .

تحتشد التراتيل في فمي قبل أن أنبس بحرف واحد، سأقدم لك باقة امتناني التي قطفتها من بساتين قلبي وكسوتها من بياض شعوري الذي أستمده من بياض روحك وألون سيقانها باخضرار عشبك المترامي بين مساحات نبضي . . .

كأنك عقمتِ أحرفي من نطقها حينما تهادت إلى مسمعي، واضمحل المعنى وتلاشت قدراتي التعبيرية أمام من تلونت بزرقة السماء واحتضنتني كنجمة من نجومها . . .

أنا يا سيدتي هنا لم أتكلف وجودي كي أنسج لك جملاً منمقة

وعبارات مزخرفة يتعبها التكلف. . . أنا هنا جئت وقلبي يقودني إليك إلى حيث تكونين. . .

من قلب البحر أتيت ومن ماض بعيد ما زال يعن في ذاكرتي خطوت خطوتي الأولى لأرحل منه وأتلبس لباس الحاضر منتشياً بك ومفتخراً بأنني أحادث قلبك قبل جسدكِ أحاديث غضة تغرق في قلبي. . .

سيدتي الأنقى. . .

أنتِ لستِ أنثى عادية، تعبر طرقات الحياة لاهية عن حسرة العيون التي أتعبتها وحدة الليالي، مكنوناتكِ لا تشبه أحداً، وأنا هنا لا أشبه أحداً، لم أقف خلف أشجار الأرصفة أنتظر عبور فتاةٍ لأكتفي بنظرة قد تسقط على جزء مغادر من دثارها، أنا يا سيدتي عببت من خمر مشاعري حتى أثملتني، فصارت أبجديتي تترنح وتتسكع في الطرقات بحثاً عن عقد تنتظم فيه فأعياها التعب لتأتي محطوبة الخيالات إليكِ تجر خلفها قوافل الفشل!!!. . .

أتعلمين سيدتي قبل أن أعرفكِ كان أفقي ضيقاً جداً وحين عرفتكِ كسرتِ كل أسوار أفقي وانطلقت في عالم لم أكن أعرفه، عالم يجيد التعامل مع الألوان، ويتقن نطق معاني الكلمات، عالم قد أوصدتُ من قبل عليه البا. . .

تركتُ أفقي الضيق وانطلقتُ بعيداً عن حدود لا تعرف المستحيل خلف خيول امتشقت الريح بعيداً عن أعنة السباقات المصطنعة. . .

كل الأحرف الماضية لم تقل لكِ كل شيء. . .

سأخرج منها، سأغسل يدي من حبرها، ولن أفعل شيئاً. . . فقط سأغمس يدي في شهد قلبي وأكتب لكِ على الورقة التي أمامكِ أحبكِ. . .

كم أتمنى يا وفاء أن تتأملي حركة يدي ونطق شفتي وأنا أرسم تلك الكلمة على هذه الورقة، فقط ستعلمين أن هذا الرجل الذي ترك كل شيء وانزوى في زاوية ضيقة يستمد من الظلام بصيص ضوء ويرسم تلك الكلمة. . . ماهو إلا أنا!!!. . .

هل سيروقكِ تصرفي هذا؟!!!. . .

أم ستنهرينني؟!!!. . .

هل ستبتسمين أم تشاركينني بكاء اللحظة؟

هل ستقبلين يدي لأنها كتبت تلك الكلمة بصدق أم ستنسينها وتتأملين رسمتي؟!!!. . .

لا تهمني إجابات كل تلك الأسئلة، ما يهمني هنا هو أن تلك الكلمة ستعلو شاهقة لتلثم فمك. . .

تلك هي رسالتي لكِ. . .

فصباحك بلابل تغرد لعرس الربيع القادم إن قرأتها في الصباح. . .

ومساؤك نجوم لا تشبه سواكِ. . . إن قرأتِها في المساء. . .

عذراً أيها الصوت الدافئ

أيام كثيرة يا وفاء مرت على معرفتي بكِ، درستكِ جيداً وقرأت كل أوراق صمتك، كنت تقولين لي «أنت أول صوت ذكوري يقتحم خجل أنوثتي، لم أتعد حدودي التقليدية والعرفية، ولا أعرف أحداً من قبلك، وحينما وجدتك تتعدى جدران صمتي وتدخل نفسي شرعت لك كل الأبواب، وشعرت أن للحياة منحى آخر لا يشبه كل المنحنيات التي عشتها». . .

تلك هي كلماتك يا وفاء لم تزل تعيش أمامي كما لو أنني قد جسدتها على هيئة تمثال وأغمضت عيني عن كل شيء إلا عن ذلك التمثال، كان يوماً جميلاً قربني إليكِ كثيراً، فصل بين ترددي وجرأتي، حينها يا وفاء أدركت أن للحياة مساحة رحبة تتقبل خطواتنا بحرية تامة، وها أنا الآن يا وفاء أركض في تلك الساحات الرحبة وحيداً. أركض فيها بحثاً عن صوتكِ الذي عاهدني يوماً من الأيام،

أبحث عن وعودك التي لم أخلفها وأضحك ضحكتك وأحملك من إفاقتي إلى نومي، وأنادي من حولي باسمكِ، ليس لي الآن من الحياة سوى بقايا من ذكرى أخاف أن يعصرها الزمن لتصبح يابسة في وجوده ورطبة في عقلي، فكل شيء له أثر منكِ قد احتفظت به لأساير الحياة به وأضحك له حينما يضحك الآخرون.

لا أستطيع أن أزيد من طاقتي وقدرتي وأتحمل مزيداً من عذاب الانتظار، أحتاج أن أتكلم حتى أشعر بأن للحياة حياة فيّ، أن أخفف حمل صدري، ولأول مرة يا وفاء أجد القلم الذي عاش منذ أول يوم في المدرسة وحتى الآن لا يستطيع أن يرسم دمعتي، لم يعد لساني هو قلمي ولم يفهم تغيري، لذا فصلت على صمتي صمتاً جديداً. أخاف أن أخرج إلى الشارع وأتحدث! أخاف أن أقول للوجوه التي أعرفها عن المعاني التي تحتويني ، وأخاف بكل خوفي ذلك أن تسبق الدمعة لساني وأن أسقط من عيون البشر.

لا يكفيني يا وفاء أن أتحدث إلى صورتكِ أو خيالكِ، ففي زحمة مشاعري لم أجد فسحة بوح لأتنفس دون آهة كما يتنفس غيري!

هذا المساء تساقط الظلام على وجهي وغرفتي، لم أدع أي ضوء يقتحم قلق غرفتي لا أريد أن يهتدي الليل إلى نقاط ضعفي رغم أنني أعلم جيداً أنه يعرفها أكثر مني، تهادى إلى مسمعي وسط صمت الظلام رنين هاتفي، أضاء رقماً لا أعرفه، رددت عليه فإذا هو

صوت نسائي دافئ، سحبني من سواد مكاني ورماني في قعر ذاكرتي يا وفاء سألت عن اسم لا أعرفه، هذا الصوت الناعم الآتي في نهايات الليل يبحث عن صوت ينتشله من فراغه، حينها شعرت أنه انسل من داخلي، صرخاتي المكتومة بداخلي تبحث عمن يسمعها، بعثرت هي كل صمتي وظلامي ودون أن أمسك صمتي، انطلقت بلا شعور بكلماتي المخنوقة بداخلي، لم أعتذر لها ولم أقل إن الرقم خطأ ولكني قلت لها :ـ

عذراً أيها الصوت الدفئ الداخل في أوقات وحدتي.

لن أستطيع أن أتقبل صوتك وإن كنت أبحث في نغماته عمن يسحب صورتها من خيالي. . .

لم أعش معها طويلاً. . . ولكنها سكنتني طويلاً. . .

لقد كانت يا أيها الصوت الدافئ الأنثى الوحيدة في حياتي. . .

الفتاة الوحيدة التي أفطرت من صوم مشاعري على كلمة أحبك. . .

لقد طردت كل شيء من حياتي وفرشت بساطها لتجلس وحيدة، تغسل جسدها من مطر مشاعري وأغسل أنا من ماء جسدها كل أيامي. . .

كان أقراني يلومونني كثيراً على صراخ الهاتف الذي لا أرفعه. . .

وحينما دخلت حياتي لم أترك الهاتف يصرخ كثيراً!!!

أرويها بمشاعري ولم أرتوِ من مشاعرها!!!. . .

لقد عشت كثيراً مع عذابي. . . إذا لم نلتق في مكان ما على وجه مدينتنا. . . نلتقي تحت نور القمر الساهر معنا ليحرس مشاعري ويعيش قصة جديدة لم يشاهد تفاصيلها في عمر تعلقه في السماء. .

أحببتها بإصرار كإصرار وردة صغيرة على النمو بين قطع الصخور. . .

حينما أفقت من نومي ذات صباح وجدت صورتها على سطح فنجان قهوتي الصباحية!. . .

قرأت اسمها في كل الحروف البعيدة عن أحرف اسمها. . . وتكلمت كثيراً معها ولم تكن بجانبي. . .

آسف . . قد أطيل عليك بكلماتي. . . ولكن هاهو الليل يكاد يحمل أشياءه التي اعتدتها ويرحل. . .

وأدرك جيداً أن هناك نهاراً طويلاً. . . طويلاً جداً سيعقبه رفض إغماضة عيني وبقاء أشياء الليل التي أودعها عنده أمانة. . .

إن النهار يا ذات الصوت الدافئ أمين. . .

لا يغير أشياء الليل ليثبت قدومه!!!. . .

فسيرحل بعد ساعات وسيقرأ الليل أشياءه ليبقى أميناً على أشياء النهار!!!. . .

لم يكن حبها سوى أعجوبة لست أفهمها . . .

رأيتها . . . ونسيت عيناي كل نساء الأرض . . .

لم أكن بها مراهقاً . . . ولم يعش أحد صمتي سواها . . .

لقد وجدت بها كل حروف صمتي . . .

أتعلمين؟!!! . . .

إن صمتي تعلم لغة الحب!!! . . .

وإنه استنطق كل ما أملك من أفكاري . . .

وإنني خفت عليه من صدى البوح وأسكنته لساني فقال كل شيء عنها، دون أن ينطق!!! .

أتعلمين . . . أن أمي قد سألتني عن وفاء!!! . .

ذهلت من سؤالها، وارتبكت أمامها . . .

تلعثمت، جلست، تستطرقني أسئلة كثيرة . . . .

أجبتها بسؤال، من هي وفاء هذه؟!!! . . .

حاولت أمي أن تستجدي بعض الجدية في كلماتها وقالت:

تلك التي لم يفارق اسمها نداءك، لقد استبدلت يا بني اسمها بأسمائنا . . .

احترت، ودفعتني حيرتي لأن أهرب من أمامها وأغلق على ذهولي باب غرفتي . . .

٣٨٨

أهكذا هي، تأتي إلي في كل الأوقات، وتحرجني أمام الجميع . . .

فهل يا ترى أنا قد أتيت إليها لحظة ما؟!!! . . .

أعترف لكِ يا صاحبة الصوت الدافئ بأنني ما زلت أحمل حبها في قلبي، وأن فراقنا لم يغير شيئاً

وأعتقد أن قلبي بعدها ستسكنه كل الأحزان حتى لا تظل فيه مساحة شاغرة لامرأة أخرى!!

لم تكن هي سوى بدايتي . . .

ولم أكن أنا سوى نهايتها!!!

جمعت كل مشاعري في قالب قلبها ورحلت دون أن تترك لي شيئاً . . .

أعتقد أنها أخذت كل كلمات إطرائي ونثرتها على غرورها ورحلت . . .

ولم تقرأ في عيني أسطر دمعتي، رحلت وتركتني أعيد كلماتي على مسمعي في صمت خطواتها، لم أكن أنا لها كما هي لي، تلك هي حكايتها معي، وتلك هي نبضات لم تشعر بها!!!

قالت لي في مساء فائت :ـ

لم أكن أعرفك، كنت ألتقط في مسمعي اسمك وأعيش حياتي من خلال حروف كتبتها أنت في صفحة عالقة بصحيفة أعشقها،

٣٨٩

وحينما رأيتك وجدتك كما رسمتك حروفك، تصنع من معانيها كياناً لك وتضعه أمامي. رأيتك وابتعدت عن رؤيتك خوفاً من انهيار لا يستوعب مساحتي، تركت نظراتك تنتشر حولي وأخفيت نظراتي التي قاست بعد خطواتك!!

كانت تشتكي ما كانت ستهبه لي وكأنها كانت تهيئني لذلك البعيد، وقفتُ مع كلماتها صادقاً ومخلصاً ولم تحترم مني كل هذا، تركتني ورحلت وكأنها تقول لي:

لنمض الآن بعيداً عن بعضنا ، لك طريقٌ لا يشبه طريقي، وأعلم أن جدار الزمن أكبر من قفزاتك وأطول من امتداد نظري لما بعد نهاية الجدار الطويل!!!. . .

لقد كانت تملك قوة كلامية هائلة . . .

وكنت أمامها كمن تعلم نطق العربية من محاكاته لغربته . . .

وعاد الصمت من سفر البارحة إلى لساني، وقفت أستقبل كلماتها دون صوتها، وأمزجها بماء عيني . . .

لا أعتقد أن لعينها قدرة على البوح، استدارت وتركتني وحيداً، رفعت يدي أناديها بصمت وحدتي وظلام غرفتي، وشعر الصمت بحركتي وأدرك أن الحياة لا تزال في تعب جسدي، لقد خاب ظنه، التفت وقال:

لك قدرة فريدة على تحملي، اتركها وعاشرني، لم أجرحك

كما هي، ولن تفقدني كما هي ثم لماذا تقتحم كل حواجز صدودها وتبحث عنها؟!!!

هل أبتسم لسؤاله. . . أم أسحب الحياة الباقية في جسدي وأرميها في وجهه. . .

نظرت إليه، طبعت على شفتي ابتسامة استحياء وقلت:

لأنها الفتاة الوحيدة في حياتي. . .

حينما يصعب على المرء هدفه، يهذي بأحلامه. . .

يقتلني غيابها وغرورها، رمشت بعينها وأخذت طريقها بخطوات بطيئة، ولم تنظر إلى ذلك الجسد الذي يترنح بين الثبات والسقوط!!!. . .

في نهاية أيامي معها نشرت كل غسيل الإهمال على سطح وجهي، تبحث عن تعلقي بها وحينما وجدت كلمة أحبك على لساني اكتفت بذلك ورحلت.

أشياء كثيرة تأتي إلينا وترحل بعدما تسكننا!!!. . .

وفي غرفتي المنزوية في دار أبي، تتشابه كل أشيائي!!!. . .

جلست على مكتبي. . .

هي لم تفارقني رغم قسوتها، ويرتسم جسدها أمامي. . .

ابتسمتُ رغم ألمها حينما تذكرت اسمها، وفاء، ليتها تدرك معنى اسمها جيداً.

تقرأني جيداً، تقترب مني كثيراً، وحينما أقترب خطوة وتشعر بها تسافر بعيداً عن موطئ قدمي، تعبث بابتسامتي بلهو طفل اجتمع مع أقرانه صباح عيد . . .

أغلقت الباب خلفي جيداً، وأرخيت ستائر نافذتي . . .

صداع عنيف يسكنني، يبعث في نفسي الضيق، أرمي نظراتي على سقف غرفتي الغارق بين الظلام وشيء من نور باهت، أنام على صدر ذكرياتها، وأتنفس عبق جسدها، أرسمها أمامي كما كانت في آخر لقاء، أغير كثيراً من لباس جسدها، أضفي عليها كل الألوان التي أعشقها، وأجدها كما رسمتها تنتظرني في أحلامي!!!

أتتعبك شكواي يا صاحبة الصوت الدافئ؟!!! . . .

هل تسمعين صراخ كلماتي؟!!! . . .

هل أبني في نفسك عظمةً أم ضعفاً؟!!! . . .

ويا ترى من يشبه الآخر، أنا أم الجنون؟!!! . . .

وهل أستحق بالفعل الحياة بعدها؟!!! . . .

وأخيراً هل وفاء تستحق كل هذا؟!!! . . .

أم أنا لم أزرع في أرضها كل زهور عشقي؟!!! . . .

وأتى صوتها ينساب عبر الهاتف وقالت بصوت مبحوح:

تستحق أنت كل عواطفك وهيامك، ـ صمتت لحظة ثم أكملتـ ليتني أنا وفاء!!!. . . .

أطاح حديثها كل جوانب شجاعتي وصبري، عدت طفلاً صغيراً يعبث ببضاعة محل حينما أفلت من قبضة أمه لم أستطع أن أقول لها شيئاً، واختصرت هي مسافات كثيرة وعناء كبيراً في عقلي عندما أغلقت الهاتف!!!

نظرت إلى هاتفي، حامت حولي كلماتها، تمنيت لحظتها لو كان صوتها هو صوت وفاء!!!

الأسطورة

وفاء. . . لم يبق على أذان الفجر سوى ثلاث وعشرين دقيقة فقط، بعدها سيأتي نور الفجر مهرولاً ليقتحم شرفي ويكنس كل عوالق الظلام من غرفتي، وأنا هنا ما زلت أحمل صوتك في مسمعي وملامحكِ في عيني، وحبك في قلبي، أبحث عنك في ذرات الظلام، ولا أجد سوى رطوبة عيني على جدران الظلام يا وفاء. . . بالفعل يا وفاء هل يعجزكِ الحب أن تأتي إلي أو تسمعيني صوتكِ!!!. . .

أم أن العجز يصيب قلبكِ حينما يأتي الحب؟!!!. . .

ويردكِ الخوف عن الإقدام نحوي؟!!. . .

كل العيون التي تقاسمني النظر من حولي باتت تلاحقني بنظرات غريبة لا أعرف كنه ما تواريه، تنظر إلي دون أن أعرف إلى أي الأبجديات أنتمي!!!. . .

حتى تلك القطة التي تهم بالقفز من السور الخارجي لدارنا، أغرقتني بنظرات مخيفة، لا تبعث على الاطمئنان، ذكرت الله ونظراتي تدفع نظراتها عن وجهي، حينها يا وفاء شعرت بعدما قفزت من السور إلى رصيف شارعنا أن هناك وحشة مريبة تسكنني من كل شيء . . . من البشر . . . والحيوانات . . . وحتى النباتات!!!

لقد ضاق كل شيء بنظري، حتى ذلك الأفق الذي انكمش وانحسر وضاق بصرختي!!

ألجمت صمتي وطويت في أضلاعي اكتظاظ الحزن، لتدفع تلك الأحزان دموعها من عيني، وتهدم قوتي في غيابكِ!!!. . .

هذا المساء أتى بلا قمر، سماء سوداء حالكة، وميض النجوم فقط يشعرني بأن ثمة أملاً في الحياة يستوعب أحزاننا.

أنا هنا يا وفاء أصارع بقايا الحياة في جسدي لعلكِ تأتين الآن وتزيحين ستار الظلام عن وجهكِ الوضيء وتسقينني من نظراتكِ أو كلماتكِ ما يعيد الحياة كاملة إلى جسدي . .

وفاء . . . قبل أن أجلس على مقعدي في مكتبي وأتحدث إليك في هذه الرسالة طافت بذهني أسطورة (شجرة الكريز) وهي أسطورة بابلية قديمة رشقتني بالدموع والألم، سحبتها من ذاكرتي لأبكي تحت أحرفها وتهدي إلي في كل دمعة أو خطوة من خطوات الأسطورة وجهكِ، تخيلت فيها أنني بيرام ولم أوفق قط أن أضعكِ كـ«تسيبا!» . . لا أعرف لماذا؟!!!. . .

هل قالت وحدتي شيئاً من هذا؟!!؟. .

أم أن ما أعانيه قد ذهب بتصوري إلى ذلك المنحدر الفكري نحوكِ؟!!؟. .

هذان العاشقان بيرام وتسيبا كان قد طرزا حبهما منذ بدايات الطفولة حيث كانا متجاورين في السكن، يلهوان مع بعضهما حتى امتد بهما العمر إلى مرحلة الشباب ليكبر حبهما وينضج في أحاسيسهما حينها كان لقاؤهما في ذلك الفناء المنبسط أمام داريهما يتقابلان فيه ويتناجيان الحب والكلمات التي تشع من صدر أحدهما لتنضوي في صدر الآخر يجتمعان في النهار ولا يفرقهما سوى الليل لا رقيب من البشر يكشف حبهما سوى فتاة تدعى أورانيا التي حقدت وحسدت ولادة ذلك الحب بين قلبيهما فصارت تنم عليهما عند كل صديقاتها وتبدع في نسج الأكاذيب حولهما حتى وصلت إلى أسماع والديهما قصة حبهما فثارا وملأ شعور الإثم صدر والديهما، فأسرعا إلى المكان الذي قيل لهما عن اجتماع العاشقين فوجداهما يتبادلان الحب بنشوة وبراءة. لم يشعرا بوالديهما فانقض والد تسيبا على ابنته ليمسكها من شعرها ويجرها إلى داره وهو يصب عليها اللعنات وكذلك فعل والد بيرام الذي دفع بابنه أمامه وانهال عليه بالركلات ورميه على الأرض كلما نهض، وأُغْلِقَ عليهما كل في داره، لينشأ في قلبيهما الغضين الحب ويطفو على فراقهما. وقام والداهما بسجنهما، كانت غرفة بيرام تلتصق بجدار غرفة تسيبا فعملا

ثقباً في الجدار الرقيق الذي يفصلهما ليكون رسولاً لحبهما الذي أبى الانكماش والرضوخ لتعاليم والديهما، وأصبحت مناجاتهما وقبلاتهما تندس في ذلك الثقب ليعيد الأمل إليهما فيتناجيان ويتهامسان حتى يأتي وقت النوم فيودع الحبيب حبيبته بأعذب الألفاظ وأرقها ويقبل كلاهما الثقب وينصرف لموعد قادم في اليوم التالي، ولكن لم يكف الثقب لنقل كل رسائل الحب بينهما فهو أضيق بكثير من أن يوصل كل شيء حتى الكلمات تكاد أن تنحشر فيه من كبرها وعظمتها فقررا على إثر ذلك الهرب ليتركا في مساء مظلم ذلك الثقب غارقاً بكلماتهما وقبلاتهما التي خرجت من القلب إلى القلب، تواعدا عند قبر نينوس الملك الذي كان يتفيأ ظلال شجرة كبيرةٍ تتدلى من بين أوراقها ثمرات الكريز البيضاء الشفافة كقطع الثلج، وجاءت إلى هذا المكان تسيبا تحمل منديلها الأبيض الذي أهداها إياه حبيبها بيرام في يوم من الأيام، انحنت على ماء النبع وملأت كفيها وروت ظمأها وغسلت وجهها، وجلست تحت ظلال شجرة الكريز تنتظر حبيبها، وفي تلك اللحظات تهادى إلى مسمعها زئير لبوءة أثار قشعريرة الخوف في جسدها وانطلقت مذعورة إلى الغابة القريبة واستترت فيها، وأثناء «ربكتها» وخوفها سقط منديلها الأبيض بجانب الشجرة الكبيرة لتأتي اللبوءة وتشرب من ماء النبع بعدما افترست ثوراً وحينما أرادت العودة عثرت على المنديل الأبيض وانهالت عليه تمزيقاً ليتلطخ بياض المنديل ببقايا دم الثور العالق بأنيابها ومخالبها، وحينما جاء بيرام على موعد حبيبته ولم يجدها

أراد أن يستريح تحت ظل الشجرة لحين وصولها فوجد منديلها الأبيض وقد تلوث بالدم فظن أن حبيبته تسيبا قد افترسها وحش كاسر ولم يبقِ من جسدها سوى هذا المنديل فصرخ بملء صوته وطفق يضرب صدره ورأسه بيديه ويصيح بكلمات موجعة، حمل المنديل بيده إلى ظل الشجرة وهو يقبله ويبلله بدموعه وأخرج خنجره المسنون وقد رفض الحياة بعد موت حبيبته، وانقض على صدره يثخنه ثم انتزعه من جرحه وألقى به جانباً قبل أن يسقط ممدداً على أديم الصحراء، مستنداً إلى جذع الشجرة، وارتشفت الشجرة من دمه القاني وتلونت ثمراتها الشفافة بلون قرمزي كلون الدم الذي رواها، وكانت حبيبته لا تزال مختبئة في الغابة القريبة وحينما أمنت عودة اللبوءة رجعت إلى مكان موعد حبيبها فوجدت لون ثمار شجرة الكريز قد تبدل من البياض إلى اللون الأحمر فتوقعت أنها أتت إلى مكان آخر ولكن بقاء قبر نينوس والنبع أكدا لها أنها لم تخطئ مكان موعد حبيبها، اقتربت من الشجرة لتجد جثة بيرام لا يزال ينزف منها الدم، فانهارت بعدما عرفته على جسده البارد تحتضنه وتقبله وتمزج دموعها بدمائه وصرخت صرخة عالية وبدأت تقلب خنجره وحينما رأت منديلها الأبيض مخضباً بالدم أدركت كل شيء لتودع الخنجر في صدرها ويسقط جسدها فوق جسد بيرام وينزف منها دم ساخن ينسال ببطء فوق دم بيرام .

تلك هي الأسطورة التي ذهبت بي بعيداً إلى حيث يكون

الحب، وأتت بي قريباً إليك فأين يكون وفاؤك يا وفاء؟!. وحسدت بيرام على حب تسيبا التي لا تشبهك

أبداً يا وفاء. . .

هي أسطورة تحتمل الكذب والصدق. . . وأنا تذكرتها صدقاً فكل مشاعر بيرام أجدها في صدري فكيف لا أصدق أسطورة شجرة الكريز البابلية وأنا أعيش صدقها في حبي وانتظاري لك يا وفاء؟. . .

وفاء. . . أسمع الآن صوت المؤذن يرفع أذان الفجر، توضأت بدموعي التي اختلطت بماء الصنبور ولبست ثوبي واتجهت إلى المسجد القريب، وقفت على باب المسجد وفي داخلي دموع كثيرة وأحزان لا أجد لها نهاية، استندت إلى باب المسجد وسللت قدمي من حذائي بمساعدة يدي ودخلت المسجد، كبرت لخالقي خلف مكان الإمام وصليت ركعتين تحية للمسجد وحينما سلمت التسليمة الثانية وقف بجانبي رجل أشيب قال الزمن كل حكاياته وأساطيره على تجاعيد وجهه، مد يده وصافحني حينما وقفتُ لأصلي ركعتين لعل نفسي تشعر بهذا المكان المقدس بالراحة وظن هو أني قد قمت للسلام عليه!.

في صلاتي عشت أجمل وأعظم اللحظات مع خشوعي لربي، بعدما قرأ الإمام الفاتحة قرأ سورة يس بصوت شجي تغلغل في أنحائي وأنساني كل ما يكون خارج أسوار المسجد حتى وصل إلى آية: ﴿بِمَا غَفَرَ لِي رَبِّي وَجَعَلَنِي مِنَ الْمُكْرَمِينَ﴾.

وبعدها كبر للركوع حينها تمنيت أن يستمر . . . أن يستمر يا وفاء!!! . .

وفي الركعة الثانية وبعد الفاتحة أكمل سورة يس بالصوت الشجي نفسه، وحينما وصلت مسمعي تلك الحسرة الأليمة في الآية: ﴿يَا حَسْرَةً عَلَى الْعِبَادِ﴾ وأعادها الإمام مرة أخرى ﴿يَا حَسْرَةً عَلَى الْعِبَادِ مَا يَأْتِيهِم مِّن رَّسُولٍ إِلاَّ كَانُوا بِهِ يَسْتَهْزِؤُون﴾ حينها يا وفاء بكيت ولم أستطع أن أمسك بزمام نفسي، تركت دموعي تنهال على خدي ليبتل ثوبي بها فبكيت يا وفاء ولأول مرة أشعر بلذة البكاء!!! . . .

وبعد الصلاة رجعت خاشعاً إلى داري ونفسي تهفو إلى مدى بعيد لم أعشه من قبل، دخلت إلى غرفتي المظلمة فوجدت أوراقي وكتبي وجدرانها الملطخة بالظلام، ارتميت على السرير، ليس بي رغبة للنوم، ذكرت الله كثيراً وعلقت نظري على السقف لتئنِّي يا وفاء مرة أخرى في ذاكرتي ولتبدأ مسيرة الألم من جديد!!! . . .

وفاء . . . مجنون ليلي (قيس بن الملوح) يقول:

«أتاني هواها قبل أن أعرف الهوى فصادف قلباً خالياً فتمكنا

وهكذا كان هواكِ . . . وهكذا كان قلبي!!! . .

بالفعل يا وفاء لقد تمكنتِ مني بقوة، جعلتني حينما أنظر إلى الأمام أو إلى الخلف أو عن يساري أو عن يميني لا أجد سوى وجهكِ!!! . . .

موغلة أنتِ يا وفاء في الغياب، وموغل أنا في الانتظار . . .

فهل يا ترى يا وفاء سأنتظر كثيراً؟!!!. . .

أخـاف أن أرصـف كـل طـرق حيـاتي بـالانتظار وأخطـوهـا خطوة. . . خطوة وفي نهاية طرقاتي قد لا أجدك. . . وبالتالي لا أجد أنفسي يا وفاء!!!. . .

من يعزيني بموتي؟!!!

وفاء. . . أتعتقدين أن الوقت الذي رحل مني بدون وجهكِ. . . يحسبه علي الزمن؟!!!. . .

أتعتقدين أن واقعي مكتمل بدونكِ؟!!!. . .

لقد رأيتُ في غيابكِ كل الدوائر السوداء التي سكنت في حياتي. . .

مسحت دموعاً كثيرة. . . وعانيت آهات كثيرة منكِ. . . كرهت كل شيء يا وفاء. . .

لم يضم جسدي مجلس عائلتي. . . تركت مكاني يعصف به الهواء والأسئلة!. . .

لم تسقط اللقمة في جوفي. . . ولم تعانق البسمة وجهي. . . ولم أستمع إلى حديث أخي!!!. . .

هل تصدقين يا وفاء أن أمي قد بكت فراقكِ لي!!!...

حينما كشفت خبايا دمعتي وأنا أحاول أن أرمي جسدي في مجلسهم...

لقد قالوا من خلف ظهري كلمات كثيرة بعدما أجبرتني الدمعة على اللجوء إلى غرفتي لتبوح بشيء من مشاعري... أتذكركِ يا وفاء في كل حين... ولا أستطيع أن أولج نفسي بين أجساد أخوتي دون أن يمر طيفكِ أمام عيني... أناديكِ بصدق مشاعري أن تسرقيني من الوقت وأن تنتشلي جسدي من بين أجساد أخوتي...

لقد أصبح الوجود ألماً... وأصبح خيالي محصوراً بكِ...

تركتُ القلم مرمياً على سطح طاولتي... فقدتُ أحرفي... وكرهت رائحة المداد إن لم يكتب عنكِ شيئاً...

أتطول حالتي تلك يا وفاء؟!!!...

أتتعبكِ العودة يا وفاء؟!!!...

أتشعرين بذلك الفراغ الذي كومه في وقتي غبار رحيلكِ؟!!!...

كجندي لم يعقب ليلة زواجه سوى ثلاثة أيام وسافر أمراً لحدود بلده كنت أنا!!!...

كمظلوم حكم عليه ظالمه بذنب لم يقترفه كنت أنا!!!...

لقد أضحى واقعي جيشاً متأهباً للحرب... يقترب مني وهو يعرف أنني قد مددتُ له ذلك التأهب... ويعلم جيداً أن في جسدي أسرى من بقايا هزيمة سابقة...

يأتي إلي... متأبطاً نظرات التحدي... ويضحكُ كثيراً لرؤية جسدي...

أقف أمام جيشه العارم والقادم بقوة إلى حدود جسدي... مسلوب القوة!!!...

أحاول جاهداً أن لا أسقط من أول هجوم....

في جسدي شيء من شجاعة ماضية...

أدرتُ ظهري عن ذلك الجيش القادم واستمتعتُ بذكراكِ!!!...

ابتسمتُ لطيف وجهكِ أمامي...

أسمع ضجيج الرماح خلف ظهري ولا أبالي!!!...

ويطعنني الواقع برمح الحاضر...

ويتلون رمحه بدمائي... أتساقط بهدوء على الأرض... وقبل أن يضم وجهي تراب الأرض رسمتُ وجهك بأصابعي على التراب... وقبلته قبلة طويلة لم أفق منها!!!...

لم أحفر قبراً لجسدي وأدفنه...

ولم يعزني أحد بموتي...

ورحل الواقع عن ساحة المعركة منتصراً. . . .

خلف وراءه جسداً واحداً غارقاً بدمائه وضحكة تجلت في أصداء المعركة. . .

فمن يعزيني بعدك يا وفاء بموتي؟!!!. . . .

من يحفر لي قبراً ويدفن جسدي يا وفاء؟!!!. . . .

ومن يخبر الناس بموت عاشقٍ كانت رسالته المستحيل!!!. . . .

ومن يجمع دموع الرثاء فيَّ؟!!!. . . .

ومن يستطيع أن يتذكر موت جسدي؟!!!. . . .

وأخيراً. . . من يجيب تراب قبري على رطوبة تلك الأسئلة؟!!!. . . .

وفاء. . . .

في غيابك استحضرت كل الأشياء التي تحبينها وقلبتها بين يدي ورأيتها بعيني. . .

بحثت عن نفسي في كل أشيائك ولم أعد أرى نفسي، أصبحت موجوداً هنا وهناك. . .

متبعثر بين أشيائك، وأحتاج إلى عمر طويل يفوق ما عشته حتى أجمع تبعثر نفسي في كل ما تحبين.

يا إلهي صعب هو الشعور بالضياع. . . صعبٌ جدّاً. . .

ففي الصبح أصير بلون الليل . . .

وفي الليل لا أجد لوناً يحويني بعد أن سرق الليل مني كل
السواد . . .

وفاء . . .

أصبحتُ بعدكِ كلقيطٍ تبناه الألم . . .

يجدف في بحر الدموع، ويتعلق بقشة صغيرة خوفاً من
الغرق . . .

أو تعلمين حبيبتي أن الأحزان صارت تتثاءب بعد أن سئمت
مني؟!!

سئمَت هذا الجسد النحيل الذي ارتداها مذ عرف الحياة . . .

سمعتها يوماً تتوسّل إلى الريح كي تمزقها لتفارق جسدي . . .

وتتوسّل إلى النار كي تحرقني وتحولني إلى رماد . . .

أرأيت يا وفاء كيف هي حالي بعدكِ؟!! . . .

وفاء . . .

أريد أن أراكِ الآن . . .

أريد أن أشم عبير أنفاسك . . . وأن تمدي يدكِ وتمسدي بها
شعر رأسي . . .

كم أحتاجكِ الآن يا وفاء . . .

النار لا تترك خلفها سوى الرماد . . . ولكن تحت هذا الرماد هناك جمرة لا تزال تشتعل!!! . . .

هؤلاء الناس الذين يشاركونني الهواء أرفضهم بنظراتي . . . فأنا لا أريد من البشر سواكِ . . .

فقط أنتِ يا وفاء . . . وبعدها . . . فليرحل الراحلون . . . وليبق الباقون . . .

لقد تعبتُ من كل الوجوه التي أمامي . . . بعدما كتبتُ قلبي باسمك!!! . . .

مللت نصائح البشر . . . كرهتهم بكلماتهم . . . وبنظراتهم لي . . .

لو يعرفونكِ يا وفاء . . . لما تدلت من ألسنتهم الكلمات . . . ولحسدوني كثيراً . . .

أريدكِ أنتِ يا وفاء . . . أريد جواركِ . . . أريد صوتكِ . . . أريد نظراتكِ . . .

أغمريني بوجودكِ . . . سأتقبل غضب كلماتكِ . . . وسأرضى بوجع جرحكِ بقلبي . . .

لقد استحالت الحياة بوجهي بعدكِ . . . وتغيرت كل موازينها . . . وأصبحت ليلة الخميس ككل الليالي الماضية . . .

أشعر بظمأ شديد يحيل قلبي إلى البياض . . . ولنترويني كل

مياه الأنهار... سأظل يحاكيني هذا الظمأ حتى تظمأ الحياة من عروق جسدي...

حينما تطردني غرفتي خارج داري... وألثم كل الطرقات بخطواتي... لا تغيبي عني...

أقرأكِ في وجوه النساء التي لا تشغلني... ولا أستطيع حينها أن أوقف دمع عيني من رسمكِ على صفحة وجهي... أتمنى أن تقذفني الطرقات إلى داري... لعلكِ قد تذكرتني وتركتِ على باب داري ما يدل قلبي على سؤالكِ عني...

أهذي دائماً باسمك... أخاف أن تعصيني الكلمات ولا تنطق شفتي باسمك...

وفاء... هل عبرتُ يوماً على ذاكرتكِ؟!!!...

هل رأيتِ ما يشبهني وتذكرتني؟!!!...

هل شدكِ صوت ينادي جسداً يشبه اسمي؟!!!

أم أنكِ أنقضت من حروف اللغة العربية حروف اسمي؟!!!...

قد لا تسمعينني الآن... ولكني لا زلت أسمع كلماتكِ كما لو كنتِ بجانبي...

لقد تركتني يا وفاء... عليلاً أشكو علتي على أوجاعي...

ولا أعرف الدواء... ليموت به الوجع في قلبي...

فرحيلكِ عني هو رحيل الشفاء. . .

بحق الخالق العزيز فقدتكِ يا وفاء. . . وليت دموعي واستني في فقدانكِ. . . لغسلت جسدي. . .

وقلبي بوغرفتي. . . وذكرياتي. . . لغسلت الأيام كلها. . . من صباحها إلى مسائها. . .

ولكن يا حبيبتي الدموع تدفع الأوجاع التي لا نهاية لها إلى قلبي وليس لي من بعدكِ

سوى الدموع!!!. . .

لساني مقتول خلف كلماتي، وصوتي تائه. . .

وأنا أصرخ في كل مكان. . .

بعدد ذرات التراب أصرخ. . .

أين أنتِ يا وفاء. . .

أنا ميِّتٌ. . .

لكني أصرخ لأوهم الناس أني لازلت على قيد الحياة. . .

خذي قلبي وارحلي به معك. . .

وإن لم يكفك فستجديني قد أودعت حقيبتك كل أشواقي. . . .

فأنا يا وفاء لا زلت رغم تشابك طرق قلبي أحلم بكِ وأنتظركِ. . .

حلمي الذي خبأته في صدري وداريته عليه بدموعي ولم أتفوه به لأحد لا يزال يحتضن مسائي

ويهرب منزوياً عن نور الشمس، ينزوي هناك خلف كلمة لم أقلها، وخلف نظرة طمستها، وبسمة لا تزال تحاول أن تحل أحجية شفتي!!! . . .

أخاف أن يأتي من يسرقه أو يلوثه بكلمتي الضياع والمستحيل . . .

أتعلمين يا وفاء أن العمر لم يتريث، فقد استمر طويلاً على أرض قلبي . . .

يحصد أيامي التي لم تحتضر ويرميها على جسدي . . .

ليتني أستطيع أن أحمل دمعتي وألوح بها في مساء الأجواء . . .

ليتني أستطيع أن أتحدث . . . أن أصرخ . . . أن أشتكي . . .

لعل هناك من يسمعني ويغذيني بكلمات الصبر التي لم تتأقلم مع قاموس حياتي . . .

إن كنت لا زلت تنظرين إلى جمال الألوان فأنا يا وفاء قد صنعت من أيام غيابك ألواناً جديدة

لم تطأها نظرة عين كانت أو لا زالت!!! . . .

سأمد يدي وأفرق هذا الظلام الذي يسكنني دون أن يفرق بين مساء ونهار . . .

سأبحث عن وجهكِ لعل الظروف أخفته خلف ظلام لم يكن لنا . . .

وسأكسر كل ألواح الصمت التي تحيط بي وتسجنني، وأصرخ بكِ

لعل صوتي حينما يتبعثر في الأجواء يسقط فتاته على مسمعكِ وتعودين . .

سأفعل كل شيء . . . حينما يراودني الأمل أن بين كل الأشياء شيئاً واحداً يعيدكِ إلي!!! . . .

فيا ترى من يعلمني هذا الشيء ويفرزه من بين كل أشيائك التي تحبينها!!! . . .

كم دمعة من دمعاتي شربتُ؟!!!.

أوشكت أيام إجازتي على الانتهاء يا وفاء . . .

لم أغادر بإجازتي يا وفاء وجهكِ . . . كنتُ بصحبة أيامكِ الخاوية . . .

أستحم كل مساء بذكرياتكِ . . . وأمارس النظر لملامحكِ التي تبدو جلية عندي قبل أن تنظر إلي إشراقة الفجر . . .

تدفعكِ الشهور يا وفاء في طريق بعدكِ، وأدفع أنا الشهور لأقربك مني!!! . . .

صباحات كثيرة ومساءات كثيرة ترتمي على وجهي الذابل لتثبت لي أن اليأس قد دخل مدينة عزيمتي

وأن خروجه مستحيل . . . مستحيل . . . يا وفاء . . .

أهكذا يا وفاء زرعتِ في أرض قلبي الوفي لكِ نباتات المستحيل

لتظلل كل المساحات التي تنتظر الشمس؟!!!. . .

يكفيني يا وفاء أن أراكِ من بعيد. . . أن أقول لقلبي انظر إلى محبوبتك!!!. . .

وأرجع مرة أخرى إلى الوجع إلى الألم إلى الضياع!!!. . .

ليس لي في وحدتي غير ضوضاء قلبي. . . وإرهاصات فكري. . .

وصورة لكِ يا وفاء لا زلتُ أحفظها جيداً. . .

أنظر إلى عينيكِ. . . وأتخمها بأسئلتي التي ضاق بها وقتي. . . .

وحينما يقفز بوجهي صمت الصورة. . . أتخمها مرة أخرى بأسئلة دمعي!!!. . .

وأظل هكذا. . . هكذا أظل أنا. . . أبحث عن دمعة تطرد وحدة دمعتي!!!. . .

أتعلمين يا وفاء. . . أن هناك من سأل عنكِ. . .

لن أقول لكِ قلبي. . . ولا وجعي. . . ولا دمعي. . . ولا وقتي. . .

لقد سأل عنكِ صديقي!!!. . .

قرأ اسمك في دمعتي. . . وسمع صوتكِ في صمتي. . . وفي

ضحكة باهتة رسمتها على شفتي لأجاري ضحكات أصدقائي المتعالية لسقف مقهى saint Severin الباريسي في شارع سان ميشيل شاهدت صورتكِ!!!...

لقد طابت لصحبتي أجواء باريس... تجاذبوا مع العازف النحيل الذي يقيس بخطواته ممرات المقهى كل نغماته... وبقيتُ وحيداً بينهم... أرتشف قهوتي المرة وأغسل فنجانها بدمعتي... وأترنم بلحن الوجع الأبدي في قلبي...

حينما أكون معهم يا وفاء... ويأتي خيالكِ يقتحم رذاذ انسجامي... تسقط رغماً عني دمعتي...

وأتضايق جداً حين يرى انسجام غيري دمعتي... أدس بين شفتي فنجان القهوة وأذرف فيها دمعتي

وأشرب دمعتي!!!...

تخيلي يا وفاء... كم دمعة من دمعاتي شربتُ؟!!!...

لم أخطئ أنا يا وفاء في حبكِ...

ولن أنسى ذلك المساء الذي أبصرنا أنا وصديقي في بهو فندق الكونكورد، حيث جلس معي حينما غادرنا الآخرون إلى مستنقعات الحياة بوقال لي:ـ

* «**تلك هي غلطتك!!!...**

لم تجعل بينك وبين مشاعرك حدوداً... لقد اندفعت أنت بكل بوادرك نحوها...

أعلم أنها الفتاة الأولى في حياتك... ولكن صدقني لن تكون الأخيرة... فدائماً بدايات الأمور تضيق بنا وتبدو في ضيقها صعبة... أنظر إلى من تحبها ماذا فعلت بك؟!!!...

الأنثى يا صديقي حينما تكتمل الأشياء لديها تتركها وتبحث عن نواقصها...

امتلأت بك... وعندما أيقنت امتلاء قلبك بها رحلت... تركتك...

فمن يفرغ الآن بضائع حبك من قلبك؟!!!... »

كان يتكلم بحماس... وكنتُ أنا أرسم وجهكِ في عيني مع كل كلمة ينطقها...

يا ترى هل صدق بما يقوله صديقي؟!!!...

أم كتب الزمن على لوحة قلبي غلطة حبكِ؟!!!

لم تنفر كلماته من شرود ذهني وقال :ـ

* **«انظر إلى نفسك... ماذا فعلت بك؟!!!... وانظر إليها ستجدها قد أودعت كل كلمات الحب التي قالتها في يوم من الأيام في أذن غيرك!!!...»**

بكيتُ أمامه يا وفاء رغماً عني... تركت دمعي ينساب فوق خدي دون أن أمسحه... رأف بحالي وأخذني إلى غرفتي في الطابق العاشر...

أي عذاب هذا الذي يعيش فيَّ يا وفاء؟!!!. . . .

وأي همٍّ يتصعد في قلبي يا وفاء؟!!!. . . .

لن أقول لكِ إنني أخطأت. . . ولن أترك كل خفايا نفسي على قارعة الطريق وأرحل. . .

لن أهمل وجهكِ الباقي لي من مسرات الأمل. . . ولن أقول لكِ إنني قد شفيتُ منكِ!!!. . . .

سأظل أحلم بكِ وأعيشكِ وأحبكِ رغم كل شيء يا وفاء. . . .

ولن ألتفت إلى ضحكة الموج حينما أخط أحرف اسمكِ على شاطئ البحر!!!. . . .

ولن يوجعني سري في حبكِ حتى لو عرف به كل البشر!!!. . . .

سأقف بصلابة. . . في وجه السيل المنهمر من أعالي الجبال. . . .

ولن ألوم نفسي حتى لو أصبحت كأشعة الشمس حينما عشقت سناء القمر!!!. . . .

ليمحُ موج البحر أحرف اسمك. وسأكتبه أنا من جديد. . . .

وليسمع كل البشر بسري الذي أخفيته. . . سأخلق سراً جديداً وأخفيه بصدري. . . .

وليجرفني السيل المنهمر من أعالي الجبال. . . وليصبح عشقي لكِ كعشق أشعة الشمس لسناء القمر!!!

٤١٦

فلن أتراجع عن حبكِ . . . لن أعيش زيف مشاعر الآخرين حتى لو كانت صادقة . . .

ستظلين أنتِ من يبشرني بشروق الشمس . . .

وترفع كفي ملوحةً لمغيبها!!!. . .

سبعة أيام يا وفاء مرت وأنا هنا، أنتعل الأرصفة وأشم رائحة القهوة، أعاكس بنظري تلك الخطوات التي لا تهدأ وأعد قطرات المطر التي تهطل على الأرصفة، لا أرفع رأسي للمارة، فوجوه النساء هنا لا تتقبل سوى النظر، وإن دفعني الصمت لرؤيتهن أرَ ملابسهن وأنتشل جسد كل فتاة لأضع جسدك بدلاً منه وأبتسم، أتناول قهوتي المرة بلذة جنة جسدكِ!!!. . .

ورغم ضيق نظرتي للنساء إلا أني استدركتُ أن لباس النساء اللواتي مررن أمامي في جلستي هذه تخجل نساؤنا من لبسه أمام أزواجهن!!!. . .

على يميني تجلس فتاة مع شاب، يحتسيان كأسين طويلتين من البيرة الفرنسية ويضحكان، وكلما التفت نحوهما تلتصق شفاههما بسكر ما يحتسيان، لا أحسدهما. . . ولا أضع رأسي في رأس ذلك الشاب ورأسك محل رأس تلك الفتاة، ولكن أتمنى أن تكوني معي. . . ترتشفين قهوتي المرة نفسها!!!. . .

كل المقاعد هنا يا وفاء مصفوفة بشكل طولي على الرصيف

وكأنها قاعة سينما، مصنوعة من خوص صناعي بلاستيكي له لونان البنفسجي والأبيض والطاولة معدنية صغيرة ومستديرة بالكاد تكفي لأكواب ثلاثة أشخاص، لا أحد هنا يمل الجلوس، فالوجوه والخطوات متغيرة، حتى الأجساد تأتي من كل مكان، تذهل النظر. . . وقد أذهلتني! .

صدورهن التي تكاد أن تقفز من أجسادهن بعثرتني في مكاني، لم أستطع أن أقاوم شغفي فلجأت إلى جسدك في ذاكرتي، لون الشهوة يا وفاء ينز من شفاههن المطلية باللون الأحمر، هنا شربت قهوتي وفي نيتي أن أضع هذا المقهى خلف ظهري وأغرق خطواتي في الحي اللاتيني، نثرت كل وجوه النساء وأجسادهن على طاولتي بعدما أتى النادل وأخذ حساب قهوتي، مطر باريس سمفونية رائعة تعزف على ذكرى متأججة بداخلي، لأستغلها فرصة وأمزج دمعات وجودك في ذاكرتي مع قطرات المطر المتعلقة على أرصفة الحي اللاتيني وجسدي!!!. . .

غسلت جسدي بمطر باريس وفشلت أن أغسل قلبي منك!!!. . .

تجولت بالحي اللاتيني وعند مدخله من ناحية شارع سانت مشيل كان هناك عجوز نحيف الجسد يجلس على صندوق خشبي وبيده علبة كبريت كبيرة الحجم يصنع من أعوادها على أرض الرصيف أشكالاً هندسية مميزة لا تتطلب جهداً كبيراً ويضع ساقاً

على ساق وينظر إلى المارة لعل أحدهم يقذف له بشيء من العملات المعدنية الصغيرة على قبعة وضعها أمامه، هنا يا وفاء لا أحد يشحذ، فهم يدركون أن لكل شيء ثمناً لذا أجده في تجوالي شحاذاً ولكن بمقابل، لم أرمِ له بأي قطعة معدنية وإن كنت قد دسست يدي في جيبي بادئ ذي بدء ولكن تراجعت عندما وجدت على يمينه زجاجة خمر يحتسي منها ما بين وبين، تعديته على يميني لأجد عن يساري رجلاً له ملامح شرقي آسيا وقفت أمام عمله الذي يعمله وتحرسه فيه زوجته التي تطلق نظراتها يميناً فقط باتجاه مدخل الحي تراقب سيارة الشرطة التي من الممكن أن تأتي بأية لحظة، وقفت أمامه وأعجبني ما يفعل، يضع أمامه ورقة صغيرة تسجل فيها أسمك باللغة الأنجليزية ومن ثم يكتب هذا الأسم بطريقة جميلة كأن يرسم حرف A على شكل برج أيفل وحرف N على شكل قوس النصر وهكذا، بعض الحروف يرسمها على شكل أشجار أو فواكه حتى يكتمل الاسم بصورة جميلة على ورق مستطيل مقوى بخمسة يورو فقط، كتب اسمي واسمك يا وفاء، أخذ مني الورقة الصغيرة وبدأ يرسم اسمينا معاً وزوجته التي قبضت العشرة يورو لا تزال تتفحص مدخل الحي، سألته عن بلده، ابتسم وقال هونج كونج، لم يعطني الاسمين وإنما تركهما عند زوجته ليجف حبرهما ومن ثم أعطتني إياهما زوجته راسمة على وجهها ابتسامته نفسها، تركتهما أمام جمع صغير يغريه الاكتشاف لأخطو خطوات قليلة وأجد رجلاً آخر من الجنسية نفسها ويعمل العمل نفسه. . .

تجولت بالحي اللاتيني وعند كل مفرق أخفف من وقع خطوتي، لا أعلم لماذا، ولعلني كنت أنتظر شيئاً ما يقتحم خيالي وعيني، كنت أنتظرك عند مفرق كل طريق، فكل النساء هنا يا وفاء عريتهن من لباسهن ووجوهن ووضعت وجهك خلسة وهن لا يشعرن بذلك...

المحلات هنا في هذا الحي تشبه محلات كل شيء بريالين عندنا في الرياض، تقف خلفهن عدة جنسيات وأكثر الجنسيات التي رأيتها هناك هم من أخواننا التونسيين، المطاعم هنا بكثرة وعندما يلمحون سحنتك تنطلق أفواههم بكلمة «حلال» وهم يشيرون إلى سيخ الشاورما، الأزقة هنا ضيقة بالكاد تكفي لعبور جسدين، فيها بدأت خطواتي تكشف رؤية عيني، المطاعم من كل مكان بالعالم أتت باريس لتأخذ نقود باريس وقرأت تراث كل بلد من الديكورات الملتصقة بجدران المطاعم، بعض المطاعم تعمل على كسر بعض الأطباق البيضاء عند المدخل وذلك توارث لأسطورة يونانية لجلب الزبائن، بعض الأطباق مصنوع من الجبس وبعضها الآخر من الصيني الأبيض، شققت بنظري مدخل بعض المطاعم فوجدت الأطباق المتكسرة مركونة بجانب المدخل، تستقر على المدخل حينما يبدأ المطعم باستقبال زبائنه وفي آخر المساء يلملم النادل تلك الكسرات من الأطباق لجلب زبائن آخرين في اليوم التالي!!!...

في مقهى يعج بالزبائن طلبت قهوتي، سللت يدي إلى جيب

بنطلوني وأخرجت ورقة بيضاء وكتبت فيها «لا زلت أطارد الحروف لكتابة رسالة إليك يا وفاء، مرير هو ذلك الشعو وكتابته، أحاول في ضجيج الأجساد والخطوات هنا أن أروض حرفي ليأتي مطيعاً إليك، أحاول وقد أفشل ولكني أبداً يا وفاء لا أمزق ورقتي، فالحرف الذي خرج من قلبي مهما يكن لا يحتمل التمزيق كما هي صورتكِ في عيني، سيأتيك حرفي هذا في يوم من الأيام، سيأتيك ممزقاً من وجع القلب، مشقوقاً من وجع الأمل كثوب فقير، وحينما يكون بين يديك لا تهملي رتقه فهو مهما يكن يحمل من صدق المشاعر الكثير والكثير. . . »، صففت الورقة وأودعتها جيبي بعدما انتهيت من تناول القهوة وغادرت المقهى، لم تكن لي شهية في تناول الطعام، وتركت خطواتي تنقاد كما هو الطريق حتى وصلت إلى السور المرعب لجامعة السوربون، حينها وقفت متأملاً ذلك السور الذي يخفي حكايات كثيرة كانت له، أتذكر أني سألت الدكتور الروائي الجزائري واسيني الأعرج في جولة مشابهة لجولتي هذه قبل عدة أشهر حينما اتصلت به هاتفياً وواعدني في أحد مقاهي الحي اللاتيني، كان بالفعل يا وفاء رجلاً متواضعاً يحمل قلباً أبيض لم تدنسه كل أحداث الجزائر التي كتب عن خوفها ووجعها في روايته السابقة، سألته عن الدكتور المصري طه حسين وهل له تمثال هنا بجانب هذه الجامعة التي تخرج منها، ابتسم وقال لي إن هذه الجامعة تخرج منها الكثير والكثير وهنا في باريس لا يعرفون الدكتور طه حسين كما نعرفه نحن، ثلاث ساعات كنت معه نعبر تلك الطرق

حتى وصلنا للمعهد الثقافي العربي، لم يتعب، فباريس يا وفاء لا أحد يمل خطواتها، وأنا القادم من أرض الجزيرة تعبت عند انتهاء أول كيلو متر عبوراً، خجلت أن أقول له أريد أن أرتاح في أي مقهى رغم أنه سألني غير مرة إن كنت تعبت من المشي، كنت ألحظ نشاطه المتميز كتميزه في كتابات رواياته وأرد عليه بأني لم أتعب وأنا أكاد أحبو من التعب، تعديت سور الجامعة وانحرفت يميناً متجهاً إلى نهر السين فوجدت على يساري مكتبة «ابن سينا» دخلت إليها وتصفحت بعض الكتب واقتنيت بلذة كتاب الروائي الكبير واسيني الأعرج «طوق الياسمين» وخرجت، كان على يمين الجامعة السابعة. . . هكذا قال لي من سألته عن ذلك المبنى، وعند نهاية الطريق كان نهر السين، على الشارع الرئيسي الممتد طولاً كانت هناك على طول كورنيش النهر صناديق حديدية معلقة على سور الكورنيش تدعى (كيوسك) ويقف أمام كل صندوق رجلٌ أو امرأة كبيرة السن يعرضان كتباً قديمة للبيع وبعض الرسومات العالمية المنسوخة، فيهم يا وفاء جمال الروح وحسن المعاملة. . . تلك التي نفتقدها في بلادنا لذا نبحث دائماً في عرض بضائعنا عن لسان لطيف يقنعك بكل ما لا تفكرين فيه كاللسان اللبناني وكالرجل الشرقي سألت عن كل شيء وقلبت كل شيء ومن ثم أكملت مشواري!!!. . .

وقفت أمام النهر الذي يبدو تحتي، استندت إلى كوعي وغرفت من ماء النهر الجاري. . .

وفاء...

تأملت النهر طويلاً، ورأيتك تمزقين صفحة النهر وتطلين منه، مددت يدي محاولاً التقاطك لكنها كانت أقصر بكثير من أن تصل إلى صورتك، إحساسي بالفشل من الوصول إليك آلمني، انسابت دموعي لتتناثر في الهواء وتسقط في عمق النهر، بكيت كثيراً ربما كاد النهر أن يستحيل بحراً حين عانق ملح دموعي عذوبته، لم لايلعق النهر شحوبي ويمتص حزني؟!!...

تمنيت أن أرتمي فيه وأغسل كآبتي بنقائه، لم يقطع تفكيري وسيل دموعي الممتد منذ أن أطلقت بصري في رحابة النهر إلا تلك الفراشة التي لامست أجنحتها خدي لتأخذ نظرتي في تحليقها، ربما امتصاص جناحها لدمعي المالح جعلها تهرب وتبحث عن رحيق زهرة ممتلئة بالفرح لا دموع قلب يغص بالوجع، على جنبات النهر ووسطه زرعت نظراتي، زرعتها فيه حتى القاع، فتحت أصدافه وخبأت فيها صرخاتي، كتبت إليك آلافاً من رسائل الشوق والفقد والاحتياج فوق عذوبته، كتبت حزني على الورق، ربطته إلى سيقان الحمائم، بعد أن رشوتها بحبات القمح، ثم أطلقتها لعلها تصلك يوماً، تمنيتها أن تحملني إليك، وترمي بي في حضنك، سحبت نفسي ببطء، وتعديت الجسر المعلق على النهر واتجهت إلى الجهة المقابلة للحي اللاتيني، كان على يميني كنيسة نوتردام، تلك الكنيسة التي بدأ العمل بها العام ١١٦٢م وانتهى العمل العام ١٤٢٠م أي

قرابة مائة وأربعين عاماً كان وقت إنشائها، ليصبح عمرها بعد الانتهاء من بنائها ما يقارب الخمسمائة وستة وثمانين سنة!!!...

كانت مهملة من قبل الحكومة السياسية حتى كتب فيكتور هوجو روايته أحدب نوتردام (نوتردام دوباري) والتي لاقت نجاحاً كبيراً حينها اهتمت الحكومة بها ورممتها لتصبح إحدى معالم باريس، وتستوعب بحجمها الحالي ما يقارب التسعمائة شخص، لم أدخل فيها فلم يكن اليوم هو يوم الأحد وكانت محاطة بسياج حديدي يمكِّن السياح من رؤيتها وهم في الخارج، تعديت الكنيسة وانحرفت يميناً في شارع طويل على يساري يبدو مبنى الكنيسة الشاهق، تعديت المبنى ووصلت إلى الحديقة المغلقة والتابعة للكنيسة بأشجارها الباسقة، وفي نهاية الحديقة من خلف الكنيسة كان هناك جسر صغير عبرته وكأني متجه إلى الحي اللاتيني، فوق هذا الجسر الضيق وعلى يميني كان هناك رجل معوق صغير الجسم يمسك بلوحة ويرسمها على كرسي متحرك ويعرض على سور الجسر بعض لوحاته، تصفحت لوحاته من بعيد وانحرفت يميناً تاركاً على يساري الحي اللاتيني وعلى يميني كنيسة نوتردام والمرأة العجوز التي تعرض الكتب القديمة أشارت برأسها حينما عبرتها مبتسمة، رددت على ابتسامتها بابتسامة وأكملت طريقي حتى وصلت إلى مقهى saint Severin على يميني، لم يكن بالمقهى من ينتظرني من الأصدقاء وأعتقد بمشواري هذا لم أفتقد أحداً كما افتقدتك يا وفاء!!!...

٤٢٤

لتنتهي جولتي التي تشابهت كل طرقها ووجوها وعالمها، لأنك يا وفاء لم تفارقي كل التفافاتي وكل نظراتي. . .

دمت بكِ ولكِ. . . ليحكي خلفي الحي اللاتيني عن كل شرودي ونظراتي. . . بصدق أحبكِ يا وفاء. . .

ثلاث رسائل فقط...

الرسالة الأولى :ـ . . . . إلى أمي . . . .

أمي . . فَشِلَتِ في قراءة أحرفي !! فأجادت قراءة وجعي !!

((نحن لانحتاج الأبجدية المكتوبة لنفهم من نحب مادمنا نملك قلباً وصدق شعور تماماً كأنتِ)). . .

أعلم جيداً أنك لن تقرئي أحرفي التي أنزفها الآن. . .

لكن بمجرد أن تتحسسيها بأناملك الحنون فستقرئي وجعي. . .

أعتذر يا أمي عما بدر مني ليلة البارحة. . .

أو دعيني أسميها ليلة البكاء. . .

حين أقبلتِ على حزني بطهرك. . .

بصدرك المفتوح كمدينة بلا أبواب. . .

وبلا حدود. . .

بقلبك السخي كغيمة . . .

بحواسك الملفوفة بالحنان والمحشوة بالحب . . .

حين ربّت على كتفي وهمست لي بحنو:

ما بك يا بني؟!!

ممَّ تشكو؟!!

لم أكن يا أمي أملك شيئاً أبوح به إليك فألمي أكبر بكثير من
استيعاب فمي . . .

هل رأيتِ من قبل رعداً يحتبس صوته في بطن السماء . . .

يحاول الخروج فلا يستطيع . . .

كهوةٍ تماماً هو الألم الذي يسكنني . . .

أمي . . .

لم أكن أستطيع أن أحكيني أو أقولني . . .

لذا صمت وأمسكت أوراق بؤسي ومددتها إليك وقلت:

هنا كل شيء . . .

بل بعض شيء . . .

بعض ألمي . . .

بعض وحشتي . . .

بعض وحدتي . . .

أمسكتِ الورق وأمررت أناملك على الحرف . . .

وقلت لي ودمعتك تسبق صوتك:

أنسيت يا حبيبي أني لا أجيد القراءة؟!!...

ثم أردفت قائلة:

ليتني تعلمتها حين كانت أمي تطاردني لأذهب إلى المقرئة أم محمد وأتعلم منها كيف أقرأ...

كنت طفلة صغيرة حينها...

أهرب من منزلنا الطيني الذي يتوسط مزرعتنا الصغيرة وأختبئ بين النخيل حتى لاأتعلم القراءة...

ربما قسوة أم محمد نفرتني منها...

ليتني تحملت قسوة سوطها وتعلمتها لأقرأ حزنك...

لأعرف من أي وجهة جرفتك تيارات الألم...

ليتني تعلمتها لأسمع صوت حرفك...

لأسمع صراخ قلبك المختبئ بين أسطرك...

ليتني تعلمتها كي أطهر جروحك...

ثم صمتت أمي...

عندها فقط أدركت فداحة تصرفي...

قبلت رأسها ومسحت دمعها بيدي...

يااااه ياوفاء...

لأول مرة أرى دموع أمي تنساب على خدها بسببي...

بل بسببك ياوفاء . . .

بسبب رحيلك . . .

لم تكن دموع أمي دموعاً عادية . . .

حتى دموعها مختلفة . . .

حنون كقلبها . . .

كصدرها الدافئ . . .

أحسست بذلك حين كفكفتها . . .

ضممتها إلى صدري واعتذرت منها . . .

قالت لي بصوت مخنوق بالعبرات:

بني . . .

قلبي حزين عليك، أرجوك عد كما كنت . . .

فأنا أحبك . . .

لاأريد أن أخسرك كأبيك . . .

فأنا في أمس الحاجة إليك . . .

مسحتُ دموعي بطرف كمي وقلت لها:

ياغالية . . .

لاتحملي همي . . .

أنا بخير . . .

حاولتُ أن أرسم بسمة على شفتي لكن العبرات خانتني . . .

أمي . . .

عظيمةٌ أنت . . .

بحكمتك . . .

بعطائك . . .

بدموعك . . .

بكل شيء . . . .

أعلم جيداً أني أخطأت في حقك . . .

لكن الألم الهائج بداخلي كموج، جعلني أتصرف بلا شعور . . .

وبلا وعي . . .

تائه أنا . . .

كطفل نسيه أهله في صحراء ممتدة موحشة لايسمع فيها سوى عواء الذئاب التي تشتم رائحته كالحزن الذي يعرف رائحتي جيداً وتقطع جسده بين أنيابها . . .

غياب وفاء ياأمي يرشق قلبي بسهامه وسط ليل يكتظ بالوحشة . .

أنا ياأمي قارب منكفئ يغرق في أعماق الحزن . . .

صندوق بريد مهجور احتبست بداخله عقرب سوداء تغرس إبرتها السامة في جدرانه . . .

بحر مكهرب . . . .

٤٣٠

جرح يخاط بالسيف بدل الإبرة. . .

هنا في روحي قحط. . .

جفاف. . .

وحدة. . .

وحشة. . .

فراق. . .

هنا بداخلي وفاء. . .

تلك الفتاة التي تركتني أقاسي اليتم بعد رحيلها. . .

بلا نهاية. . .

ألم يقولوا أن الخط المستقيم ممتد إلى مالانهاية؟!!. . .

كذلك وجعي أراه كخط مستقيم لانهاية له. . .

أمي. . .

ليتني مثلك لم أتعلم القراءة ولا الكتابة. . .

لـم أعرف رسـم الحـروف التي حمـلت إليّ وفاء ورمتها داخل
صدري. . .

ربما ياأمي يكون حالي أفضل مما أعانيه الآن. . .

بلا أقلام. . .

بلا أوراق. . .

وبلا أوجاع. . .

بلا أحلام. . .

بلا وفاء التي تركتني وانطلقت لتحلق في عالم آخر بعيداً عني. . .

آه ياأمي. . .

كعشب محترق أنا. . .

كقنديل عبث به طفل فسقط منه وتحطم. . .

حتى النسيان تركني فلم يسكب حنانه على قلبي. . .

غياب وفاء يا أمي جاء ليحتطبني. . .

ليكسر سعادتي بفأسه القاسية الصلبة التي لا ترحم. . .

ويشعل النار في عظامي. . .

وأنا صامت كغبار على منضدة في غرفة حلت نوافذها بين تيار الهواء وبينها. . .

أمي. . .

وسادتي شوك. . .

وفراشي قطع جمر متقدة. . .

حتى وجعي حين أكتبه بات مؤلماً. . .

له صوت مزعج مقزز. . .

كصوت الظفر حين يمشي على سبورة فيتقزز منه الطلاب. . .

بداخلي صراخ. . .

يجثم على صدري. . .

أريد أن أخرجه لكني لاأستطيع. . .

فأنا لاأملك فماً يستوعب كل هذا الكم من الصراخ. . .

بداخلي غابة مظلمة. . .

أفاعٍ تلسع قلبي كل لحظة. . .

أنا على وشك الانتهاء. . .

على وشك الغرق. . .

وطوق نجاتي بيد وفاء. . .

أمي الحبيبة. . .

كوني بقربي. . .

اقرئيني بشعورك. . .

بقلبك. . .

أمي. . .

أحتاجك. . .

فبداخلي طفل يرتعش. . .

الرسالة الثانية :ـ. . . إلى صديقي. . .

مملوء أنا ياصديقي بزجاج مكسَّر... أرجوك لاتزد وجعي...

فقلبي منقوعٌ في ماء الحزن...

((هذه الأرض التي أسقط عليها ميتاً كل يوم هي الحب ! الحب إذا أردت أن تعرفه على حقيقته))

[...قرأتها يوماً ما وكتبتها على قصاصة صغيرة ولم أعرف صاحبها ووجدتها اليوم تندس بخجل بين أوراقي...].

صديقي الأعز:

لست هنا لأشرح لك معنى الحب...

ولا لأبيّن لك مقدار العذاب الذي أعانيه...

أنا هنا يا صديقي جئت وبصحبتي دهشة...

وكمٌّ لا ينتهي من علامات التعجب من جراءكلماتك التي تفوهت بها وصببتها على أذني كحديد حار ذائب...

يوماً ما لم تستطع كلماتك وضحكاتك أن تمسح رداء الحزن عن ملامحي وقلت لي

((ليس ثمة مايستحق منا كل هذا الألم... انظر إليَّ جيداً لم أتورط في الحب بالرغم من أني أعرف كمّاً هائلاً من الفتيات... لكني لم أتعلق بإحداهن قط... فهن لايمثلن لي سوى تسلية أقطع بها وقت فراغي... هن يردن أن يسمعن كلمات الحب وأنا لاأقصر

في سرد كل حروفه عليهن ولا يهمني إن تعلقن بي أو صدقنني . . .
ولأنك صديقي الأعز سأعرفك إلى بعضهن لتستمتع معهن بوقتك
وتنسى وفاء . . .))

كادت طبلة أذني أن تنفجر من جراء كلماته تلك . . .

أحسست أن بداخلي بركاناً يغلي . . .

كلماتك كانت قوية كالرعد وفيها من الجرأة الشيء الكثير لكن
قولك ((تنسى وفاء)) مسحت كل الكلمات التي قبلها لتبقى هي
الجملة التي أسقطتك يا صديقي من عيني وكادت أن تسقطك من كل
حياتي لكن عشرة العمر والصداقة الطويلة التي بيننا حالت دون
ذلك . . .

رفعت عيني ونظرت إليك نظرة حادة وقوية . . . مملوءةً
بالغيظ . . .

وتركتك بصمت . . .

أمسكت قلمي وورقي بعد أن شربت من كلماتك أقداح الأسى
وكتبت إليك . . .

ربما كلمة الحب تتعامل أنت معها كلبانة تمضغها متى شئت . .
تنفخها ثم تفرقعها في أذن كل فتاة تمر بجانبك . . .
أما أنا فكلمة الحب بالنسبة لي ليست كلمة محكية باللسان بل
محسوسة بالقلب . . .

الحب يا عزيزي ليس طفلاً يتبرأ منه أبواه فور ولادته...

ليس لقيطاً على قارعة أحد الأرصفة أو على عتبة مسجد يحوك الخيوط الأولى لأشعة الشمس بصرخات جوعه

ولا خيوطاً تنز بطرف ثوب فيتم التخلص منها بمقص...

ولا رداءً متسخاً تغادره الأوساخ فور غسله...

ولا خزانة نفرغها من الملابس متى شئنا...

كما أنه ليس بالوناً ننفخه وننفخه وننفخه ثم نفرقعه بشكة دبوس...

الحب شعور يترسب في أعماق النفس ....

وتنهيدة صدق تخرج من بين أضلعنا...

الحب بحر من عطاء وتوق وانتظار واحتياج...

وشمس تشوي الجسد حين يغيب الحبيب...

الحب هو التشارك في الابتسامة والدمعة...

الحب باختصار شعورٌ صادق متدفق...

أنا لست كأنت أشتهي كل النساء...

وأتكلم مع كل النساء...

وأركض خلف كل النساء...

أَتَعْلَمُ يا صديقي ما يلفت نظري كثيراً هو أنك لا تخطئ في اسم أي أنثى تحادثها بالرغم من أعدادهن الهائلة . . .

يدهشني هذا الأمر . . .

وتدهشني أكثر جرأتك مع النساء . . .

ويزعجني أيضاً أن تغادرني حين نكون في مكان ما لأجل أن تتلذذ بمنظر الإناث، أو تعيش ابتسامة وقتية مع صوت فتاة عبر هاتفك المحمول . . .

الفرق يا صديقي بيني وبينك هو تماماً كالفرق بين دفء أحضان الأمهات سابقاً واستحالة الدفء إلى شتاء بارد اليوم حين التهين بصرعات الموضة عن أطفالهن . . .

وأصبح بكاء أطفالهن يمتزج بوهن مع الأغاني الصاخبة لفتيات عاريات يرقصن حول رجل لا يختلف عن النساء سوى بشعر وجهه المحوك بدقة الموسى . . .

أنا يا صديقي لا أعرف من النساء سوى وفاء . . .

لا أريد أن أبعثر خلجات قلبي تحت أقدام النساء . . .

لست كموظف صغير سحب كل سنين عمره ليجمع حفنة من مال يدهن بها جدران المستقبل وحينما غره عد المال رماها على رصيف صفيحة من صفائح الليل يذهب عن سعادة لا يدرك وقعها بقلبه . . .

صادقة أحرفي . . . ومشاعري . . . وصادق هو تفكيري بها . . .

لا أنظر إلى جسدها ولا إلى لحظة نزوة، بل إلى قلبها الطاهر الموسوم دوماً بالبياض . . .

لم أبتع مشاعري من سوق المنافقين، ولم أرهق تفكيري للانتشاء بلحظة قد تأتي وترحل بسرعة . . .

حكاياتي معها لم تكن حكاية عابر سبيل، عاش موقفاً وحينما انسل منه تركه في مدينة عابرة في مشوار رحلته.

عشت معها أجمل أيامي، حسبت أيام الشهر يوماً يوماً . . .

علمتني الحب . . . والوفاء . . . والصدق . .

وكيف تنبثق الفرحة من جسد الحزن . . .

حددت مكان الأمل خلف أبواب الغد . . .

لا أنكر غيابها . . .

ورحيلها . . .

ولكن يا صديقي . . .

لتفعل هي ما تشاء . . .

فطفولة حبها لا تزال تعيش في كنف شبابي . . .

كبرت بها منها . . . .

نساؤك يا صديقي كعود نحيف لقطعة حلوى تمص . . .

حينما تذوب تلك القطعة ترمي ذلك العود النحيف . . .

وتبحث عن عود آخر في نهاية قطعة حلوى مدورة . . .

أذكر يا صديقي كلماتك حينما تعمق الحديث حول نسائك . . .

أذكر سؤالي حينما سألتك . . . هل ستتزوج مها؟!!!

نظرت إلي بعين الدهشة وقلت لي :ـ

❊ لن أتزوج أية فتاة قد سمعت صوتها مهما تكن . . .

أما أنا فأختلف عنك كثيراً . . .

سمعتُ صوت وفاء . . . أحببتها . . . عشت نغمات أحرفها
وبحة ضحكتها . . .

وألبستها الطرحة البيضاء في خيالي، تقاسمت معها الدار . . .
ولم نختلف حول اسم مولودنا . . .

لا زال ضجيج قهقهتك يزيد صداع رأسي حينما سمعت كلماتي
تلك . . .

قلت لي :ـ

❊ لأنها الفتاة الأولى بحياتك، اجتثت من تراب قلبك كل المشاعر
المدفونة . . . وهذا ما حصل معي . . .

سرحت بنظرك عني ولكن حروفك لا تزال تنبثق من لسانك . . .

أذكر أول فتاة تعرفت إليها . . . كانت أكبر مني . . . قابلتها في

حديقة عامة. . . وحينما كتبت رقمي لم تمانع نظراتها المنساقة نحوي من قبولها. . . كنت خائفاً. . . مرتبكاً، مررت بجانبها ورقم هاتفي ملفوف بكفي. . . اقتربت منها. . . وحينما صرت أمامها لعب بي الخوف وأسدل كل أقمشته على حركة يدي. . . لتسقط الورقة تحت قدميها. . . أسرعت خطوتي بعيداً عنها وكأن هناك شيئاً يقترب من ظهري. . .

وفي المساء انساب صوتها عبر سماعة الهاتف. . . كانت كنزاً. . . وبداية لدخول عالم النساء. . . جمعت كل مشاعري المخبوءة في سنيّ عمري ورميتها على قلبها، كانت مطلقة، وكانت في خيالي وفرحتي هي زوجتي

حينها يا صديقي تركت الخوف هناك تحت قدميها في تلك الحديقة. . . وجمعت كل أصوات النساء على سماعة هاتفي. . . ونسيتها. . . أعطيتها كل شيء وحينما امتلأت بها تركتها. . . فصوت آخر جاء آخر المساء ليمحو كل كلماتها. . .

أما أنا يا صديقي. . .

ففتاتي الوحيدة التي لا يعرف قلبي غيرها كفراشة تلهو في ربيع أشجار قلبي عندما تغيب لا تستقر فصول السنة بمناخها، فالشتاء يتمثل في أشهر الصيف، وينام الصيف تحت أردية الشتاء، وتعاند الأشجار سقوط أوراقها في فصل الخريف، أما الربيع يا صديقي فيأتي دون أن يحمل معه لونه الأخضر. . .

في غيابها يلفني الصمت كأم تلف صغيرها بقماش أبيض ليعيش بيئة رحمها . . .

صديقي . . .

في داخلي جيوش مبعثرة قدمت من كسل الجهل لتحارب الهواء . . .

فلا قائد في داخلي . . .

فكل شعور يمتلكني نحوها يصبح قائداً!!! . . .

بداخلي الكثير . . . والكثير . . .

ربما لو سألت كلماتي المتعطشة البحر ارتواءً لاشتكى البحر العطش!!! . . .

حروفي مفككة وأفكاري مبعثرة . . .

متوقف أنا عن كل شيء . . .

أنتظرها أن تأتي لتدب الحركة بي!!! . . .

لقد علمتني الحب بصدق . . .

وتعلمتُ . . .

وحينما دخلتُ قاعة امتحان الحياة لم أجد ورقة الأسئلة . . .

لذا سأظل أحفظ جيداً كل ما تعلمت . . .

وأنتظرها يا صديقي . . .

لترى كيف هو عاشقها النبيل!!! . . .

الرسالة الثالثة: ـ . . . إلى الحزن . . .

تورَّمتُ بك . . . فكتبت إليك . . .

(ما أشد براءتي حين توهمت في صغري أني سأفرح حين أكبر، لتعلمني الأيام جيداً أنه ثمة قبائل حزن قد استوطنتني).

إلى من يكرر مجيئه إليّ كل لحظة كمطرٍ استوائي !! . . .

إلى من كتبتُ به كل أحرفي سأجرؤ اللحظة وأكتب إليه . . .

إلى الحزن:

منذ صغري والأطفال حولي يخبئون في جيوبهم الحلوى المبللة بالفرح إلا أنا كانت جيوبي متورمة بك . . . ترتديني قبل ارتدائي لثوبي وتنام على مسامات جلدي لأتنفسك . . .

كل الأطفال كانوا يجيدون مناداة الفرح . . .

يطلقون الصفير من أفواههم فيركض الفرح متجهاً إليهم ويطوقهم بالبهجة إلا أنا كلما حاولت ذلك صفعت يدك فمي وألجمتني . . .

تشاركنا أنا وأنت طويلاً في البكاء المرتبط بعقارب الساعة وحملناه على عاتقنا . . .

اختلطت دموعنا ببعضها ولا زلنا نواصل مشوار بكائنا المرير المضمّخ بالوجع . . .

بكينا بحرارة...

بصدق...

كصدق صرخة الجنين حين يغادر أمان رحم أمه ويتنفس أوكسجين الخطر...

نواصل الجلوس جنباً إلى جنب دون أن نفترق أو نتيه عن بعضنا...

لأدمنك...

ولا شفاء لي من إدمانك كيف لا والدم في عروقي صار لايجرؤ على الجريان إلا وهو يمسك يدك...

لا عجب إذن إن حَبلَتْ بك محبرتي وولدتك على هيئة دموع سوداء ترضع الوحشة وتأكل من يد الليل البطيء والثقيل الوحدة...

أيها الحزن...

من علمك كل هذه القسوة؟!! ومن علمني أن أقتات بك بصمت بيني وبين نفسي؟!!

لماذا كلما امتدت يدي إلى الفرحة سارعتَ إلى بتر أصابعي كي أعجز عن الإمساكِ بها؟!!

منذ أن عرفتك والبؤس يخترق رأسي ويتلذذ بالتجول في دهاليز روحي...

تنتمي إلي كانتماء الحبر إلى القلم... والورق إلى الشجر... و المطر إلى السماء...

سيدي الحزن...

كثيراً ما أتساءل بيني وبين نفسي وورقي تُرى متى ستنتهي مدتك؟!!

ألن تصاب بالعفن وتسكن سلة المهملات بعيداً عني؟!!

ألن تشيخ فتموت؟!!

لماذا تمزق أحلامي الجميلة كما يمزق الطفل أوراق الجرائد؟!!

ولماذا تقتل فرحتي كما يقتل طفل بريء خرج يطارد قطته الصغيرة في الشارع فأصابته رصاصة العدو...

أيها القاسي...

أتذكر جيداً ذات طفولة أن أستاذي قال لي حين بكيت بسبب ضرب مبرح أوقعه عليّ أحد زملائي:

((لا تبك يا بني عش طفولتك ولا تحزن فالمشوار أمامك طويل فالطفولة بكل آلامها ذكرى جميلة، فقط حين تكبر ستدرك ذلك جيداً فلا شيء أقسى من يد الحياة حين تصفعك))...

لاشك أن أستاذي لم ينطق بتلك الكلمات إلا من وجع يختنق بداخله...

ربما سكنْتَه أيها الحزن، فأنت دائماً تحبذ سكنى الأرواح الطاهرة النقية...

أيها المستبد بي . . .

أنام وأصحو وأنا مدجج بسنواتٍ من الأسى واليأس . . .

ملغمٌ بالألم . . .

تتراكم بداخلي شظاياك الصامتة غير القابلة للانفجار والخروج،
والقابلة للتمدد داخل روحي فقط . . .

يخال إلي أحياناً أنك بلا نهاية كسلالم الأحلام الملتوية التي لا
تنتهي أبداً . . .

أراك تنتزع قلبي وتهصره بيدك . . .

تشكله على هيئة كرة ثم تحفر حفرة وتملأها بالجمر الأحمر
المتقد وتقذف بقلبي إلى دركها الأسفل . . .

تدفنها جيداً حتى لايشْتَم الآخرون رائحة احتراقه . . .

أيها الحزن . . .

قرأتك حرفاً حرفاً . . .

حفظتك نقطة نقطة . . .

جعلت من روحي قلعة منيعة الحصون يستعصي على السعادة
اقتحامها . . .

ماذا تريد مني بعد كل هذا؟!!

قادم إليك من ذروة الاحتضار . . .

أرجوك اتركني...

أريد أن أدرّب روحي على الفرح بعد أن شللتني وصرفتني عن ممارسته...

أيها الحزن...

أبعد سوداويتك عن حرفي...

وانتشل جسدك من عالمي...

وأشفق علي من سياطك التي أدمتني...

ارحل بأنفاسك المملوءة بالرماد...

أقلع فمطاراتي سئمت وجودك...

ألم يقولوا حق الضيف الإكرام ثلاثة أيام؟!!!

أكرمتك عمراً بأكمله...

ألا يحق لي أن أنعتق منك؟!!

هلاَّ رحلت؟

خاتمة كلماتي المخنوقة بعبراتي:

إلى حروفك مع التحية...

إلى الحاء :...

لاأريدك صدراً للحزن بل أريدك ذيلاً للفرح...

إلى الزاي : . . .

سارعي إلى الزوال !! فقد سئمتك !!

إلى النون : . . .

اخلدي إلى نومٍ أبدي وانسي أنك تقبعين داخل جسد كلمةٍ تُدعَى الحزن. . .

أيها الحزن. . .

كيف أتخلص من مجزرتك التي أقمتها بداخلي؟!!

أنا لا أريد منك شيئاً. . .

وليس لدي ماأرشوك به لترحل سوى بعض حروف تترجم وجعي.

ماذا تنتظر؟!!

ضع حداً لكل هذه القسوة !!

من فضلك ارحل. . .

وأغلق الباب خلفك جيداً. . .

طرقات الصمت

وفاء . . . لن أدع يوماً يمر من أيامي دون أن أحادثك، لعلي أكتسب من الحياة ما فقدته فيك .

فكل شيء هنا يصدح باسمك خلف الوجوه الكثيرة التي لا أعرفها . . .

أعرفك تماماً، وبعضاً من الوقت أجدني لا أعرفك . . .

وحينما يسألني السهر عنك تقول مشاعري، إنها معروفة لدينا!!! . . .

سأقف هنا، في المكان نفسه الذي رأيتك فيه أول مرة . . .

كل الأمكنة تأتي إلى ذاكرتي وترحل عدا مكانك!!! . . .

لن أغادر هذا المكان، سأتقبل كل فصول السنة ولن أغير من لباسي . . .

لعلكِ حينما تأتين تعرفينني من لباسي!!!. . .

أعلم جيداً ويقيناً أن قلبك قد أضحى في مشاعر بعيدة عن مشاعري، أعلم إنني أنتظركِ بعدما مشى بكِ العمر طويلاً. . .

تضيق بي كل الأمكنة التي لم تتعطر بأنفاسك. . .

خرجت من غرفتي أتكىء على أحزاني إلى الشارع. . .

أبحث عن بعدٍ لكل الأماكن التي تحتويني من بعدك. . .

فتحت باب سيارتي ودسست جسدي خلف مقودها، فتحت نافذتها، وأدرت مفتاح التشغيل

ولم أحرك سيارتي، أغنية عبدالحليم حافظ (قارئة الفنجان) كانت معي، تعم أجزاء سيارتي في وقت أظنه تمدد في حياتي، لم تمهلني دموعي حتى أستمع إلى الأغنية كاملة، فضربت نظرتي وجهك

ارتبكت، لم تنظري إلي، لحظتها لم أعرف نفسي، بدأت غريباً عن نفسي، تراجعت للوراء بذاكرتي كثيراً لملمت كل أشيائي التي تناثرت من ذكرياتي، بكاء عنيف يقف عند حافة عيني، أطياف الذكرى وجدتها تعيد صوغ نفسها أمامي، نعم لقد رأيتك، الوجه نفسه والضحكة نفسها، أخفيت وجهي بين كفي، وأسندت جبيني إلى مقود السيارة، أعلم أن خيالك لا يزال يطاردني، يتلبس كل الأشياء التي أراها، وأن وجودك قد بات مستحيلاً.

لقد كرهت يا وفاء كل النساء التي تتساقط وجوهن على مرآة نظراتي. . .

حتى بنت جارتنا التي لا أعرفها والتي عبرت من أمام سيارتي ونظراتها ترسمني بشيء من الذهول لوجودي بالسيارة وحيداً أو لأنها لم تستطع أن تلفت انتباهي لتدخل جسدها من فتحة بابهم وعيونها لا زالت عالقة بسيارتي! كرهتها، لأنها يا وفاء تلبس عباءتك نفسها، ولها تفاصيل جسدك نفسها!!!. . .

قبل أربعة أشهر تقريباً، كنت أجلس معكِ. . .

كنت أحاول أن أطرد عقلي بعيداً حتى لا يذكرني بالوقت الذي سيحملك بعد لقائنا بعيدة عني

لقد كنتِ لي وحدي، أنتِ قلتِ لي ذلك، وعشتِ مع خيالي كل الأحلام التي لم أقلها لها.

نشوة لقائنا تتساقط على كلمات أغنية (قارئة الفنجان). . .

أطمئن إليك كثيراً، أشعر أن الخوف يخاف منكِ، وأن القلق يموت من نظراتكِ. . .

لم أسمع صوت عبدالحليم. . .

ففي تلك اللحظات كنت مسافراً إلى مدينتكِ، إلى سمائكِ، إلى الشوارع الخلفية!!!. . .

كيف لهذا القلب الذي عاش أيامي أن يغتالني؟!!. . .

كنت أعلم أنكِ رحلت عنيِّ لتفرضي وجودك في قلب غيري

ولكن لن أتوقع أن يكون غيري يحمل نبضات قلبي نفسها!!!. . .

يا لتعاستي، أهرب من الحزن وأجده يتربص بي في منحنيات أوقاتي. . .

لقد رأيتكِ تلعبين في ذاكرتي، لم أر بعدكِ فتاة أخرى، طبعتِ في وجهكِ كل نظراتي، طيلة الأربعة أشهر التي سرقها الزمن بفراقنا لم تكن تفارقني. . .

كنتِ تنظرين إلي من نافذة كلمات قصيدة قلتها أو قالها غيري. . .

وفي وجوه النساء التي أعبرها كما تعبر سحابةُ صيف الرياض. . .

في كل شيء. . . في كل شيء يا وفاء

طامَّةٌ كبرى إن كان قد تلوث قلبكِ بمشاعر غيري. . .

هاتفكِ يا وفاء لم أكتبه في نوتتي، لا زلت أحفظه، ولم أستطع أن أهاتفكِ؟!!!. . .

أرسلت لك رسائل كثيرة وحينما طفح صمت رسائلك على محمولي اتصلت. . .

مغلق محمولك. . .

حاولت بكل الأوقات. . . ولكنه مغلق

وفي مساء شدني فيه الشوق لمحاولة سماع صوتك . . .

اتصلت . . . . ووجدته خارج الخدمة

حينها انقطع آخر أملٍ لي بسماع صوتك . . .

وعزائي الوحيد لموت الأمل . . .

أن رقم محمولي معك . . . . ويتقبل الاتصال من أي رقم
آخر . . .

أستطيع أن أعيش على جراح فراقنا يا وفاء ولا أستطيع أن أعيش
على جراح كلماتكِ . . .

وفاء . . . هل سجل اسمك غيري في دفتره؟!!! . . .

وسيمحو ما سجله عندما يحصل منك على ما يريد . . .

هل تعيشين الليل يا وفاء على نوره وتخاطبين الصباح
بصوته؟!!! . . .

شهور كثيرة اكتسبتها في معرفتي معك، درستك جيداً وقرأت
كل أوراق صمتك، كنتِ تقولين لي، أنت أول صوت ذكوري يحمل
البعد بي، لم أكن أعرف قبلك أحداً، وحينما وجدتك وكلمتني
شعرت أن للحياة منحى آخر لا يشابه منحنيات حياتي الماضية، لن
أنسى كلماتكِ تلك لن أنسى بوح مشاعرك التي ترجمتها صدقاً في
إحساسي، كثيرة هي الليالي التي مشيت في ظلمتها على أثر صوتك،
ضحكتُ ضحكتكِ وصرختُ في همسكِ، وحملتكِ معي في أحلام

نومي، كنت أهذي باسمكِ وكثيراً ما كنت أنادي من حولي باسمكِ، لقد أصبحتِ لساني وشعوري ونظراتي حتى أصبح الوجود لديّ خالياً سوى منكِ ومن همساتكِ!!!. . . .

فلا تتركيني وحيداً، فقد أرهقني بكِ كل شيء، عدا حبكِ.

لم يعد لي صوت وجهك المخبوء في كلمات رسالتك المبللة بدموعي، أقرأها لأسكت شوقي لك وحنيني الصارخ بداخلي، تلك الرسالة التي قرأتها يوماً ما بنهم، تفردت مفرداتها، عشت كلماتها صروحاً من خيال. . .

هاهي الآن تكذب كل شيء قالته. . . ليصبح الوعد كاذباً. . . وتغرق الكلمات في بحر الكذب. . . .

«سيدي . . . .

لك وحدك أعرّي حرفي من كل زينة لأكتب لك وحدك بكل تلقائية . . تماماً كوجهي الذي لم أعره لسواك . . الآن يلثم قلمي شفاه الورق ليسطر لك شيئاً مما أود أن أوصله إليك. . . . لديّ أشياء كثيرة أود قولها. . . لكن المعضلة من أين أبدأ؟! وأي خيط تتعلق أنت بطرفه كي أشده وأسحبك نحوي؟! هذه اللحظة يحاصرني الاحتياج إليك. . . أغمضت عيني كثيراً كي لا أراك أمامي فوجدتك هناك تحلق في عالم أحلامي التي لا يرافقني فيها أحد سواك. . . أراك تمد إليّ كفيك اللتين زرعت في إحداهما الصدق وفي الأخرى

٤٥٣

الحب وما بينهما غيمة سخية تمطر بالوفاء . . .أتصدق حبيبي حتى في صلاتي أراك وأسمعك. . . دائما أشعر أن أناملي تزوجت الحبر. . . لا لشيء إلا لأكتب لك. . . بالأمس خرجت إلى السوق لأشتري فستاناً جديداً فتحت حقيبتي وأخرجت محفظتي. . . وفتحتها لأدفع النقود للبائع. . . فرأيت صورتك التي لاتفارق محفظتي. . . حينها نسيت كل شيء . . السوق. . . الفستان. . . البائع الذي ينتظر الدفع. . . الناس . . لم أعد أرى إلا أنت ولم أعد أقرأ سوى ملامحك. . . ذهبت معك بعيداً وحلقت مع حلم جميل لم يقطعه سوى صوت ذلك البائع الفظ وهو يقول : يا آنسة النقود من فضلك؟!

حينها هززت رأسي لأستيقظ من حلمي الجميل أعطيته النقود وخرجت وأنا لازلت أتأملك. . .

قبل يومين تعرضت للسرقة. . . سرقت بعض حاجياتي من حقيبتي. . . أحمر الشفاه والمرآة والعطر وهاتفي ومبلغ لا أملك سواه. . . وحين اقتربت من حقيبتي ووجدتها مبعثرة هرعت إليها وقلبي يخفق خوفاً. . ليس على كماليات الزينة البسيطة والهاتف النقال بل على المحفظة. . . وحين وجدت المحفظة تهللت فرحاَ واستبشرت خيراً فتحتها ووجدت صورتك فاطمأنت نفسي. صحيح أن المال سرق لكن الأهم هو أن صورتك لازالت موجودة. . . أقسم لك أن صورتك أهم بكثير من ذاك المال الذي لم يكن

بحوزتي سواه. . . ولم أركز اهتمامي على المحفظة إلا لأنها تحوي صورتك. . . ضحكت كثيراً على تلك السارقة الغبية سرقت كل الأشياء التافهة وتركت أهم أشيائي . . تمنيت لو عرفتها لا لأسترد المسروقات بل لأشكرها . .

أتعلم سيدي أتعمد دائماً أن أبعثر شعري حتى تلامس خصلاته وجهي وأنتظر أناملك لترفعه

عن وجهي وأنت تقول حبيبتي أغار منك عليك. . .

كم أنا مرتبطة بك. . . مشدودة إليك . . إلى وفائك الذي يحيط بي كسمكة تخشى الموت عندما يغادر جسدها الماء. . . صدقني سيدي حين تخاصمني وتحزن مني أتظاهر أمامك بكل كبرياء أن أمرك لايهمني. . . لكني من ورائك أتعب وأبكي وأسهر ولا أملك إلا أن أرفع يدي إلى السماء وأدعو الله أن يطهرك من كل أحزانك. . . ».

تلك هي كلماتك. . .

لم يبق سواها لي. . .

أرسمك بين الأحرف وأبتسم، وحينما أرفع رأسي عن رسالتك، أبكي كل شيء أراه من حولي!!!. . .

هذا المساء يا وفاء لم يتحملني الوقت ولم أتحمله!!!. . .

كان ظلام غرفتي يرشد أعين أهلي إلى عدم وجودي، سئمت

الظلام يا وفاء، أجده في كل شيء، حتى بياض الماضي قد أدركه الظلام، لأظل كما أنا أرجو من الأيام القادمة أن تمحو هذا الظلام من نظري ووجودي، يوماً ما يا وفاء أكره النور حتى لا يرتسم على ملامحي ومن ثم تخرج كل حكاياتي إلى أسماع الآخرين بنظراتهم لي، أسجن نفسي في داخلي وأرفع يدي لأصطاد حفنات من الظلام وأنثرها على وجهي حتى لا أرى ملامحي ومن ثم أقف بعيداً عن نافذتي التي تحوي شيئاً من نور مصابيح الشارع وأشكو الظلام!!!. . .

على مكتبي الآن أكتب هذه الكلمات بعدما اطمأننت إلى وجود الظلام يجلس بجانبي ويحوي بقايا جسدي.

فتحت جهاز الحاسب الآلي فأشاع حولي وبوجهي شيئاً من نور شاشته، بدون شعور مني رفعت يدي وكأني أحاول أن ألملم أشعة النور حتى لا تفضحني وتكشف شيئاً ما استطاب له الخروج في هذا الظلام من عيني!!!. . .

دخلت الشبكة الألكترونية بعدما خففت من نور الشاشة، فتحت الماسنجر ووجدت مني!!!. . .

* **صباح الخير يا أستاذي**. . .

نظرت إلى ساعتي، كانت تشير إلى الواحدة والخمسين دقيقة فجراً. . .

صباح النور سيدتي. . .

*** يبدو أن خصامك مع النوم قد تعاقد مع خصامي أنا مع نومي . . .**

ليس خصاماً ولكن . . . حتى الآن لم يستأنس لجفني . . .

*** أخشى أن تكون قلقاً . . . فقلقك يا إستاذي مكشوف في نقاط أحرفك . . .**

لا تعطي لذلك اهتماماً كبيراً . . . فبعد قليل سينزاح هذا الظلام ويأتي النور . . .

والظلام يا سيدتي لا يفضح أسراره أبداً!!! . . .

*** وهل تودع أسرارك للظلام . . .**

عاشرت هذا الظلام جيداً وعرفت أسراره وطريقة عيشه، هذا الظلام يا سيدتي لا ينظر إلى ردائه ولكن يفرشه لكل العيون دون أن يبين ما يختبىء فيه، واقتنصتها أنا فرصة لأضع كل حكاياتي في جيوبه التي لن يراها النور!!!.

*** يبدو أنك تخاف البوح؟!!! . . .**

هناك يا سيدتي من يجد في البوح راحة واطمئناناً له، وهناك من يجد البوح سكيناً تجرح كتمانه، وأنا يا سيدتي أتوجع ليس من البوح ولكن من جروح الكتمان!!! . . .

*** هل هناك ما يضايقك؟!!! . . .**

نعم . . . لا . . . هل تصدقين . . . . أن النعم واللا قد تشابهت معانيهما . . .

* يبدو أنك تحب؟!!!. . .

سيدتي. . . يوجعني كثيراً سؤالكِ. . .

* آسف ولكن كنت أتمنى أن أخفف عنك وطء هذا الألم. . .

أشكرك على شعورك النبيل ولكن يا حبذا لو تطرقنا إلى مجالات أخرى للحديث

فمجال الحب له منحنيات خطرة لا أرغب فيها. . .

* كما تريد. . . وآسفة جداً إن كنت قد تعديت حدودي معك في الحديث . .

لا تكوني حساسة إلى هذه الدرجة يا مني. . . فما إن وجدتك هنا حتى شعرت براحة كبيرة ووجدت انسلال راحتي معك في الحديث كما ينسل الماء من فوق الصخر. . . أفرح كثيراً بكلماتك. . .

* أتمنى لك كل الفرح والسعادة. . .

وأتمنى أنا لكِ ذلك. . .

وأطبق علينا الصمت. . .

حتى مني يا وفاء لم تسلم منكِ. . .

أشعر بها وأشعر أنني قد قسوت عليها كثيراً. . . وأشعر أيضاً أنها تقدر شعوري. . .

كان لديها كلام كثير يزاحم أحرفها ولم تعرف كيف تقوله . . .

وكان لديّ كلام كثير يزاحم دمعتي ولم أعرف كيف أبثه لها . . .

وأطبق على نفسي صمت الظلام بعدما أغلقت جهازي . . .

اتجهت إلى فراشي، مددت جسدي عليه . . .

واحترت . . . .

أفكر بمنى وحديثها أم أفكر بك وبغيابكِ؟!!! . . .

وندمت على ضحكتي!!!...

وفاء . . .

كل شيء أصبح نائياً عني، لم أتقدم له، ولم يشعر ببعدي،
وبكل الأشياء لم أطق نفسي، ينسل الضيق بهدوء لزج في داخلي
ويعتم عيني عن نظرة الأشياء، حتى عشقي اللذيذ والأبدي للكتاب
والذي أضعف كثيراً أمامه، تركته فوق طاولتي، يطاردني في لحظات
الهدوء عنوانه «نظرية التشكيل ـ لبول كلي» لم أستطع أن أمارس
استمتاعي به، فلا شيء يا وفاء أصبح يشدني، أجد الحروف قد
عفنها موت العشق، طويته بعدما فتحته كثيراً ليستقر آخر المقام على
أحد جوا نب طاولتي، أشعر بأن كل الكلمات المدسوسة بين طيات
الكتب مجرد حشو لمفردات لها قدرة على استلاب الوصول، وأنا يا
وفاء ليس لي قدرة الوصول من بعدك، فما أبحث عن وصوله قد
أضحى بعيداً، لا يقبل الخطوات ولا يمارس تكوين الفكر!!!...

٤٦٠

في هذه اللحظة الصامتة من الوقت تمنيت يا وفاء لو أنني لم أكن كاتباً وعتبت كثيراً على أخي الكبير الذي كان يعاقب شقاوتي الطفولة بأن يجلسني بجانبه ويفتح أي كتاب بجانبه ومن ثم يقول لي غاضباً: ـ

‏* لأجل أن تكف عن شغب شقاوتك، أكتب الآن من هذه الصفحة ـ ويدس يده بعشوائية ويقلب الصفحات ـ حتى هذه الصفحة . . .

وأمارس عقابي دون أن أنظر إليه، أبدأ من الصفحة التي حددها وأنطلق خلف الصفحات أنسج أحرفها على دفتري كنت لا أكتب دون أن أقرأ الكلمة بيني وبين نفسي، خمس عشرة صفحة أنهيتها في وقت استقطع من ممارسة شقاوتي وركضي في فناء البيت، لم يكن أخي يراجع الكلمات ولكنه حينما أنتهي من الكتابة يقيسها بعقله ويدرك أنني لم أتخط سطراً، يضع مجلة الكواكب المصرية على يمينه ويقول لي بعدما يقطب جبينه: ـ

‏* كل ما تمارس شقاوتك سيكون هذا عقابك . . .

ويشير بيده أن أخرج من غرفته، أنطلق كعصفور حرر من قفصه حتى أتعدى عتبة باب غرفته ومن ثم تنطلق رغماً عني صيحات عالية تنبىء بولادة مشاغباتي . . . وأدرك أن خلفي ابتسامة بريئة بين شفتي أخي . . .

وفاء . . . كثيرة هي مشاغباتي و كثيرة هي الكلمات التي كتبتها،

ولم يضع حرف واحد من قلمي قط!!!. . .

ومن هنا يا وفاء اعتدت الكتابة والقراءة لأصبح يوماً من الأيام عاشقاً لما عشقت مشاغباتي الطفولية

ولكن كان عقابك قاسياً. . . ظالماً. . . جارحاً. . .

وأصبحت محكوماً بتلك القسوة والظلم والجرح، لم أتذوقها في طفولتي رغم ما تذوقت، ولكنها يا وفاء منكِ أصبح لهم طعم مختلف. . . مختلف جداً. . .

عاهدت نفسي أن لا أجلس في زاوية الألم وأنتظر أن يأتي شفاء الألم من نافذتي التي تستقبل بصمت نور النهار وظلام الليل، استطعت أن أنعتق من ذلك الظلام الذي لازمني كتنفسي وتلك الوحدة التي لم أر فيها سوى الوحدة المذهلة التي تلعب بأفكاري يميناً وشمالاً، خرجت مع صديقي أحمد الذي ألح علي بالخروج لقضاء سهرة البارحة في المقهى نفسه الذي اعتدت الجلوس فيه قبل أن ينبثق الحب في داخلي في شارع الأمير محمد بن عبد العزيز في العليا، أتى إلى داري بسيارته وكنت أنتظره عند عتبة باب دارنا أصارع تردداً عنيفاً وخوفاً من الشوارع التي تؤدي إلى ذلك المقهى، ركبت معه بعدما تركت ترددي على عتبة الباب وأخذت شيئاً من خوفي الذي لم يلتصق بذلك التردد، وطول الطريق لم ينفك صديقي أحمد عن الحديث بكل شيء وكأن لسانه حبل يريد به أن يسحبني من داخلي ويرميني في الماضي الذي كنت فيه خالياً، كنت أستمع له

وأهرب من سمعي لأرسم صورتكِ على الزجاج الأمامي للسيارة متفادياً أن ينظر إليها أحمد!!!...

لم يجد أحمد موقفاً لسيارته المرسيدس ذات اللون السماوي بسهولة ولم يستطع أن يقف إلا في الشارع الضيق المتفرع من شارع الأمير محمد بن عبد العزيز عند مطعم مكسيم الذي أراه دائماً ولم أفكر في يوم من الأيام في الدخول إليه رغم مشاهدتي لأفخم وأعظم السيارات التي تقف أمام بوابته وتنز منها النساء بأشكالهن كافةً، نزلنا أنا وأحمد عدل هو من هندامه من خلال رؤية وجهه من المرآة المعلقة على الزجاج الأمامي وعدلت أنا هندامي من خلال انعكاس وجهي من النافذة الخلفية للسيارة، وسرنا جنباً إلى جنب حتى صعدنا الدرج الرخامي ليواجهنا المقهى بجلساته الخارجية والداخلية، دلفنا أنا وإياه إلى الداخل كانت عينا أحمد تبحثان عن أصدقائنا، وحينما وجد يداً ترتفع عالياً وكإشارة لنا عن مكانها اتجهنا إليها مباشرة، وفور مصافحتنا لأصدقائنا وجلوسنا أتى لنا النادل الفلبيني الذي لم أرتح للوهلة الأولى لشكله وحركاته الناعمة وطلبت منه قهوة تركية بدون سكر مع قنينة صغيرة من الماء وطلبت لأحمد موكا مثلجة، وانطلقنا في بحار الكلمات التي تجسد الذكريات والمواقف الجميلة، وأثناء اندماجهم بالحديث سحبت نظري لكل الجلسات التي تحاذينا ومن فرجة صغيرة كانت لي إطلالة على الجلسات الخارجية فوجدتها تكتظ بالأجساد، فعلاً شبابنا ليس لهم

٤٦٣

إلا هذه الأمكنة حينما انغلق بوجوههم كل شيء فأصبحوا يقذفون أجسادهم هنا، التفت إلى أحمد الذي بجانبي وقلت له بهمس:ـ

* مشروع إنشاء كوفي شوب مشروع مربح . .

نظر إلي مبتسماً وقال:ـ

* أخيراً عرفت الحياة التي اعتزلتها. . .

لم يكن صوته منخفضاً فأبتسم له معلناً الصمت!!!. . .

كانت الساعة التاسعة حينما حضرنا إلى هنا والآن تشير إلى الثانية عشرة والربع بعد منتصف الليل، مضى الوقت سريعاً . . .ولأول مرة منذ غيابك ضحكت من داخل قلبي يا وفاء وندمت على ضحكتي التي اختزنتها بداخلي لنقتسمها سوياً، ضحكت على نكت قالها صديقنا القديم سامي الذي يعمل مدرساً للتربية البدنية في إحدى المدارس المتوسطة في مدينة الجبيل الصناعية وأتى نهاية الأسبوع لزيارة أهله القاطنين في حي السليمانية

وكانت نكاته التي لا زالت تستطيع وسط تراكم الألم أن تسحب الضحكة من شفتي. . .

«شخص قروي عمل في مشفى وعين في قسم العناية المركزية، وزادت نسبة الوفيات في هذا القسم بعد تاريخ تعينه بشكل ملحوظ وبعد التحري اكتشفت إدارة المشفى أن هذا القروي يسحب التوصيلات الكهربائية عن أجهزة الإنعاش ويضع بدلاً منها شاحن جواله». . . .

هنا ليس للكلمات حد معين، فهي تجوب في كل معانيها أسماعنا، وفي معمعة الانسجام وجدتكِ يا وفاء أمام عيني خجلت في لجة الآخرين منهم، خفت أن يعاتبوني، فحاولت أن أخفيكِ حتى لا يروكِ فوضعتكِ بين رموشي وأغمضت عيني، وما هي إلا دقيقة على اختبائك حتى وجدتهم يتوجهون إلي بالحديث وكأنهم يريدون أن يسرقوك من عيني لأعينهم، قال أحدهم الذي لم أره من قبل ويبدو أنه صديق لسامي :ـ

٭ يبدو عليك النعاس . . .

فتحت عيني لتسقطِي في قلبي ونظرتُ إليه وإلى كل وجوههم جميعاً، خفت يا وفاء أن عيونهم سترشدهم إليكِ في نظراتهم لعيني، خفت أن تتركي خلفكِ في عيني شيئاً من آثاركِ، فقلت لهم :ـ

٭ **فعلاً إني مرهق هذا اليوم ويبدو أن النوم قد أتى ورجع عن هجرته . . .**

ضحكوا على قولي وتناثرت كلماتهم حول ذلك لدرجة أنني خفت أن تسقط على من كانوا حولنا في المقهى، فقمت واقفاً مستأذناً بالخروج وقام معي أحمد الذي تولى مهمة الرد عليه حينما توحدت كلماتهم بأن الوقت ليس متأخراً . . . نزلنا على الدرج الرخامي بعدما صافحنا الكل والذين لا أعرف عددهم بالضبط قد يكونون خمسة أو ستة أشخاص فعقلي كان عندهم وعندكِ يجول بين

عيني وقلبي، ركبنا سارة أحمد في طريقنا للعودة وأخذنا طريق العليا العام متجهين نحو الجنوب، تعدينا الإشارة الأولى التي تقف حول تقاطع شارع العليا العام مع شارع الأمير سلطان بن عبد العزيز وعلى يميننا برج الفيصلية وعلى شمالنا محلات المغربي للنظارات، كان الشارع هادئاً على غير ما كان في الساعات الأولى من المساء، تغير لون الإشارة إلى الأخضر وانطلقنا حتى الإشارة الثانية بعدما تركنا على يميننا حديقة الملك فهد ومجمع الموسى التجاري على اليسار، طول هذه المدة كان الصمت يلفنا، أحمد كان يعلم ما بي لذا ترك أغنية محمد عبده تنساب بهدوء من مسجل السيارة بأغنيته التي أعشقها كثيراً وبثتها هذه اللحظات إذاعة MBC بانورما «أقرب الناس»، حينها قطعت الصمت حينما تاه تفكيري بين سهرة المساء ووجهكِ المضيء بداخلي، وقلت لأحمد:ـ

* فرق كبير بين شوارع الرياض وشوارع القاهرة . .

ودون أن يلتفت إلي سألني:ـ

* أيهما أفضل؟

في نظرتي إليه لم أر سوى الجزء الأيمن من وجهه وآثار ابتسامة لم تظهر سوى نصفها . . .

* الفرق كبير . . . كبير جداً . . . ولكن ما أقصده هو افتقاد طرقاتنا من الخطوات بعكس ما في القاهرة . . .

* مدينتنا يا صديقي تنام باكراً، ، ،

انحرفنا إلي اليسار سالكين طريق خريص ومتجهين نحو الشرق،
زاد أحمد من سرعته دون أدنى مبرر لذلك فقد كان الطريق شبه خالٍ
من السيارات، وصعدنا كوبري خريص ليبدو بوضوح على اليسار
مستشفى القوات المسلحة وعلى اليمين لوحة إعلانية كبيرة مضيئة
نزلنا عن الجسر وسارت بنا السيارة قليلاً لنصعد جسراً آخر صغيراً
يرفعنا عن تقاطع شارع النهضة مع طريق خريص، ومن ثم يلتهمنا
نفق له وصلتان فوقنا ليصبح على يميننا مبنى الحرس الوطني وأمامنا
مخرج ١٣ الذي يسحبنا يميناً ثم يساراً إلى طريق المطار ولكننا
انحرفنا يميناً مستمرين على الطريق الدائر الشرقي لنخلف على يميننا
شركة الهاتف السعودي ونتعدى نفق مخرج ١٤ وانحرفنا قبل مخرج
١٥ يميناً لندخل أول شارع على اليمين بعد مركز العثيم مول،
وحينما وقفنا عند عتبة الدار ودعت صديقي أحمد وأخرجت من
جيبي الأيسر مفتاح بيتنا وسللته داخل القفل وأدخل الدار وأغلق
الباب على كيس متورم من النايلون الأسود ملموم عنقه بخيط
بلاستيك أبيض .

وفاء . . . ها أنا أعود إليك، إلى هذه الظلمة، إلى غرفتي
ومكتبي وأوراقي وكتبي، تاركاً خلفي كل حكايات وضحكات
أصدقائي لأغلق على نفسي باب غرفتي وقبل أن أمد يدي لأضغط
على زر الإضاءة وأجدك أمامي جالسة تنظرين إلي، سحبت يدي من

زر الإضاءة وتركت الغرفة كما هي غارقة بظلامها وانزويت جانباً على حافة سريري، لم يتحدث أحدنا إلى الآخر، غيرت ملابسي صامتاً وألقيت بجسدي على السرير، شبكت أصابع يدي اليمنى باليسرى ووضعتهما خلف رأسي لأرحل عنكِ في نوم قلق، أفيق فيه إفاقات كثيرة على أثر صوت قدميكِ وأنتِ تذهبين من غرفتي إلى حلمي... وحينما تيقنت من وصولكِ لحلمي... نمت نوماً عميقاً.

لأترك بجانبي على السرير سؤالاً كان مسجوناً في عقلي... أيهما يشبه الآخر يا وفاء... أنتِ أم الحزن؟!!!

ويظل بلا إجابة مسجوناً في ظلام غرفتي.

وجع أنت على قلبي لذا سأظل أتألمك !!

مخيفٌ هو ذاك المساء، موحش جداً، كغابة حالكة السواد يعجز ضوء القمر أن يشق ظلمتها بسبب تشابك أغصانها، تكتظ بالأشباح وتعلو فيها أصوات كائنات تنوح.

في ذلك المساء لا أعلم لماذا كلما صافحَتْ عجلات مركبتي طريقاً مكتظاً بزعيق سيارات الإسعاف المزعج، كان قلبي ينقبض، مِمَّ هو منقبض لاأعلم؟!!...

لم يخطر ببالي ذلك الوقت غير وفاء، ازدادت نبضات قلبي، وبدأ جسدي يتصبب عرقاً، ولم أعد أدرك أين أنا ولا إلى أي مكان أتجه، كل الأشياء من حولي صامتة لم أعد أسمع سوى صدى ذلك الزعيق المنبعث من سيارة الإسعاف، ولم أعد أرى غير وفاء، كان حضورها قوياً في ذاكرتي، حتى أن هاتفي النقال لم أشعر برنينه، سلكت طريق الثمامة ومشيت، مشيت طويلاً، لم أشعر بنفسي إلا

وسيارتي تتوقف وتعلن باستسلام نفاد الوقود، توقفت بي في مكان مظلم يبعد بضع كيلو مترات عن محطة الوقود، أحسست وقتها أن الأشياء كلها تكرهني، حتى الجمادات، فتحت الباب ونزلت من سيارتي، ركلتها بقدمي وقلت لها تباً لكِ أيتها القاسية، قاسية أنتِ تماما كوفاء حين تركتني وحيداً تائهاً بين طرقات حبها، أمسكت هاتفي وهاتفت والدتي حتى لاتقلق علي وقلت لها قد أتأخر قليلاً فلا تقلقي، ولم أهاتف صديقي أحمد لينقذني مما أنا فيه، اتخذتها فرصة لأنفرد بصورة وكلمات وفاء التي أجتثها من ذاكرتي وأمني نفسي بها في هذه البقعة الخالية، تمددت على الأرض، حيث يختلط التراب بالحصى، بعدما فتحت باب السيارة الأيمن وأدرت التسجيل لينطلق بأغنية محمد عبده (أنا حبيبي بسمته تخجل الضي)، رددت معه بداية الأغنية، عدلت من جسدي وانغرزت في ظهري شوكة، لم أبالِ بها فأشواك غياب وفاء غُرِزَت في كل أنحاء جسدي، لم أستطع أن أغفو حينها، بدأت أجمع التراب في كفي وأتأمل انسيابه من بين أطراف أصابعي كوفاء تماماً، أقبلت علي وعندما تعلقتُ بها انسحبت من حياتي، أمسكتُ قطع الحجر الصغيرة وبدأت أقذفها في اتساع المدى وجسدي ممدد على الأرض، كنت أقذفها إلى الأعلى فتعود لترسم بضرباتها على جسدي بقعاً ملونة، حمراء، خضراء، زرقاء، لم أهتم بالألم ولم أشعر به ربما لأن ألم رحيلها غيَّب كل الآلام سواه، لم أتوقف عن قذف الحجارة إلا بعد أن سقط أحدها على نظارتي فكسرها، الآن فقط تأكد لي أن كل

الأشياء حولي حطمها غياب وفاء، كل الأشياء توقفت لتتوقف معها حياتي، اعتدلت جالساً رأيتها أمامي بوضوح بالرغم من أني نزعت نظارتي حين كسرت، رأيتها بوضوح لأني أحببتها بصدق، لم أستطع الوقوف، صرت كطفل لايجيد سوى أبجدية الحبو، حبوت تجاهها، مددت لها كفي مبتسماً، لم تسعفني الحروف لأتكلم، ففرحة رؤيتها أصابتني بالصمم. . .

ثمة شيء غريب. . .

كانت وفاء تحاول الكلام فلا تستطيع بسبب الدم الأسود الذي يسيل من فمها ليصبغ صدرها. . .

سرى الرعب في أنحاء روحي. . .

لم الدم؟!!

ولماذا كان لون الدم أسود؟!!

حاولت الوصول إليها حبوت نحوها اقتربت منها رأيتها ترتدي ثوباً بالياً ممزقاً فحاولت أن أمسك بها لكنها اختفت. . .

تسارعت نبضات قلبي. . .

وتجذر الخوف في جنبات صدري. . .

شعرت بوحشة ووحدة حتى مع نفسي. . .

منظرها يحطم ذاكرتي. . .

اشتغل ذهني بالتفكير فيها دم أسود وملابس رثّة...

وفاء لاتستحق إلا الجمال فلمِ كل تلك البشاعة...

صرت أسمع نبض قلبي من شدة القلق...

وفي قمة وجعي رن هاتفي...

رقم لم أره من قبل...

ترددت كثيراً في الرد لاسيما وأن حالتي النفسية لم تكن مواتية لاستقبال أي اتصال...

صوت أنثوي ..

قرأت وجعه من أول كلمة نطق بها...

*** مساء الخير...**

مساء النور...

*** عفواً لإزعاجي لك بهذ الوقت...**

لا... ليس هناك إزعاج أختي... عفواً من معي؟!!!...

*** أنا تهاني... إحدى صديقات وفاء**

كانت تعتصر وجعاً والكلمات تخرج من فمها...

*** عفواً... صديقات من؟!!!...**

وفاء... وفاء...

نطقت باسمها بصعوبة أدركت بها شوقاً عارماً في قلبي، وألماً يتنفس ببطء في صوتها . . .

هنا وهنا فقط أصخت الاستماع واستحضرت كل جوارحي . . . وقلبي ازداد انقباضاً بعدما سمعت صوت تهاني المثخن بالوجع . . .

كنت أحاول الهروب من الخوف الذي بدأ يتسلق جدران صدري فقلت لنفسي :-

حتماً ستقرأ لي تفاصيل وفاء . . . وفاء بعثتها لتطمئنني إليها . . . كان هذا لسان صمتي حين أخبرتني بأنها إحدى صديقات وفاء . . . .

ومابين كل حرف وآخر تنطقه كنت أدعو الله بيني وبين نفسي يارب نجِّ وفاء من كل سوء وأسبغ عليها لباس الصحة والعافية والسعادة . . .

صمتت تهاني . . .

وبقي لبكائها حضوره . . .

بكاء مرير . . .

أوقف جريان الدم في عروقي . . .

التزمت الصمت وفرضت وفاء حضورها الجارف في ذهني . . .

لاشيء سوى وفاء . . .

كلما حاولت الهروب منها اصطدمت بها مرة أخرى . . .

* تهاني . . . تهاني . . . هدئي من روعك .

كنت أنطقها ووحشة العالم أجمع تسكن صدري . . .

وبلا مقدمات انطلق صوتها من قلب متقد بالحرارة والغيظ
وازداد صوت نشيجها لتقول :ـ

وفاء مجرمة وفاء تتلاعب بمشاعرك . . بصدقك وبقلبك وأمام
الجميع وتتباهى بأنها استطاعت أن توقعك في شرك حبها وأنها
نسجت حول حبك الصادق سراب حبها الكاذب لك . . .

بهت بكلماته المفاجئة وكأنها رمت جسدي على جمر متقد
صرخت بها :ـ

* ماذا تقولين؟!!!! . . .

بشيء من الاتزان المفعم بالوجع قالت :ـ

*** سأسرد عليك الحكاية منذ البدء . . . أعلم أن أحرفي
ستوجعك . . . ولكنها الحقيقة . . . اسمعني جيداً . . .**

كل ما هنالك أن إحدى الصديقات كانت تتصفح صحيفة
الرياض ووقعت عينها على نص لك أبدت إعجابها به . .

سحبت وفاء منها الصحيفة وتأملت صورتك وقالت أتتحدينني
في أن أوقع هذا الكاتب في غرامي . . .

علت ضحكات الفتيات . . . فاضطرمت نار الغيظ في صدر وفاء
وقالت سأريكن . . .

سأجعله يركض خلفي ويطاردني كما يطارد الطفل أمه . . .

وصدقني أستاذي . . . ليس لي مصلحة أن أخبرك سوى أني أكره التلاعب بمشاعر الآخرين . . .

لقد سمحت لنفسي أن أتلصص على هاتف صديقتي وأسجل رقمك لدي لأهاتفك . . .

والأمر بين يديك . . .

هنا رأيت موتاً أخرسني عن الكلام . .

كنت أسمعها ولا أسمعها . . .

أعي حديثها ولا أعيه . . .

أكذب صدقها . . .

كاذبة . .

كاذبة . .

كاذبة . .

وفاء نقية . .

لا يمكن أن تكون بهذه البشاعة . . .

* أكرر يا أستاذي ليس لي مصلحة في أن أكذب . . . حين أكون معها سأتصل بك ثم سأبادر بسؤالها عنك وأنت أنصت دون أن تتكلم حتى تتأكد بنفسك وأغلقت الهاتف . . .

بدأت صورة الدم الأسود والثوب الرث البالي تغطيان عيني . . .

أحسست بأني لا أسمع ولا أرى وأن الدنيا تدور بي . . .

حاولت ألف مرة أن أكذبها لكن ثمة إحساس غريب بداخلي قرأ الصدق في صوت تهاني . . .

بدأت أمشي في امتداد الصحراء وأصرخ كالمجنون كاذبة . . . كاذبة . . .

أريد أن أقنع صمتي بصراخي بأن تهاني تكذب . . .

هي غيرة النساء . . .

وسقطت على الأرض من شدة التعب ربما رحمة الله أخذتني في غيبوبة فنمت ولم أشعر سوى بدفء الشمس وهي تحضن جسدي . . .

صحوت . .

ذكرت الله . .

واتجهت إلى سيارتي التي كانت تبعد عني . . .

شربت ماء . .

ياه حتى الماء أشعر بمرارته في حلقي . . .

واتجهت إلى محطة الوقود وابتعت وقوداً واتجهت لسيارتي وسكبته في فمها الذي لا يشبع، ثم اتجهت للمحطة مرة أخرى وعبأتها حتى تقيأت وانطلقت مسرعا إلى الدار . . .

كل الطرق التي كنت أعتادها لداري أصبحت لا أعرفها . . .

ولا أعرف كيف أوقفت سيارتي داخل فناء الدار . . .

هناك في غرفتي ساد السكون سوى صوت دموعي التي نزفتها

بغزارة . . .

من الصعب جداً أن يحب المرء شخصاً بكل حواسه ويمتلئ به

ليكتشف بأنه محط تسلية من الطرف الآخر . . .

ملأت صورة وفاء سقف غرفتي . . .

صورتها التي رأيتها عليها حين انقطعت في الصحراء . . .

لماذا لا تأتيني صورتها الجميلة التي رأيتها عليها . . .

وعرفتها بها . . .

حاولت تذكرها لكني لم أستطع . . .

بكيت حتى ملني البكاء . . .

الساعة الثامنة مساء كان موعدي مع تهاني . . .

جلست على سريري أتأمل هاتفي والتردد يحشو روحي . . .

أقبل وأدبر . . .

أمسك الهاتف تارة وأقذفه تارة أخرى . . .

حاولت أن أتمالك نفسي وأن أخفف من حدة ارتعاشة يدي . . .

وبحثت عن رقم تهاني في قائمة المكالمات المستلمة وأثناء

بحثي كنت لا أرى إلا وفاء ولا أسمع سوى همسات صوتها الدافئ في أذني . . .

اتصلت بتهاني . . .

فتح الخط . . .

بالكاد كنت أسمع صوتها من جراء الصخب الذي يلف المكان . . .

ومن بين ذلك الصخب سمعت صوت وفاء فازداد خفقان قلبي . . .

لا أعتقد أنني سأتوه عن صوت وفاء . . . ذلك الصوت الذي تلبس كل أصوات النساء . . .

صوتها الذي أطلق يوماً ما كل عصافير البهجة البيضاء في مساحة صدري لن أنساه ما حييت . . .

أدركت تهاني نبرة صوتي رغم الوجع الذي أحال بساتين شبابه إلى صحراء هرمة . . .

قالت : ـ

* سأتصل بك بعد قليل أرجو أن تفتح خط اتصالي ولا تتكلم لأثبت لك صدق كلامي . . .

أغلقت الهاتف وبعدها بعشر دقائق أشار هاتفي إلى رقم تهاني . . .

٤٧٨

شيء ما يكبل يدي عن الرد . . .

لكن شيئاً أقوى منه يدفعني لمعرفة حقيقة تلك الإنسانة التي أحببتها بصدق . .

وضغطت على زر الرد . . .

وألصقت الهاتف بأذني . . .

. وفاء أخبرينا عن كاتبك المحبوب . .

انطلقت قهقهات مدوية من فم وفاء . . .

ضحكت بسخرية شديدة وهي تقول:ـ

مسكين . . . جعلته يقبل الأرض التي أمشي عليها . . . لففته في منديل ووضعته في جيبي ويظن أني أحبه . . .

يظن أني متفرغة له ولحبه السخيف . . .

أتصدقين اشتقت إلى غبائه سأتصل به لتسمعي صوته وبؤسه أمام صوتي ولأثبت لك أني فزت بالتحدي لكن أريد منك أن تلتزمي الصمت . . .

بعدها أغلقت تهاني الهاتف . . .

كل تلك الكلمات انحفرت في أذني . . .

معقول . . .

وفاء لا يمكن . . .

ولأول مرة في حياتي أتمنى لو كنت مجنوناً تلك اللحظة كي لا أفهم كل الوجع والألم الذي تقيأته وفاء...

كل الجروح التي نخرت بها جسدي...

أيعقل أن تكون وفاء التي أحببتها بكل طهر بهذا الكم من البشاعة...

كيف أواجه صدق قلبي وإحساسي بكذبها ....

تلك اللحظة مت ألف مرة...

حتماً هذه هي نهايتي...

وامتدد شقائي اللامنتهي، لأول مرة في حياتي أشعر أن كل جسدي مشلول، ولساني مشلول، حتى عيني من هول الفجيعة شلت عن البكاء، لم أملك حينها سوى شهقات متتالية، كادت أن تودي بي إلى الموت لولا رحمة ربي...

بخيانة وفاء...

ماتت فرحتي، مات قلبي، مات عمري، ومعها ماتت صحتي، لأول مرة أشعر بأن الأرض تهتز من تحتي وكأن زلزالاً قوياً أصابها، اعتراني فزع لا يمكن تصوره، أكبر من فزع راع اطمأن إلى خرافه قبل أن ينام ليستيقظ ويجدها جيفاً ممدة على الأرض، أكبر من فزع رجل خرج للعمل وترك زوجته في الدار وهي على أتم حال، وحين عاد إلى منزله وأدار المفتاح وجد جسدها مرمياً في مكان ورأسها في

مكان وبصدرها غرزت سكين حادة، لتصبغ بدمها بياض الأرض والجدران، أكبر من فزع أم وصلها خبر وفاة ابنها في حادث مفاجئ، أكبر من ذهول أم بابنها الذي تعبت في تربيته ليأتيها يوماً مخدراً ويغرس السكين في صدرها، أكبر من فزع طفلٍ من أفعى سوداء تطارده، اعترتني حالة جنون رهيب لاأريد أن أصدق ما سمعت، تارة أشد شعري وأخرى أضرب رأسي بالجدار حتى تفصد منه الدم، بعثرت غرفتي... سريري... مكتبتي الصغيرة...

مزقت كل الكتب، رميت الأقلام على الأرض، كسرتها واحداً تلو الآخر، ضربتها بالحائط...

هي السبب، كنت أصرخ أنت السبب...

نعم الأقلام هي السبب فالحرف هو من أوصلها إلى عالمي...

بكيت بجنون، انطلقت صوب الباب، فتحته، لم أكن أرى أمامي شيئاً...

كنت أموت، حتى درجات السلم تعثرت بها وسقطت عليها، لم أعد أشعر بالتوازن...

انطلقت أبحث عن أمي، كم أنا محتاج لحضنها، لسكب الألم الذي أثقل صدري مدة من الزمن...

بحثت عنها في الدار فتحت كل الغرف ولم أجدها، دخلت المطبخ وجدتها، انطلقت مسرعاً إليها...

سقطت على صدرها، احتضنتها وبكيت، بكيت كأن لم أبك من قبل، بللت ثيابها بالدموع...

لم تنبس أمي ببنت شفة، كانت صامتة وهي تشدني إلى صدرها بحنو، وأنا أواصل بكائي...

جلست أمي على الأرض وجلست معها وأنا مندس في حضنها ودموعي تعانق خدي...

رنين هاتفي يتعالى من غرفتي، لم أبال به...

هدأت قليلاً... غفوة رحمة أخذتني ما يقارب ربع ساعة، استحملَتْ فيها أمي ثقل جسدي ولم تبعدني عن حضنها، استيقظت بعدها وهرعت كالمجنون إلى سيارتي، لم أجد المفتاح في جيبي فقد نسيته في غرفتي، استدرت لأعود إلى غرفتي، تذكرت رنين هاتفي... لم أطق جهازي ولا رنينه، عدلت من وضعي وفتحت باب الشارع أطلقت قدمي وبدأت أركض في الشارع الممتد أمام بيتنا، عدوت دون اكتراث بالزمان أو المكان، ركضت والشمس تحرق جسدي.

كنت أركض... أركض بجنون، لم يوقفني عن الركض شيء...

لم يكن الوقت عندي سوى أضحوكة في فم وفاء لا زالت تمتد من أذني إلى صدري وتغرز فيه كل سيوف الألم...

٤٨٢

توقفت... كان جسدي يتدفق عرقاً...

أسندت جسدي إلى الجدار الخارجي لقصر كبير ليس بقريب ولا ببعيد عن داري، كنت أراه وأتمعن فيه من زجاج نافذة سيارتي في مشاويري، جلست على رصيف القصر، أسقطت رأسي على ركبتي وخيوط الدموع لازالت تنسج الوجع على خدي، أحسست بشيء ما رطب يتحسس قدمي، رفعت رأسي فإذا بها قطةٌ صغيرة تموء من الجوع، تلعق قدمي، نظرت إلى عينيها، تبرقان كالنجوم، ذكرت الله فاطمأن قلبي، حملتها معي ومشيت إلى الدار ....

يااه ما أطول المسافة التي قطعتها دون أن أشعر...

وقبيل انتصاف الليل وصلت لحارتنا، استقبلني صديقي أحمد بسيارته، توقف وترجل منها وخاطبني:

*** ما بك يا رجل... أمك تكاد تجن منذ أن خرجت من البيت، لقد اتصلت بي غير مرة تسأل عنك... ماذا حصل وأين كنت؟!!...**

لم أستطع الكلام، ماذا أقول له، روحي خانتني، حياتي استحالت جحيماً، هل أقول له إني اكتشفت أني أحمق وغبي...انتظاري لم يكن إلا سراباً، أأخبره أن جسدي لم يعد يحمل روحي؟، لم أنطق...

بكيت، أمسك أحمد بيدي وشد عليها وحاول مواساتي ببعض كلمات، التزمت الصمت، اتجهت إلى باب الدار

سمعت صديقي أحمد يطلق خلفي أذكاراً عدة، وحينما هممت
بفتح الباب غادرني. . .

دخلت استقبلتني أمي بدموعها:

ما بك يا حبيبي ثم ما هذه القطة التي تحملها؟!

الحمد لله على كل حال . هكذا همست بألم ناولت أختي
القطة وقلت لها هي أمانة عندك أطعميها. . . واتجهت لغرفتي. . .

وبعد أن هدأت نفسي أكثر أمسكت بالقلم الوحيد الذي لم تصله
يدي حين كسرت كل الأقلام

وكتبت على ورق ممزق . . . .

إلى أمي. . .

فتشي روحي كما كنت تفتشين حقيبة المدرسة. . .

كما كنت تفتشين جيوبي حين يفقد أبي مفاتيح سيارته. . .

لن تجدي بداخلي سوى الألم. . .

مملوء به حتى النخاع. . .

لا تبتئسي من حالي. . .

لا أحتاج بكاءك. . .

دموعك. . .

ولا الطعام...

أحتاج فقط حنانك و دعواتك...

إلى صديقي...

لاتتعب نفسك...

حتى لو حشوتني بكسر الثلج كل لحظة سيظل الوجع متقداً بين حناياي...

والصمت مخيماً...

وإن نطقت بوجعي يوماً فسأنطقه بصمت الحروف...

سأحتفظ بنزف جروحي ولن أتقيأه إلا على الورق...

إلى الحياة...

قاسية أنت...

عرفتِ جيداً كيف تقتلين قلبي...

منذ أن أمسكتِ بيد الحزن وسقْتِه إلي ثم تركته يمسك بيدي ويجرني في طرقاته غير مبالٍ بصراخي وتوسلاتي ورحلتِ...

أجدتِ دورك...

فقأتِ فقاعة فرحي بإتقان...

لأسقط في قاع الخيبة وينتهي أمري...

البؤس الآن عانق حياتي . . .

صرت أكثر بؤساً من اجتماع بؤس أطفال العالم المشردين أجمع . . .

أكثر بؤساً من أرامله . . . من ضحاياه . . .

من فقرائه . . .

صرت أتنفس الموت . . .

كل البياض تحول إلى سواد . . .

الثلج . . . الغيوم . . . الضوء . . .

كل الحياة ارتدت السواد وأعلنت الحداد الأبدي . . .

وتحت عجلات خيانتك تقطع جسدي . . .

صارت حياتي كلها شهقات موت تماماً كأسماك تنفست الأمان في حوض ماء صغير لتعبث به يوماً يد طفل وترمي به على الأرض فتعلو شهقات هذه الأسماك حين غادرت الماء . . .

كشهقات غريق يتوسل بها النجدة والعون . . .

عاصفة هي كذبتك . . .

إعصار هشمني كورقة خريف . . .

وأطاحني بين جنبات الوحشة . . .

لتنطفئ كل المصابيح . . .

لن أواصل الكتابة إليك. . .

فألمي أكبر من أن يكتب. . .

سأتركه مخنوقاً داخل قلبي. . .

مضطرماً كنار عجز الماء عن إخمادها. . .

سأتركه مسجوناً داخل محبرتي. . .

ربما يوماً ما تطلق سراح بعضه وتنثر رماديته على الورق. . .

أيتها المجرمة. . .

لن أسامحك. . .

إلى كل قرائي الأعزاء:

الحزن بداخلي وطن. . .

بداخله ملايين الجراح. . .

وعدد هائل من منازل الوجع. . .

يتنفس الحزن. . .

يشرب القهر. . .

يلوك اليأس. . .

وطن فريد من نوعه. . .

لاتعرف الفرحة الطريق إليه. . .

وطن يخلو من الأطفال . . .

من الصباحات . . .

من المطر . . .

من الألعاب . . .

من العشب . . .

من الأزهار . . .

وطن لا يعرف شكل الابتسامة . . .

إليّ :

الموت ليس في الموت . . . الموت في انتظار الموت . . .

إبراهيم الكوني

لن أطلب النور منك أيتها النار!!!...

أيتها القاتلة... كيف ترسمين من دماء جريمتك ابتسامة فخر على شفتيك؟!!!...

أليس لك قلب؟!!!...

أهكذا هي الحياة تسري في دمائك؟!!!...

كان الفرح ينام بصدري ردحاً من الزمن وحين استيقظ قتلته خيانتك...

تمنيت بصدق أني تركته نائماً بدل أن أسلمه لحبل المشنقة ومقصلة الموت...

لكني لن أستسلم لضعفي...

ولن أجعل جرحك يوقف خطواتي...

سأستأصلك مني...

ألسنا نتخلص من بعض أعضائنا حين تكون سبباً في هلاكنا؟!!

وأنا كذلك سأتخلص من قسوتك . . .

كذبك . . . زيفك . . .

سأركض إلى النسيان . . .

وأقف عند أبوابه . . .

سأستجديه غسل ذاكرتي منك . . .

أتوسله أن يكنس الرماد الأسود الذي حشوت به روحي . . .

غدرت بي . . .

في حين أني منحتك حلمي . .

وجعلت رقعة قلبي لك وطناً . . .

وملأت دمي بحروف اسمك . . .

فصرت لا أرى إلا أنت ولا أتنفس سوى رائحتك . . .

هاهو الليل يجثم على الأرض بسواده . . .

لكن صرت لا أرى ذاك السواد الذي يصبغ الليل . . .

لأنه صار كالبياض أمام سواد جريمتك . . .

وأنا هنا . . .

أركض عارياً في البرد . . .

يقبض الحزن علي . . .

أحوك بحزني خيوط نسيان تستر عري ضعفي . . .

وفاء . . .

أنا حقاً سقطت . . .

لكن على بياض الورق . . .

ليكون النسيان حليفي . . .

فلا شيء أصدق من قلم نحيل وورقة تحتضن وجع القلب . . .

رنين هاتفي لم يعد يغري لهفتي أن تتوجه إليه . . .

أسكتُ نفسي وتركته يزعق برنينه . .

لم يعد هناك شيء يغريني . . .

تواصل الرنين دفعني لمشاهدة المتصل . . .

كانت هي تهاني . . .

فتحت الخط لينساب صوت تهاني الموجع :ـ

٭ صباح الخير . . .

أهلاً تهاني . . صباح النور . . .

٭ أقدم لك أسفي على ما بدر مني . . .

وقبل أن أتفوه بكلمة أكملت :ـ

* ولكن كان لا بد أن أقول لك الحقيقة لأرحمك مما كنت أنت فيه . . .

لم أكن أعرف ماذا أقول لها، ولكن فجأة سقط سؤالي على مسمعها دون أن أدرك حجم سؤالي :ـ

* لماذا تركتني كل تلك الشهور دون أن ترحميني؟!!!؟ . . .

نفسها المنساب عبر أسلاك الهاتف أحال صمتي في انتظار الجواب إلى دمعة متحجرة في عيني خائفة من السقوط على خدي الرطب . . .

* معك حق . . . ولكن . . .

صمتت قليلاً وكأنها تمسح دمعة أخرى لا أعتقد أنها قد تحجرت في عينيها . . .

* حين كنت مع وفاء في بداية حكايتكما لم أكن أعرف عنك شيئاً . . .

سأقول لك شيئاً . . .

وفاء لم تبدي جديداً في علاقتها معك . . . فقد كانت تمارس خداعها وكذبها على جميع من يقعون في شباكها . . .

لم أعش عمر حكايتكما لأنني تزوجت وسافرت مع زوجي لشهر العسل الذي امتد خمسة وأربعين يوماً وحين عدنا لم أقابل وفاء، كان بيننا فقط اتصالات هاتفية وبالطبع لم نتطرق لحكايتها

معك وحين زارتني فوزية إحدى صديقاتي قالت لي كل شيء عن وفاء وحكايتها معك، تكلمت عن نصوصك التي كانت تظهر في الصحف والألم الذي تعانيه أحرفك، قالت لي كل شيء، حتى أنها قالت لي إن وفاء كانت تقرأ نصوصك وحينما تمتص من أحرفك الحزن والوله كانت تضحك وتقول لصديقاتها. . . لقد كان وجبة دسمة. . .

أحزنني ما تفعله بك وفاء خصوصاً وأنك تملك حرفاً جميلاً ومعنى جميلاً، وقررت أن أصل إليك بأية وسيلة حتى أنقذك مما أنت فيه، وحين التقينا جميعاً في بيت صديقتي أخذت جهاز محمول وفاء وكتبت رقمك لأخبرك بكل شيء . . . . تلك هي الحكاية ولا تلمني. . . لقد كنت أقدم لك خيراً. . .

حارت الكلمات في فمي. . . لم أعد أعرف ماذا تشتهي كلماتي من القول. . .

بضع ثوانٍ كان الصمت يلف أنفاسنا. . . ومن ثم قالت لي بصوت قد أنصهر من الحزن:ـ

* **أسفه جداً. . . لم أكن أريد أن أضايقك. . . ولكنها الحقيقة التي لابد من أن تعرفها. . .**

أعتذر مرة أخرى. . . والله القادر بقدرته أن يوافيك الصبر والنسيان. . .

انتهت المكالمة التي لم تفارق أحرفها صورتك يا وفاء في كل الكلمات . . .

وضعت هاتفي المحمول على طاولتي، وطرقت بعيني بعيداً عن كل شيء . . .

وفاء . . .

على أي جرح في جسدي ترقصين الآن؟!!!. . .

وكم عدد الجراح التي ارتسمت في تفكيرك وتخيلتِها تنهش جسدي؟!!!. . .

أنا لا أستطيع إحصاءها لأن الدماء المنهمرة منها اختلطت ببعضها لتلون جسدي كله بالألم . . . انبجست من كل جرح جداول حزن تصب في منتصف قلبي . . .

أنا لست سيئاً. . .

لـم أكـذب عـليـك فـي كـل أحـرفي، ولـم أمـارس خـدش مشاعرك!!!. . .

هل كان سواداً ذلك الظلام الذي دثر أيامي في غيابك؟!!!. . .

وهل توقف الزمن عند أخر خطواتك؟!!!. . .

كالتائه كنت أمشط الأرصفة والشوارع وأقطع بخطواتي كل ظلام يحوي الشوارع الخلفية. . .

كنت صامتاً. . . أسمع مناداة قلبي باسمك . . .

ملتني المقاعد التي كنت أجلس عليها . . .

ملتني الجدران التي استندت إليها . . .

حتى الشمس لم تزرني في غيابك ليست سوى السرمدية تحيط بي وأنا أترنح بحثاً عنك . . . وفاء تصوري كيف كنت أحبك؟!

أزيحي الظلام الذي يطبق على كل نظراتك وانظري إلى البياض الوحيد في حياتي . . .

في غيابك استحضرت ربما لأخلق لك ألف عذر . . . ربما مريضة . . . ربما انشغلت بمذاكرتها . . . ربما منهكة من العمل وربما . . . وربما . . وعرفت حينها كيف يكون الاحتمال . . .

وقلت لنفسي . . . ستعود . . . لا محالة ستعود . . .

وأنت هناك تنتشين طرباً بعيداً عني . . .

تغزلين من خيوط الألم جرحاً يشبه سوادك . . . .

و تغلقين كتاب أيامي لتبحثي عن كتاب آخر له قلبٌ يشبه قلبي . . .

لتهديه بابتسامة شيئاً من سواد قلبك الذي لم يعطك الوقت فرصة أن تلوثي به وجهي . . .

وأنا هنا . . . أركض خلف رائحتك، تسبقني أشواقي، لتحتضن قلبك الذي ما خلته يوماً . . . قاتلي . . .

وفاء كنت في نظري جبلاً شامخاً وأنا أحاول ارتقاءك بكل ما أستطيع . . . تعلمت لغة الصبر حاولت تسلقك دون أن أحرك حجراً صغيراً من أحجارك وحين وصلت إلى قمتك سقطت وتكسرت . . . تحطمت . . . وأنا أسمع صوت قهقهتك . . . كنت تنثرين الملح على جراحي وتستمتعين بصرخات ألمي . . .

الآن فقط سأنتحب وسأبكي بصمت . . . سأبكي كما يبكي الأطفال الأبرياء حين يفقدون حضن أمهاتهم . . . سأتحسس جرحي كوليد أريق دم أمه أمامه وأخذ يخضب به يديه ويقول ماما . . ماما . . . ويبقى بجانبها ينتظر أن تنهض وتحتويه من جديد . . . سأموء كالقطة التي رأيتها تموت أمام عيني حين داستها إحدى السيارات وصغارها تتضور جوعاً . . .

أيتها الظالمة كرهت نفسي وكرهت كل الأماكن التي احتويتك فيها . . . كرهت جلدي الذي لامسك يوماً ما . . . كرهت عيني التي نظرت إليك بكل طهر وبراءة . . . كرهت حتى صوتي الذي قال لك يوماً من الأيام أحبك . . .

وفاء . . . لقد منحني غدرك جرحاً بحجم قلبي الذي أحبك . . .

سأرحل الآن . . . أعد خطواتي وأخطوها بدون وجهك . . .

سأحزم أمتعتي . . وأنفض ملابسي وأرحل . . . سأصمت حتى يغيب الضباب وتنقشع الظلمة . . . لن أطلب النور منك أيتها النار . . .

. . . هذه هي رسالتي الأخيرة إليك . . .

٤٩٦

رسالتي إلى قلبي الذي صُدِم حد الضياع وتألم حد الموت. . . وانتحب حد الهلاك. . .

وفاء. . . لن أدع للنقاش مجالاً ليحتدم بيننا كل شيء واضح وصريح كالشمس حين تشرق ليس ثمة مخلوق ينكر وجودها لأنه يراها بأم عينه حتى الأعمى الذي لا يراها لا ينكرها لأنه أحس بحرارتها في الصيف وبدفئها في الشتاء

الآن سأتحدث إليكِ بعد صمتي الذي تدثرت به و ألحقني بالموتى. . . كنتِ تقفين هناك لتحفري قبري وتهيلي علي تراب جريمتك بالرغم من أني لم أتخيلك يوماً حفّارة قبري. . . وقفتِ على صرخة نزفي واحتفيتِ بصداها المتردد. . . مزقتِ رداء فرحي حتى فقدتُ ملامحي. . . أصابني الدوار صرت أمشي في الشوارع هائماً على وجهي رأيت الناس يمشون على الأيدي. . . الأرصفة ترتفع وتنخفض . . الأشجار لا تستقر في مكان أراها مثبتة في الأرض وأحياناً معلقة في السماء وأحياناً تكنس الشوارع. . . مَلأَتْ دموعي كل الغيوم بعد أن جف المطر بأثداء السحب. . .

قضيت معك مشواراً طويلاً حافظت عليك وحميتك كالراعي الأمين الذي يتحاشى النوم ليحرس قطيعه. . . علقت على قلبي لافتة وكتبت عليها هنا تقيم وفاء. . . أدخلتك في آنيتي الزجاجية لترينني واضحاً شفافاً بعيداً عن الزيف والخداع. . . جعلتك نجمتي الوحيدة التي أتلذذ برؤيتها كل ليلة في السماء. . . كنت لا أرى إلا أنتِ ولا أسمع سوى همسكِ غابت كل الأصوات وكل الوجوه في

حضورك . . . أصيبت عيني بالعمى وأذني بالصمم إلا عنك . . . كان يكفيني أن أجد شيئاً من الرضا في عينيك . . . كثيرة هي الأيام التي قسوتِ فيها علي كنت أقوم مرة وأهوي مرات فلطالما أبكيتني وازداد ضحكك . . . ومع ذلك حفظتك في قلبي جوهرة ثمينة لا تمسها الأيدي ولا تطؤها الأقدام . . .

كنت ممتلئاً بك ومع ذلك أشعر بتوقي إليك يسافر عبر دمي . . . وحين بانت الحقيقة اكفهرت سمائي . . . لا أعلم أي زلزال اجتاحني وأي بركان ثائر دمرني . . . قولي لي بربك هل أستحق منك كل هذا . . . ألهذا الحد انحدرت الإنسانية؟!! وهبتك كل شيء وأغدقت عليك بلا حدود . . . ليصافحني جرحك وينخر جسدي فأصير جثة حزن تحت التراب . . .

ها أنا أغلق قلبي على ألمك لن أبوح به لن أشوه طيبتي وبياضي بقسوتك وسوادك . . . وإن تسرب من ألمي شيء فلن يكون إلا كورق شجر يطفو على سطح الماء ليرسم مقاطع حزن متألقة على وجهي . . . أما مشاعري فهي تتثاءب الآن لتنام بعيداً عن شبحك القاسي . . . لن أخنقها لأنها ليست مهيأة للحياة بعد الآن، سأجعلها تنام على صدري أستشف من ملامحها البراءة والطهارة . . . وأهمس لها . . .

لماذا حصل لك أيتها المشاعر كل هذا؟!!!! . . .

ليت وفاء تأتي الآن وترى ملامحك النائمة، حينها لا أعرف أية مشاعر ستحتويها، وأي ضعف يكسوها، وأي دموع رأفة ستنهال من عينها؟

لكن يا وفاء مشاعركِ لا تحمل في جعبة إحساسها أي نوع من تلك الأنواع التي تدل على الإنسانية ،

لم تعد الكلمات الآن تجدي. . . ويوماً ما سألقي بحزني إلى شواطئ الشموس الغاربة. . . وأبدل دمي. . . وأغسل روحي. . . وأتنفس هواء نقياً لا يحتويك. . . سأسلخكِ من جسدي ولن تعودي إليّ أبداً. .

وفاء اسمحي لي الآن أن أقول لك آخر كلماتي . . . .

وا أسفاه. . . لم يكن لك من اسمك نصيب. . . ولن يكون. . .

أنتِ الأمس الميت بكل ما في الأمس من أحاسيس وأحلام وآلام. . . لن أنظر إلى الأمس فثمة رجل خلفي يناديني هو يومي ويحمل معه طفلاً هو غدي سأغدو إليهما. . . ولن ألتفت إلى أمسك الأسود. . .

لم تعد الحياة يا وفاء تشهد معي هذه اللحظات. . .

فالعشاق يموتون بصمت مثلما هم عاشوا بصمت. . .

وأنا لن أموت. . .

وقد حفرت في يوم من الأيام قبري تحت ركام ذكرياتك. . .

ولكن لن أموت بسببك، حتى لا أموت ضعيفاً. . .

لقد غرست خنجراً من الكلمات في كل أنحاء جسدي وطعنت قلبي لينزف دماء الحقيقة وتغمر صورتك التي لم تسقط من جدار قلبي . . . . فقد ثبتها الحب بقوة. . .

قالت الحقيقة . . .

أتت على كل التفاصيل التي بعثرتها خلفكِ . . .

في تلك اللحظات . . .

لم أصدق الصدق!!! . . .

كنت متخماً بالأوهام والسراب . . .

ليت الكذب قد لبس ثوب الصدق وأتقن قياسه . . .

فقد كنت أصدق الكذب وأكذب الصدق . . .

مصدوم أنا يا وفاء بك حد الذهول . . .

هل كل ما جرى كان مجرد تحدٍ؟!!! . . .

مجرد كذبة تروي عطش غرورك؟

أتعشقين أن يطاردك رجلٌ؟

أن يركض خلفكِ؟

ثم ماذا بعد كل هذا؟

تمتلئين بالغرور وتغلقين كل شرفات الإنسانية من جدران
قلبك . . .

ألم تشبع غرورك كل خطواتي التي لثمت الأرصفة في بحثها
عنكِ؟

سواد أنتِ يا وفاء. . .

لم تمر نظرات إحساسك على صدق مشاعري وبياض قلبي. . .

لقد انتصرتِ يا وفاء. . .

ربحتِ كل شيء. . .

ذاك التحدي. . . نظرات قريناتك. . . نشوة غرورك. . .

حتى دموعي التي شممت صدقها على خدي. . .

ونظراتي التي أحالت كل المرئيات لملامحكِ. . .

وصبري الذي سرق من عمري عمراً آخر. . .

وحبي. . . ذاك الفاجعة الكبرى في حياتي الذي تفوق على كل مساحات عطائي. . .

كل شيء يا وفاء فزتِ به. . .

ولكنك خسرتِ نفسك ونفسي!!!. . .

لم يكن لي ماضٍ أستند إليه في علاقتي معك. . .

واستندت إلى قلبي. . .

ترنح بك قليلاً ولكنه لم يسقط. . .

لا أنكر سقوط وقتي وعقلي وذبول أزهار صباحي. . .

ولكني لا زلت أستطيع أن أردد حروف اسمي!!!. . .

لم تحفظي نفسك ووجودك . . .

سقطتي على حافة قلمي وداخل حرفي . . .

ـ لا أعلم يا وفاء لماذا الآن بالذات حينما أكتب إليك وتأتي أحرف اسمك أجدني قد وصلت إلى حافة الورقة اليسرى وبدون شعور أخط اسمك ليسقط خارج ورقتي ويلتصق بطاولتي مع بقايا آثار كوب الشاي!!! . . .

لقد تلوثت يدي فوق مسامات جلدك حينما كنت أرى البياض بياضاً!!! . . .

في البدء يا وفاء . . .

كنت منهمرة المشاعر لا أشكو منك النضوب، وحينما تذوقت طعم مشاعرك جف قلبك . . .

وتيبست أرض مشاعرك، واكتشفت الآن . . . الآن فقط . . .

أن الأرض البور لا تحوي في الأيام الماضية سوى الأزهار البلاستيكية . . .

لقد أعطيتني كل شيء وتركتِ للآخرين كل شيء . . .

صعبة هي أحرفي . . . كيف ألملمها وقد سقطت جميعها في شقوق مشاعري الضيقة؟!!! . . .

فحينما أتقنت لذة البسمة عم الحزن البلاد!!! . . .

المحطة الأخيرة

(دمعٌ نبت في عيني)

نتشرد في أوطان الألم. . .

تائهون. . .

تعبث الحياة بحواسنا. . .

تسحب من تحت أقدامنا سجادة الفرح وتتركنا نسقط. . .

بعد أن نمنحها قلوبنا. . .

فتسلبها منا وتصفعنا بخيانة من خلقت قلوبنا لتتنفسه. . .

و أيدينا لتكتب له. . .

ومحابرنا لترسمه على أوراق الشجر. . .

نرفع أثوابنا وننطلق مع الريح لنطارد الحياة كأطفال جائعين
يطاردون رغيف خبز هارب. . .

ننطح برؤوسنا الغضة جبال الوجع . . .

نجاهد في الوصول لقممها لنبني فوقها عشاً يحمينا من تقلبات الحياة . . .

وحين ننتهي ونتنفس الصعداء . . .

تأتي الريح لتبعثر العش وتحمل معها أعواد القش التي جمعناها ورتبناها بإتقان . . .

نظل نعدو في يومنا ولا نعلم ما الذي يخبئه لنا غدنا بين طياته . . .

ربما يصافحنا بفرح أو يطعمنا المر . . .

ويظل المستقبل مجهولاً . . .

كصدفة نعثر عليها على شاطئ بحر . . . .

نظن أن بداخلها لؤلؤة ثمينة . . .

وحين نفتحها يتبين لنا أنها لاتحمل سوى حشرة سوداء سامة . . .

انطبقت عليها ذات شقاء خبأته الحياة لنا . . .

ونظل نسافر في قطارات الحزن التي لا تعرف إلا مدن الرماد . . .

لست وحدي من لاك مرارة قسوة الخيانة . . .

٥٠٤

فحكايتي لا تختلف كثيراً عن حكاية تلك الأم التي فرحت بولادة أول طفل لها بعد مرحلة انتظار مريرة . . .

توفي زوجها قبل أن تقتسم معه ابتسامة المولود . . . .

و تعهدت ابنها اليتيم بالرعاية ولم تقصر معه في شيء وحين كبر حملها أودعها دار العجزة وأحال فرحتها بولادته إلى دمعتها لعقوقه . . .

وحين يعود إليه ضميره يبحث عنها فيجدها تلتحف الثرى . . .

يذهب إلى قبرها الذي تصدع من تزاحم ألمها . . .

يمر يديه على نتوءات الشقوق . . .

كل شيء فيها توقف عدا جروحها لازالت تتدفق بغزارة . . . .

يشعر بحرارة دمها . . .

يروي قبرها بدمعه . . .

لتنبت عليه أشجار القسوة التي أحاط بها قلبها يوماً وتطوق عنقه لتخنق فرحته . . .

هكذا نحن البشر لا نشعر بقيمة الأشياء إلا عند فقدها . . .

نظل نكابر إلى أن نفقد . . .

عندها فقط لا نجيد سوى البكاء بالرغم من يقيننا بأن البكاء لن يعيد إلينا ما فقدناه . . .

فحين نفقد الآخرين لأنهم اكتشفوا خيانتنا نندم بعدها على تلك اللحظة التي كنت فيها في أبشع صور الإنسانية. . .

تتوالى الحكايات وسجل التاريخ لا يفتر يدونها لتظل نقطاً بيضاء أو سوداء حسب أحوال أبطالها. . .

وقائع ثابتة في أذهاننا. . .

كواقعي الآن وأنا أقلب الصفحة. . .

ومن بداية سطر الحزن أعود لأرسم وجع نهاية الحكاية كما بدأتها من أول سطر الفرح. . .

لأجزم أن الصفحة وطني. . .

ورائحة جراحي تعانق أنفي . . . .

وذاكرتي يرهقها النزف. . .

وليظل الحزن قِبلة قلمي التي لا يضلها. . .

مسلياً نفسي بحرف لوركا حين نقش بحبر من تبر على ورق فضي:

((يا له من ألمٍألاّ يكون لكَ ألم !!))

أرجو منكم العذر إن أهديتكم الحزن فأهديتموني دموعكم. . .

الصفحة الأخيرة

تتناسل الحكايات من رحم الحياة وأحياناً من رحم الموت!!!...

فلو اعتبرت أن حكايتي مجرد مرحلة من مراحل العمر، تركض حافيةً على مسرحٍ صحراوي، تحت سقف صُنع من خيوط الشمس، هاربةً من زمنٍ ينهش فصولها بلا زاد وبلا ماء وليست العمر كله لوجدت أمامي متسعاً من الوقت للوقوف من جديد، والزحف نحو مرحلة جديدة من مراحل العمر لأن العمر هو عبارة عن مراحل ستمضي كما مضت كل السنين الماضية بما تحتويه من مراحل، فالحكاية هنا مجرد مرحلة من هذه المراحل، إذا انتهت تلتها مرحلة أخرى.

أنا فقط القادر بعد قدرة الله على جعل تلك المرحلة أدهى أو أمر!!!...

ومن بين كل الحكايات تظل هناك حكاية واحدة مستعصية على النسيان، لا تموت أبداً تمثل لي العمر كله، نتعلق بها وتتعلق بنا، وإن كان لا بد من فراقها فلحظة احتضارنا ننزفها مع زفراتنا الأخيرة، تلك الحكاية التي مسحت كل الحكايات لتبقى هي فقط بطقوسها وشخوصها . . . حكاية لن تموت بي أبداً!!!. . .

فهناك حكاية تحيا لتدفن أخرى في ثرى النسيان!

الفهرس

PILLGWENLLY

12-06-19.